民族自治地方产业结构优化升级与绿色转型实证研究

基于恩施州产业结构现状

MINZU ZIZHI DIFANG CHANYE JIEGOU YOUHUA SHENGJI YU
LÜSE ZHUANXING SHIZHENG YANJIU

张新平　曹骞　吴祖梅 / 著

人民出版社

目　　录

前　言

经济发展问题一直是民族自治地方追求可持续发展的核心问题,然而,制约民族自治地方经济发展的因素较多,其中产业结构优化升级是关键。因此,如何推进民族自治地方产业结构优化升级,实现民族自治地方绿色转型目标,成为理论界关注的焦点。本书以恩施土家族苗族自治州(以下简称"恩施州")为例进行研究,研究的主要内容如下。

第一,阐述了产业结构优化升级与绿色转型的关系。可持续发展的本义就是由"黑色"工业文明向"绿色"生态文明转型,而绿色转型的核心在于产业结构的优化升级,因此,产业结构优化升级是绿色转型的手段和路径,绿色转型是产业结构优化升级的终极目标,产业结构的优化升级可以推动经济的绿色化发展,实现产业的绿色转型。另外,产业结构优化升级是有序的、阶段性的。产业结构优化升级的过程,也是不断实现产业绿色转型的过程,最终实现由"黑色"工业文明向"绿色"生态文明的转型和发展。

第二,梳理了恩施州产业结构历史演进的历程。尊重历史,探索历史发展规律是科学研究的重要内容。通过梳理恩施州产业发展的历史,我们发现:恩施州产业结构演进史主要着眼于其不同时期占主要地位的经济结构、生产力和生产关系的变化状态。以马克思主义对经济时代划分的"指示器"——生产工具为标志,将恩施州产业结构发展演进史划分为传统社会时期、社会主义时期,通过对演进历程的梳理,对恩施州产业结构变迁现状有了更清晰的认识。

第三,分析和评价了恩施州产业结构优化升级与绿色转型的生态环境质量。生态环境质量是产业结构优化升级过程中能否真正实现绿色转型的基础,因此,做好生态环境质量评价是本书研究的基础性工作。产业生态环境质量评价主要是对生态环境优劣的定量描述和评定,其目的是准确反映生态环境质量和污染状况,找出当前的主要环境问题,为有针对性地采取措施,制订生态环境规划和有关管理对策提供科学依据。本项课题采用综合评价法,得出恩施州生态环境综合评价指数为64.7878,达到"良好"水平,与《国家生态示范区建设标准》对比分析(执行三类地区标准),略优于国家三类地区建设标准。

第四,比较分析了恩施州三次产业结构:一方面,将恩施州三次产业结构进行纵向比较研究,主要以2003—2012年这10年间的统计数据为基础数据,从恩施州三次产业结构内部发展的质量水平来加以具体分析与认识,深入挖掘产业结构内部的问题;另一方面,将恩施州与宜昌市以及武陵山片区的5个民族自治地方三次产业发展速度进行横向因子比较分析,以此判断恩施州在产业结构优化升级过程中还存在多大的差距以及差距产生的主要原因,有助于对恩施州产业结构优化升级有一个更加清晰的认识。

第五,构建并实证分析了恩施州产业结构优化升级与绿色转型评价模型。恩施州产业结构优化升级与绿色转型评价指标体系模型从宏观和微观两个层次出发,整个评价指标体系模型包括四大类一级指标(产业结构合理化、高度化、绿色化及产业系统日常运行评价指标)、31个二级指标和31个三级指标,主要核算的指标数量为62个。通过实证分析得出:恩施州产业结构合理化得分占该项指标总分的31%,产业结构高度化占该项指标总分的30%,日常运行监测指标占该项指标总分的72%,产业结构绿色化占该项指标总分的62%。可以看出,恩施州产业结构合理化、高度化严重不足,日常运行控制水平一般,绿色化程度相对较好。

第六,探讨了恩施州产业结构优化升级与绿色转型的战略布局。始终围绕绿色转型、生态文明、低碳发展三大主线,坚持实施具有恩施特色的"三部曲战略",即"大力发展循环农业,积极倡导低碳工业,稳步推进生态文化旅游业",通过总体、阶段、部门不同层面的目标组合,与宏观、中观、微观不同层次的策略集成,与"面—线—点"不同尺度的项目支撑,体现宏观上的指导性、中观上的协调性、微观上的可操作性。逐步实现恩施州产业结构的全面优化升级，多层次推进恩施州经济、社会、文化等方面的绿色转型。

第七，探索了恩施州生态文明特区建设路径。本书针对恩施州实际，大胆提出：分散的产业结构优化升级系统及传统经济发展模式无法真正解决恩施州产业结构优化升级与绿色转型问题。因此，需要从国家层面来解决绿色转型与经济发展的困局，即构建恩施生态文明特区，走生态文明发展道路。这不仅对中西部"四位一体"地区经济社会发展具有引领和示范作用，而且能够为维护国家生态安全和民族团结进步奠定生态基础，进而为新时期民族自治地方全面建设"两型"社会和率先探索生态文明建设提供试验基地和创新平台。

导　　论

第一节　研究背景

一、国际背景分析

（一）世界产业发展呈现出新趋势

经济全球化步伐不断加快,科学技术突飞猛进以及产业结构调整趋势不断加强,世界各国为获得竞争优势,纷纷确立了以发展高新技术产业和改造传统技术产业为主要目标的产业优化升级模式,有效地推动了全球性的产业结构优化升级步伐,世界产业结构优化调整与绿色转型也出现了新的趋势。

1. 产业转移全球化

受经济全球化一体化的影响,世界各国的产业体系逐步扩展到全球范围内,加剧了产业要素在全球范围内的有效流动,产业链在全球范围内的有效延伸形成了全球化的产业体系;同时,全球产业的分工也逐步从不同产业的全球分工发展到产业内的全球分工,再发展到企业内的全球分工。当这种产业分工所引起的要素转移效应累积到一定程度时必然会发生产业结构革命性的转换,形成产业转移国际化的新趋势。

2. 产业升级全球化

世界各国间通过跨国公司相互交叉投资,使产业资源通过国际直接投资和国际贸易的方式实现跨国流动并且相互融合,再加上全球网络经济的飞速发展,逐渐形成了一个相互渗透、相互连通、相互制约的全球网络产业体系。通过这种全球一体化的网络产业体系推动全球产业随技术进步而调整,从而实现全球产业资源的优化配置与升级,并且随着全球一体化网络体系的不断推进,产业结构也日趋优化,不断升级。

3. 产业经济融合化

20 世纪 90 年代以来经济全球化和新技术革命使世界经济的运行主体逐步由依赖自然资源和制造业的国别型经济,向倚重信息资源和服务业的全球与区域型经济过渡。因此,最初以国家为边界的产业系统逐渐由国与国之间的制约和被制约关系转变为经济互动、产业互联的一体化关系。产业系统逐步演变成一个多元化、多层次相互交叉的复杂立体结构系统。全球性产业体系模式正冲破各国相对完整独立的产业结构体系,形成世界各国既相互依存渗透,又相互制约竞争的产业经济体系,并且随着国际间技术进步速度的加快,技术融合程度的加深,在宏观上导致了国与国之间的产业重组和整合,从基本层面上重塑了产业结构的演进形态,使产业结构出现融合化的新趋势。

4. 产业经济知识化

纵观当今世界产业结构正由过去的刚性结构逐步向柔性结构转化,即由重、厚、长、大为主的重型化的生产技术结构,向以高效、智能、信息、服务为主的软型化的生产技术结构转变。21 世纪的竞争主要是信息化、知识化的竞争,谁掌握了尖端的科技信息,谁拥有了丰富的人才知识的储备,谁就能在激烈的国际市场竞争中拥有一席之地。全球产业经济结构中,知识含量日益增大,知识化的程度直接决定了产业化的深度与广度,因此,全球产业经济结构演进过程中逐步呈现出知识化的趋势。

5. 产业经济绿色化

近年来环境问题愈演愈烈,导致人类开始反思传统的产业结构模式。伴随着对传统的产业结构的认真反思,人类逐步开始认识到产业结构的演进必须遵循自然生态环境系统的有机循环原理,建立产业经济绿色发展新模式,使不同类别的产业部门逐步建立起资源节约、环境友好和资源循环利用的循环经济模式,尽可能地消除生产和消费环节对环境的污染和破坏,达到产业经济发展与自然环境保护和谐共存、协调可持续发展的目的。

（二）国际性组织倡导和引领绿色转型

从 1988 年世界气象组织（WMO）和联合国环境规划署（UNEP）联合成立了政府气候变化专业委员会，到 1989 年国际大气污染和气候变化部长级会议通过了《关于防止大气污染与气候变化的诺德韦克宣言》，1992 年 6 月在巴西里约热内卢举行的联合国环境与发展大会上，150 多个国家签订了《联合国气候变化框架公约》，1997 年在日本京都召开的第三次缔约方大会上签署了《京都议定书》，紧接着 2007 年在印度尼西亚巴厘岛举行了第 13 次缔约方大会，并通过了《巴厘行动计划》等。可以看出，环境问题已经引起了全世界的高度关注，世界主流趋势已经开始由传统的经济发展方式向绿色化的发展方式转型。[①] 据统计，1970 年以来平均每 10 年全球气温上升约 0.15℃，近年来，全球的极端气温天气频频发生，并且影响到了人们的生产生活，甚至生命财产安全。人们开始慢慢觉醒，逐渐认识到气候变化对于人类社会的深远影响，开始反思原有的粗放式的经济发展模式，寻求新的绿色化发展道路。从 20 世纪 80 年代开始，发达国家纷纷将目光投向了绿色转型道路，世界性环境问题的出现使得人们开始反思自己的经济行为，开始认识到绿色转型是拯救人类生态环境的最好手段。在国家层面，很多国家以政府为主导，大力推行产业结构优化升级与绿色转型的发展模式，力求构筑全球竞争新格局；在个人层面，通过公共宣传引导，大力培养普通民众的绿色生产消费理念。2011 年 2 月联合国环境规划署在肯尼亚首都内罗毕正式发布了《绿色经济报告》，该报告认为："绿色经济意味着更好地利用自然资源，实现可持续增长是更加有效、更加公正的经济发展模式。"2011 年 11 月，联合国环境规划署在中国首都北京面向全球发布了《迈向绿色经济：通往可持续发展和消除贫困的各种途径——面向决策者的综合报告》，该报告指出："大力发展绿色经济，促进产业绿色转型已成为全球共识，各国政府和企业正

[①]　杨晓东等：《绿色转型推进中国新时期经济发展》，《中国市场》2012 年第 7 期，第 88 页。

在积极采取措施,加快全球向低碳环保型、资源节约型及社会兼容型的绿色经济转型。发展绿色经济,实现产业绿色转型将成为全新的增长引擎。"中国、印度等发展中国家也开始纷纷摒弃原有的粗放式经济发展模式,积极向绿色化的发展模式转型,其举措主要有:提高资源回收利用率,大力发展循环经济和开发低碳技术。可以预见,未来对绿色经济的重视程度会不断提升,绿色产业所占比重会不断提高,原有的粗放经济模式将会被绿色经济发展模式所取代。[①]

(三)发达国家纷纷推行绿色转型新政

在欧洲方面,各国大力扶持绿色科技企业发展,以绿色科技企业为突破口,实现传统经济向绿色经济的转型。例如:英国把绿色转型放在绿色经济政策的首位,英国政府计划到 2020 年可再生能源在总能源供应中所占份额必须在 15% 以上。其中 40% 的电力要来自可再生、核能、清洁煤等低碳绿色可再生的领域,明确提出加强对依赖煤炭的火电站进行"绿色化改造",重点发展风电、太阳能等清洁绿色能源,力争用 10 年的时间把英国建设成为世界上更干净、更绿色、更繁荣的国家之一。法国的绿色经济政策重点是发展核能和可再生能源。2008 年 12 月法国环境部公布了一份旨在发展可再生能源的计划,将可再生能源的发展利用提上了历史的日程。[②] 2009 年法国政府投资 4 亿欧元用于支持绿色科研企业研发"清洁汽车""低碳汽车"和"绿色汽车"。此外,法国坚持以政府为主导,大力推动核能科技的创新和发展,将核能资源作为法国的重要支柱性能源,力争成为全球核能利用的典范。德国发展绿色经济的重点是发展生态工业。[③] 2009 年 6 月德国公布了旨在推动德国生态工业发展的战略性文件,德国政府强调生态工业政策应成为德国经济发展的指导方针,力争通过十年的努力促进 80% 的工业企业实现绿色转型,真正走上生态工业

---

① 杨晓东等:《绿色转型推进中国新时期经济发展》,《中国市场》2012 年第 7 期,第 89 页。

② 杨晓东等:《绿色转型推进中国新时期经济发展》,《中国市场》2012 年第 7 期,第 89 页。

③ 杨晓东等:《绿色转型推进中国新时期经济发展》,《中国市场》2012 年第 7 期,第 89 页。

的发展道路。

在美洲方面,美国政府在国会的大力支持下,大力推行"绿色转型新政"。具体内容包括:大力推进资源循环利用技术的开发,倡导节能增效的生产生活模式,鼓励与支持可再生能源的开发,带动新型环保技术的研发等等。其中,可再生能源开发是其绿色新政的核心。2009 年 2 月美国国会通过了总额达到 7870 亿美元的《美国复苏与再投资法案》,法案中将发展新能源作为美国的主攻领域之一,重点包括发展资源循环技术、高效电池、智能电网、碳捕集与封存以及可再生能源,比如风能和太阳能等。同时美国还大力扶持低碳节能汽车、绿色环保建筑等的开发。① 巴西通过提高生物柴油含量等措施来加快产业结构优化升级与绿色转型步伐,巴西政府从 2009 年 7 月 1 日起,将生物柴油的使用量所占普通柴油中的比例提高到 4%,2010 年达到 5%,这种将生物柴油按一定比例添加到普通柴油中的方法,既可以减少普通柴油对环境的污染程度,同时,也可以扩大可再生能源的生产和销售,形成绿色产业发展链。

在亚洲方面,日本突出强调通过"低碳社会"的构建来推动经济社会的全面绿色转型。日本前首相福田康夫 2008 年 6 月提出了"福田蓝图计划",强调"低碳社会是日本发展的核心目标",提出要大力发展太阳能、风能、水力和生物能等可再生能源,支持科技型企业积极研发绿色科技技术,通过绿色科技技术来带动经济社会的全面绿色转型。韩国政府也非常重视绿色新政,率先提出了"绿色增长理论",成为绿色新政的先导国家,已经开始大力实施向低碳经济转型,从政府到企业、从生产到生活、从巨额耗资的"零碳建筑"到微不足道的"淀粉牙签",其低碳发展理念无处不在,低碳发展计划已逐步深化为韩国增强国际竞争力的强有力手段。

由此可见,这些发达国家"绿色转型新政"的长期目标就是逐渐将当前高能耗、高排放的"黑色"传统发展模式转变为低能耗、低排放的"绿色"可持续发展模式。同时,世界各国纷纷出台"绿色新政"表明,全球

---

① 杨晓东等:《绿色转型推进中国新时期经济发展》,《中国市场》2012 年第 7 期,第 89 页。

"绿色竞争"的气氛已日趋激烈。① 面对新一轮绿色发展契机,谁掌握了主动,谁就掌握了未来。对中国而言,发展绿色经济既是国际竞争的新焦点,也是谋求大国地位的新起点,必须抓住这一千载难逢的绿色发展机遇,抢占新一轮绿色竞争的"制高点"。

二、国内背景分析

(一)产业结构面临严峻考验

加入世贸组织以来,经济全球化对我国产业结构的影响越来越广泛,我国和世界的联系越来越紧密,这种联系虽包含有共同的利益,但更多的是竞争和冲突。如何趋利避害,使我国在激烈的世界竞争中拥有一席之地,在国际产业分工体系中占据有利的地位,归根结底取决于我国的产业是否具有国际竞争力。当前,我国正面临着全面建成小康社会和提升经济结构的双重任务。通过制度调节、政策扶持等众多手段来优化我国产业结构,使我国经济尽快摆脱"低端产业、低附加值"的国际分工地位,向高层次、高技术和高附加值产业结构不断升级,这是时代赋予我们的使命。随着我国经济的快速发展和社会的不断进步,在党中央国务院的正确领导以及民族自治地方人民群众的共同努力下,民族自治地方经济社会发展取得了巨大成就,但受各种因素的制约,长期以来,民族自治地方产业结构走的是一条传统的粗放型增长道路,资源消耗高、浪费大、污染重,使得民族自治地方产业结构的可持续发展面临严峻的挑战。

(二)政府高度重视绿色转型

随着世界性的环境问题越来越突出,发达国家纷纷推出"绿色新政"来实现"绿色转型"。为了顺应时代发展潮流,基于对我国经济社会可持续发展的全面考量,我国政府对发展绿色经济、实现绿色转型给予了高度重视。2012年3月全国人大审议通过的"十二五"规划纲要,就"绿色转

---

① 梁慧刚、汪华方:《全球绿色经济发展现状和启示》,《新材料产业》2010年第8期,第31页。

型,建设资源节约型、环境友好型社会"专设一个篇章,明确提出:"面对日趋强化的资源环境约束,必须增强危机意识,树立绿色、低碳发展理念,以节能减排为重点,健全激励与约束机制,加快构建资源节约、环境友好的生产方式和消费模式,增强可持续发展能力,提高生态文明水平。"2012 年11 月党的十八大报告将生态文明建设正式列入中国特色社会主义现代化建设总体布局,特别强调:"建设生态文明,是关系人民福祉、关乎民族未来的长远大计。面对资源约束趋紧、环境污染严重、生态系统退化的严峻形势,必须树立尊重自然、顺应自然、保护自然的生态文明理念,把生态文明建设放在突出地位,融入经济建设、政治建设、文化建设、社会建设各方面和全过程,努力建设美丽中国,实现中华民族永续发展。"在全面建成小康社会的关键时期以及中华民族复兴的伟大征程中,如何以科学发展观为指导,切实有力地推进我国经济社会的绿色低碳发展,实现全面的绿色转型,从而更好地推进生态文明建设,是摆在各级政府部门管理者和学术界理论工作者面前的一个重大课题。

（三）民族自治地方现实情况

近年来为缩小民族自治地方与其他地区之间的发展差距,人们从理论和实践两个角度出发对产业结构优化方面进行了一些探索和研究,但这种研究带有明显的区域特征,主要集中在对西部民族地区的研究上,而对位于中西结合部的湖北民族自治地方研究很少。从最近几年的发展状况来看,这些被忽视的中西结合部的民族自治地方的产业结构明显失衡,突出表现在:农业产业化发展程度相对滞后,产业化程度低;第二产业内部轻重工业比重相对失衡,新型工业化水平不高;第三产业增长缓慢,服务业在地区生产总值的比重仍然较低。同时,这些地区的经济发展程度明显落后于西藏、新疆等国家重点关注地区。因此,笔者选取该地区的典型代表——恩施土家族苗族自治州为例进行研究,通过对该地区产业结构现状的分析,探索出实现该地区产业结构优化升级的科学路径,以促进其经济社会的全面绿色转型。

恩施州位于湖北省西南部,西面和北面邻接重庆市,南邻湖南省。辖恩施、利川二市和巴东、来凤、咸丰、建始、鹤峰、宣恩六县,其经济发展水平在全国 30 个民族自治州中位居中等偏下水平,人均指标比较靠后。首先,从全国来看,恩施州经济发展条件不理想、基础较薄弱,与全省乃至全国其他地方相比发展差距仍在拉大,没有得到根本改变。其次,从自身发展来看,该区域经济整体素质不高,小主体带大基地,特色产业的优势不明显;小投资带大项目,拉动经济增长困难重重;小城镇带大农村,城镇化进程缓慢;转变经济发展方式、优化产业结构实现绿色转型任重道远。因此,选择以恩施州为例对于研究中西结合部的民族自治地方的产业结构优化升级与绿色转型具有重要的意义。

第二节　研究目的及意义

一、研究目的

本书的研究目的主要体现在以下几个方面。

(一)明确民族自治地方产业结构调整的指导思想

根据市场需求主动积极地采用新技术来调整优化产业结构,并使产业结构的调整优化适应并引导消费结构的变化和升级。同时,对落后产业及资源消耗高、环境污染严重、经济效益低的产业应坚决实施关、停、并、转。在对待少数民族文化方面,应与时俱进,兼容并包,特别是中西部民族地区存在封闭保守、求稳守旧等相对落后的观念,导致开拓创新精神缺乏,对产业结构优化调整的信心不强。为解决这些问题,应吸纳发达地区的先进文化代替传统落后守旧的文化,不断学习新知识、新信息,适应不断变化的新环境,形成民族自治地方独具特色的新型文化观念,以文化结构的更新带动产业结构的调整优化。

(二)促进民族自治地方传统农业向现代农业转变

民族自治地方大都处于贫穷落后的偏远山区,产业主要以农业为主。因此,农业在各民族自治地方经济发展中占有重要地位。通过调整优化农业产业结构,发展现代农业来不断提高农业的劳动生产率是当前民族自治地方农业发展的主线。按照优质高效、安全生态的原则加快农业产业结构调整步伐,大力发展生态型、外向型、效益型农业,走精细化、集约化、产业化之路。充分利用民族自治地方地处偏远山区,生态环境良好的优势,推进农产品的生态绿色标准化进程,加强对农产品质量的监测,扩大无公害食品、绿色食品、有机食品的生产,提高农产品的质量水平,以此获得更高的经济效益与生态效益。同时,以产业结构优化升级与绿色转型为契机,加快农业科技创新技术向农业科技成果转化,完善基层农业技术推广服务体系,落实国家各种支农惠农政策,调动农民积极性,培养新型农民。[①] 搞好民族自治地方生态环境的建设和保护,促进农业的可持续发展。

(三)促进民族自治地方产业结构优化升级

各民族自治地方拥有丰富的资源,优化产业结构必须加快地区的开放进程,促进产业发展从封闭走向开放,加快民族自治地方与市场经济接轨的步伐,走有中国特色的市场经济道路。民族自治地方进行产业结构调整应注重发展资源型产业、劳动密集型产业,强化和提升传统工业的新型化,提高资源和能源的利用效率,摆脱传统工业高投入、高消耗、高污染和低附加值的困境,促进传统工业走上新型工业化道路。应打造抗风险能力强的产业链条。目前,民族自治地方的产业在社会分工中处于产业链的最低端,解决这些问题必须抓住研究开发、营销品牌培育、技术服务等关键环节,由单纯的产品制造向设计、研发、品牌、服务等环节延伸。支持高知识含量、高附加值的加工业的发展是民族自治地方摆脱工业经济增长过度依赖资源投入的粗放型增长向集约型增长转变的关键。应顺应产业融合、分工细化的要求,从提升国民经济综合竞争力、促进发展模式转变的高度,重视和促进服务业的发展。依靠科技进步和技术创新促进服务业快速发展和结构调整,运用现代经营理念和经营方式改造传统服务业,提升服务业的发展水平。鼓励在传统服务业中创办新兴工业。以产业链为纽带,引导制造业中的制造环节和服务环节的分离,加快分工社

---

① 张熙天:《优化少数民族地区产业结构的对策研究》,《经济纵横》2009 年第 3 期,第 53 页。

会化进程。在服务业方面,应打破垄断,引入竞争机制,在银行、铁路、民航、电信等领域扩大开放。①

（四）实现恩施州绿色转型,推动生态文明社会的构建

恩施州属全国国土功能区划方案中的限制开发区,客观上成为战略地位重要、生态资源丰富、贫困连片集聚、民族文化深厚"四位一体"的特殊区域。在 21 世纪生态文明时代到来之际,面对生态安全与环境恶化的严峻挑战,如何破解环境保护与经济发展的"现代困境",在区域经济一体化浪潮冲击之下,面临周边四大国家级"经济特区"的迅速崛起与四面合围,如何走出"顺向塌陷"的经济"锅底",避免落入"工业文明发展陷阱",这既是恩施州当前实现经济发展和绿色转型的紧迫任务,又是国家区域统筹协调发展战略层面的重大课题。立足人类文明转型时代背景,根据国家新时期发展战略,结合恩施州发展目标,在深入分析恩施州"生态—经济—社会"复合系统的基础之上提出绿色转型构想,开拓建设生态文明发展新路,在欠发达地区尤其是民族自治地区率先迈进生态文明社会的战略构想,既是恩施州可持续发展的重大战略决策,又是鄂西生态文化旅游圈发展模式的最佳选择,更是武陵山民族自治地方脱贫致富的长效机制。确立并推进恩施"绿色转型"发展模式,不仅对中西部"四位一体"地区经济社会发展具有引领和示范作用,而且能够为维护国家生态安全和民族团结进步奠定生态基础、经济基础与社会基础,进而为新时期民族自治地方全面建设"两型"社会和率先探索生态文明社会建设提供试验基地和创新平台②。

二、研究意义

产业结构是在一定发展阶段、一定体制机制下,资金、人力、技术、管理、自然资源等生产要素配置使用的结果。在市场机制比较完善的体制

---

① 张熙奕:《优化少数民族地区产业结构的对策研究》,《经济纵横》2009 年第 3 期,第 54 页。

② 张新平、曹骞:《恩施州建立生态文明特区的可行性分析》,《湖北民族学院学报》(哲学社会科学版)2009 年第 2 期,第 110 页。

条件下,产业结构优化升级的过程是全社会劳动生产率、产业竞争力、资源配置效率提高的过程,同时能不断满足市场对产品和服务的不断变化和更新的需求。政府在这一过程中也会利用掌握的公共资源和政策手段来引导产业结构变动的方向,以服从特定的国家战略目标。改革开放以来,我国民族自治地方产业结构不断调整优化升级,对满足日益多样化的消费需求,保持经济持续快速增长,起到了巨大的推动作用。20 世纪 70年代末到 90 年代初,轻纺、机械、建材、家电等产业带动了经济增长和就业;20 世纪 90 年代以后,电力、通信、公路、港口等基础设施和基础产业的迅速发展,加强了对经济持续增长的支撑;进入 21 世纪后,以信息产业为龙头的高新技术产业以及房地产、钢铁、汽车等产业都实现了高速增长,满足了居民消费结构升级的需要,我国民族自治地方三次产业也发生了积极变化。当前,我国民族自治地方正处于全面建成小康社会的关键时期,发展中面临的一个主要问题就是粗放型经济增长方式还没有根本转变,制约发展的结构性矛盾还比较突出,而产业结构不合理是导致经济增长方式难以转变的一个重要原因,也是造成资源消耗多、环境污染重、经济整体素质不高和经济运行不稳定的重要原因。从分析来看,选择"民族自治地方产业结构优化升级与绿色转型实证研究"这一课题进行研究,其意义深远,主要体现在:

(一)理论意义

一方面,由于本书是在民族自治地方产业结构的基本现状基础上进行实证探究的,产业结构具有区域的特点,加上这些区域产业结构方面的理论研究还显薄弱,所以此研究能够弥补该区域产业结构优化升级理论研究的空白。另一方面,由于本书将在全面实现绿色转型这一框架内进行研究,研究视角较新,如果这一研究能顺利完成,它将为"产业结构优化升级理论研究"增添新的研究成果。就产业结构优化升级而言,相关方面的研究较多,但对中西结合部的民族自治地方的产业结构优化升级的研究很少,且多以省级民族自治地方为切入点,以州级以下民族自治地方为切入点的研究较少。作为本书的研究对象——恩施土家族苗族自治州,是我国最年轻的少数民族自治州,也是我国中西部的天然生态屏障,其兼具多方面的特点。本书着眼于恩施州产业经济的发展历史、产业结构的现状、生态资源的评价以及产业结构优化升级的对策,对其他民族自治地方有一定的借鉴意义,对于丰富产业结构优化升级理论,实现民族自治地方绿色转型,推动生态文明建设具有一定的理论意义。

(二)现实意义

一方面,从我国当前形势来看,优化产业经济结构是实现可持续增长的关键,而产业结构优化升级是优化经济结构的核心,因此,探究产业结构优化升级的路径和相应的对策势在必行。另一方面,选择民族自治地方产业结构优化升级进行实证研究,既可以为民族自治地方经济社会发展早日步入绿色化发展的道路提供理论探索,同时又能为民族自治地方区域产业结构在承接产业转移的今天顺利实现产业结构优化升级找到一条切实可行的发展路径。民族自治地方近年来保持着强劲的发展势头,为产业结构的优化调整提出了新的要求,同时其产业结构的优化调整难度大、任务重,迫切需要有适合民族自治地方的产业结构优化升级战略作为指导。因此,研究民族自治地方产业结构的优化升级,对促进民族自治地方产业结构的不断优化升级和经济可持续发展具有很强的现实意义。

第三节　国内外研究现状

一、国外研究现状分析

国外关于产业结构优化理论的研究开始的比较早。17世纪英国经济学家威廉·配第(1672)第一次发现了产业结构不同是国民收入水平的差距和经济发展处于不同阶段的关键原因,得出结论:工业比农业收入多,而商业又比工业的收入多,即工业比农业、商业比工业附加值高。这种观点看到了在不同产业间的收入差距吸引着劳动力向收入高的产业部门转移。

20世纪三四十年代,产业结构优化理论初步形成。日本经济学家赤松要(1935)提出了雁行形态理论,认为与工业先进国相比,后进国在某些行业开发和制造一些较为先进的产品困难很大,因此要发展本国产业,必须与国外市场接轨,走产业结构国际化道路。英国经济学家科林·克拉克(1940)提出了三次产业分类法,通过整理和比较40多个国家和地区不同时期三次产业劳动投入和产出资料,得出结论:当社会经济发展了,随着人均国民收入水平的不断提高,劳动力在三次产业结构中的转移不断发生变化,并有一定规律可循。这一研究和威廉·配第的认识具有一定相似性,后来被合称为"配第—克拉克定理"。美国经济学家西蒙·库兹涅茨(1958)通过收集和整理了20多个国家的数据,对截面资料和时间序列资料进行统计回归,并进一步分析了克拉克的研究结论,提出了以下观点:在经济发展过程中,农业部门在国民收入的相对比重同劳动力的相对比重一样呈下降趋势;工业部门在国民收入的相对比重呈持续上升趋势,但其劳动力的相对比重处于大体不变或略有上升的趋势;第三产业部门在国民收入的相对比重处于大体不变或略有上升的趋势,但其劳动力的相对比重呈现上升趋势。

20世纪五六十年代,产业结构优化理论得到了较快发展。刘易斯(1954)提出了"二元经济结构模型",即整个经济由弱小的现代资本主义部门和强大的传统农业部门所组成。为了加速经济的发展,发展中国家可以利用劳动力充足这一条件,扩大现代资本主义部门,缩小传统的农业部门。这一理论模型对于发展中国家充分利用劳动力来加快经济发展具有极其重要的指导意义。郝希曼(1958)设计了一个不平衡增长的模型,即发展中国家应该根据资源情况,在产业发展上有所取舍,确定把有限资源集中投向某些行业,从而使资源发挥最大作用,促进经济增长,从而否定了当时流行的观点:发展中国家必须走平衡增长路线。罗斯托(1961)提出了主导产业扩散效应、经济成长阶段两个理论,认为在经济增长过程中,产业结构的变化影响重大;在经济发展中,还要注重主导产业扩散效应的发挥。他还认为人的主观倾向是决定经济社会发展的最终动因。钱纳里在研究克拉克和库兹涅茨成果的基础上,把低收入的发展中国家作为研究对象,进行产业结构问题的深入研究,提出了"发展型式"理论,推动了产业结构理论的发展。他认为经济发展的必要非充分条件是投资和储蓄,全面结构的转变才是最重要的,这一理论促使后来许多的经济学家对引起结构变动的因素进行研究。

德国经济学家霍夫曼对产业结构在工业化进程中如何演进进行了研究,开阔了产业结构理论研究视野。他运用计算消费品工业净产值与资本品工业净增值比例关系的方法,在对20个国家工业化的实证资料进行统计分析的基础上得出霍夫曼定理。他还以消费品工业、资本品工业在工业化进程中的增长比例以及增长情况,将工业化分为四个发展阶段,最终将资本品工业占主导地位的阶段认定为实现了工业化。

二、国内研究现状分析

国内关于产业结构理论的研究自20世纪80年代西方产业结构理论的引入而发生重要变化。杨治(1985)把西方产业经济理论包括产业结构理论介绍到国内,强调地区内产业结构协调发展以及地区间产业协调发展要通过产业政策的制定以及运作来推动,因此,加强对产业政策的研究,有助于产业结构优化和协调发展。20世纪80年代中期以来,国外有关产业结构的代表论著被陆续介绍到国内,为我国学者进行产业结构理论研究提供了新的方法和视角。特别是对日本、韩国等后起工业化国家战后经济发展的成功经验关注较多,值得一提的是,日本经济学家筱原三代平对产业结构如何优化升级的研究被日本政府政策研究部门所采纳,用于产业优化升级过程中,其做法对我国产业结构优化升级的借鉴和启示作用较大,也使得产业政策的研究成为经济学界的热点。20世纪90年代以后,国内许多学者利用国内外统计资料进行实证分析,研究改革开放以来的产业结构变化以及出现的新问题。进入21世纪以来,国内学者主要是做关于产业结构调整方向的研究,基本观点是新型工业化发展方向。在进行国内产业结构研究的过程中,民族地区产业结构优化升级问题也吸引了许多学者的眼球,他们从不同角度对这一问题进行探讨。其中,施正一(1990)指出我国民族地区要加速发展,实现经济现代化必须因地制宜地选择合适本地区或本民族区情与族情的产业结构,同时根据产业发展的客观规律与经济现代化的要求,不断改造传统产业,实现产业结构的优化升级。刘永佶(1995)指出主导性行业在民族地区经济发展中的重要性,民族经济的产业结构合理与否,经济的发展程度往往都取决于该地区主导产业的比重及其技术水平,所以优先发展主导行业既是民族经济发展的重要环节,又是民族经济产业结构优化的重要内容。其他的学者结合改革开放、西部大开发等国家政策的调整对民族地区产业结构调整和优化也作出重要的研究,对民族地区产业结构调整和优化提出很有价值的建议。

三、研究现状述评

2010 年 1 月 28 日,李克强总理在 2010 年世界经济论坛年会上的特别致辞中强调:"随着世界经济结构调整和国内消费结构升级,中国产业结构优化升级势在必行。"从国内外研究来看,由于产业结构是制约经济发展的一个核心问题,所以一直以来在理论界成为长久不衰的研究热点。产业结构是社会大生产过程中劳动分工的结果,因此,威廉·配第、亚当·斯密以及大卫·李嘉图等早期著名的西方古典经济学家都讨论过有关产业结构的问题。另外,马克思在其《资本论》中,从消费资料生产部门和生产资料生产部门关系的角度,论述了产业结构问题及其对社会扩大再生产的影响。列昂惕夫、库兹涅茨、钱纳里等现代西方经济学家则从发展经济学的视角,对产业结构问题进行了较为全面系统的研究。自 20世纪 70 年代以来,国内理论界(特别是经济学界)也掀起了对产业结构研究的热潮。人们围绕"什么样的产业结构是合理的?"这一问题进行广泛而深入的探讨,其理论成果综合起来大致有如下几方面:第一,关于产业结构合理化问题,此问题一直以来都是理论界研讨和争论的重要课题,其探讨主要涉及产业结构合理化的定义、产业结构合理化的标准、产业结构合理化的分析方法及产业结构合理化的动力和机制等几个方面;第二,关于产业结构高度化问题,此问题主要涉及产业结构高度化的含义、产业结构高度化的标准及产业结构高度化问题的实证研究;第三,关于产业结构高级化问题,此问题主要涉及产业结构高级化的含义及产业结构高级化的内容;第四,关于产业结构高效化问题,此问题主要涉及产业结构高效化的含义及产业结构高效化的标志;第五,关于产业结构各概念之间的关系,主要表现在产业结构合理化与高度化之间,产业结构高级化与合理化之间,产业结构高效化与高度化、合理化之间等方面;第六,关于产业结构优化升级问题,具体到产业结构如何优化和如何升级的具体层面,这些理论为本书的研究奠定了坚实的理论基础。

然而,民族自治地方产业结构优化升级问题所涉及的产业结构乃是区域产业结构,它包括两个方面的内容:一是指区域内各参与主体之间在生产规模上的比例关系,直接涉及的是产业结构均衡问题;二是指各产业之间的联系或关联方式,直接涉及的是结构高度与效益问题。前者是指量的方面,后者是指质的方面,是质与量的统一,缺一不可。因此,区域产业结构优化升级与绿色转型研究既表现为"量"的增加,又表现为"质"的提高,是一个动态的系统协调发展过程。目前,针对我国区域产业结构优化升级的研究主要集中在产业升级战略选择、产业分析及区域空间安排等方面,其中的战略选择主要集中在新经济和经济全球化背景下解决产业结构中存在的问题及应注意的问题方面,没有从产业结构优化升级的道路或途径上做文章,导致对策不详,措施不力。在产业分析方面,基本只涉及制造业和第三产业的优化升级问题,对于第一产业问题没有做太多的研究,导致产业结构优化升级研究系统性缺乏。在区域空间安排上主要集中在产业集群、城市化响应及区域产业对接等问题,没有真正从绿色转型高度来探索产业结构优化升级的目标和意义。因此,为了克服这些研究中所存在的问题,选择民族自治地方产业结构优化升级与绿色转型进行实证研究势在必行。

第四节　研究思路与方法

一、研究思路

本书通过实证分析和理论研究相结合的方式将民族自治地方产业结构优化升级与区域实现绿色转型问题纳入到一个统一的研究框架中,并以全球绿色化的视野,重点研究绿色转型的内涵、意义、标准、模式、效应和民族自治地方区域产业结构优化的历史、现状及演化方向,进而从区域产业结构优化升级和绿色转型之间的关系揭示民族自治地方产业结构优化升级实现的新路径,提出民族自治地方产业结构优化升级的最终目标是实现经济社会的全面绿色转型,进而促进民族自治地方生态文明的建设,并就此提出民族自治地方产业结构优化升级与绿色转型的"三部曲战略"以及建立恩施生态文明特区的创新探索,这是本书研究的基本思路。

同时,本书的研究是寻求后危机时代民族自治地方新型经济发展所需的新的经济理论和道路的双重探索,因而是理论与实践的双重创新。理论创新集中到一点:以科学发展观为统领,科学综合当今中外产业结构理论,将技术、制度、生态三种要素内生化,探索产业结构优化合理、协调、均衡、高级化发展理论和创新驱动型理论,构建一种既符合民族自治地方经济社会发展的需要,又适应生态文明与绿色经济时代要求的产业结构优化升级的新范式,这是中国民族自治地方经济发展理论的新发展。实践创新集中到一点:探索民族自治地方产业结构优化、内生升级与绿色转型的发展道路,是对我国民族自治地方科学发展道路的创新探索,这是中国特色社会主义发展道路越走越宽阔的重要体现。

二、研究方法

本书研究是在坚持区域经济分析方法的基础上,融合了地理学、政治学、民族学和社会学等相关的一些研究方法。具体来说主要有:

(一)文献资料法

通过科研论文数据库以及书刊、报纸等多种渠道,广泛获取相关的文献资料。研究者若希望迅速地找到需要的文献,首先应确定自己研究课题涉及的范围,明白"搜索"方向;其次还要熟悉国内外主要教育期刊以及每种期刊的特色,国内教育图片、音像资料的种类和统计资料的类别,并知道可以从哪些地方得到这些文献。

(二)规范分析法

以规范分析为主,通过对所收集的材料进行归纳整理和分析,并进行有机整合,尽量做到逻辑严谨。规范分析法是在 20 世纪 60 年代后期美国管理心理学家皮尔尼克提出的一种方法,作为优化群体行为、形成良好组织风气的工具。它是团队建设中经常用到的一种工具。规范分析涉及已有的事物现象,对事物运行状态作出是非曲直的主观价值判断,力求回答事物的本质应该是什么。

(三)比较分析法

通过比较各种观点、材料等,选取引用最有说服力的、最有新意和科学性的内容并在此基础上进行创新。按照特定的指标体系将客观事物加以比较,以达到认识事物的本质和规律并作出正确的评价。比较分析法通常是把两个相互联系的指标数据进行比较,从数量上展示和说明研究对象规模的大小、水平的高低、速度的快慢以及各种关系是否协调。在比较分析中,选择合适的比较标准是十分关键的步骤。

(四)田野调查法

田野调查又叫实地调查或现场研究,属于传播学范畴的概念。该方法主要用于自然科学和社会科学的研究,如人类学、民俗学、考古学、生物学、生态学等,田野调查法最重要的研究手段之一就是参与观察。它要求调查者要与被调查对象共同生活一段时间,从中观察了解和认识他们的社会与文化。田野调查工作的理想状态是调查者在被调查地居住两年以上,并精通被调查者的语言,这样才有利于对被调查者文化的深入研究和解释。

第一章 产业结构优化升级与绿色转型的理论概述

第一节 产业结构优化升级与绿色转型的内涵

产业结构优化升级与绿色转型是现代经济发展的核心问题之一,是经济效益和生态效益协调发展、相互促进的过程。现代产业系统是一个产业关联复杂、要素繁多、日趋开放、结构剧烈变动的巨型系统,其升级特征、优化原则等问题,在国际产业结构大转移背景下,需要我们进行新判定和再认识。而作为具有特殊的地域性、民族性和政策性的民族自治地方,实现产业结构优化升级与绿色转型势在必行,没有民族自治地方产业结构的优化升级与绿色转型就不会有整个中国产业结构的优化升级与绿色转型。

一、产业结构优化升级的内涵

谈到民族自治地方产业结构的优化升级问题,首先,很直观的一点就是必须从产业、产业结构、产业结构优化升级最后过渡到民族自治地方产业结构优化升级问题。其次,是找到它们之间的内在逻辑联系,进行合理的概念转变与升级。

(一)产业

产业是社会经济活动中一些具有某种相同生产技术特征或产品特征的经济活动系统。广义的产业,一般就是阿·费希尔的三次产业划分法,即农业、工业、服务业三大广义产业,农业可以细分为农(种植业)、林、牧、副、渔等行业;工业可以细分为造船、冶金、电子、机械、造纸、纺织、食品、建材等行业;服务业可以细分为通信、旅游、金融、信息、教育、商业等众多行业。而狭义的产业是指由众多企业组成具有某一些共同性质的企业联合体。任何系统都是由子系统组成的,同样按照不同的分类方式,构成了不同类别的子系统。外部环境变化与内部功能调整的共同作用使得产业系统结构不断向前演进。

(二)产业结构

产业结构作为产业发展过程中质的规定,是产业系统各种经济要素的数量比例关系和质量协调关系。产业系统作为一个经济单位,对它的衡量标准有很多。采用价值指标衡量产业结构,就是一定时期内某产业部门的价值占全部产业部门价值的比重;采用就业指标衡量产业结构,就是一定时期内某产业部门就业人数占全社会就业人数的比重;采用产业联系指标衡量产业结构,就是一定时期内产业间的技术经济联系形态和比例关系;采用产业软化程度衡量产业结构,就是一定时期内某产业部门中的知识资产占所有资产的比重;采用技术含量衡量产业结构,就是一定时期内高新技术产业部门在全部产业部门中所占的比重。产业结构从经济发展的长期趋势来看是持续不断演进的。

(三)产业结构优化升级

产业结构优化升级是在特定的环境下,按照产业结构演变规律和产业发展的内在要求并辅助以一定的人为措施不断加快产业结构转换速度,实现经济的持续高速增长。需要指出的是,产业结构优化升级并不是指产业结构的级次越高越好,而应该与本国现阶段的自然资源条件、经济发展水平、科技发展水平、国际产业竞争态势以及未来经济发展需要相适应。要能够在开放的市场经济条件下,积极发展能够发挥自身比较优势、比较利益的产业,或取得了一定国际竞争优势的产业。而这些产业在国际竞争日趋激烈的环境下,产业竞争力会不断发生变动。因此,目前加快产业结构优化升级是一个极具开放特征的、动态的系统工程。

随着经济发展和国民收入水平的提高,产业系统在特定环境下通过与环境资源的交换,产生了一系列的产业变动;第一,技术进步对产业运行方式和运行效率产生深刻的影响,从而引致产业规模的由小到大又由大到小的变动,并且与其他产业的关联效应也呈现由弱变强又由强变弱的过程。第二,通过环境对产业产出的接受程度不同而产生的产业利润率的变化,引起产业内的各种经济资源在不同产业间的转移,使资源配置效率产生变化。第三,产业间的经济技术关联关系、资源配置效率的变动,使产业内各种资源在投入、转化、产出的质量和数量比例关系方面不断产生变动,导致产业分化、重组,促使产业素质和地位发生变化,从而使产业间关联关系由较低水平均衡向较高水平均衡有序地演化,最终体现为产业系统整体性特征更加突出,系统功能不断扩大,整个社会生产力由于结构效益增加发生质的飞跃,促使经济以较快的速度增长。结构演进状况是反映经济发展水平、发达程度、内在活力与增长潜力的重要标准。而产业部门不断分化,社会经济资源的总体规模不断扩大,产业技术不断更新和日臻完善,产业资源配置效率不断提高,产业技术经济关联日趋密切,所有这些都是产业结构从低级形态向高级形态演进的根本标志。产业结构的这种由较低级形态向较高级形态发展的演变规律,为产业结构优化升级提供了科学、合理的选择路径。判定产业结构优化升级也必须以是否符合产业结构演进规律为基准。任何背离演进规律的产业结构优化升级,虽然可能具有一时的短期效益,但长期来看无疑会产生结构逆转现象。

(四)民族自治地方产业结构优化升级

民族自治地方是实行民族区域自治的具有自治权利和地位的地方行政单位。其自治权利体现在:一是自主管理本民族、本地区的内部事务;二是民族自治地方的人民代表大会有权依照当地民族的政治、经济和文化的特点,制定自治条例和单行条例,并可以依照当地民族的特点,依法对法律和行政法规的规定作出变通规定。民族自治地方产业结构就是依据民族自治地方特色和少数民族地区各产业间的相互关系而结合形成的交叉网状结构。各产业间相互渗透,没有明显的界线之分。民族自治地方产业结构的优化升级就是该地区通过承接发达地区的先进产业与地方的特色产业之间相互结合、相互促进来带动该地方经济向绿色化方向转型,最终实现民族自治地方经济绿色化发展、社会和谐进步。同时,民族自治地方产业结构优化升级还必须满足如下三个方面的条件:首先,民族自治地方产业结构的合理化,即在现有的生产力水平下,民族自治地方各物质生产部门的产业之间的协调。它包含着民族自治地方产业之间的各种协调关系,比如技术结构的协调、人员结构的协调、资本构成的协调、生产结构的协调等。其次,民族自治地方产业结构的高度化,即产业结构根据民族自治地方经济发展的历史和逻辑序列从低级水平向高级水平的发展过程。最后,民族自治地方产业结构最终要实现合理化和高度化的统一。民族自治地方产业结构合理化与产业结构高度化相辅相成,相互促进。[①]

二、绿色转型的内涵

关于绿色转型的含义问题,现在学术界还没有形成统一的定论,但是我国政府从建设生态文明的高度明确提出了绿色转型的要求,因此,对绿色转型的科学含义的界定尤显迫切。下面就当前学术界关于绿色转型含义的研究文献进行梳理,希望能够深入探讨绿色转型的本质内涵,为绿色转型理论的构建奠定基础。

首先,刘纯彬、张晨在《资源型城市绿色转型初探——山西省太原市的启发》一文中指出绿色转型是指以生态文明建设为主导,以绿色管理为保障,发展模式向可持续发展转变,实现资源节约、环境友好、生态平衡,人、自然、社会和谐发展;并认为,其核心内容是从传统发展模式向科学发展模式转变,就是由人与自然相背离以及经济、社会、生态相分割的发展形态,向人与自然和谐共生以及经济、社会、生态相协调的发展形态的转变。由此进一步指出:绿色转型是指以绿色转型为理念,立足于当前经济社会发展情况和资源环境承受能力,通过改变企业运营方法、产业构成方式、政府监管手段,实现企业绿色运营、产业绿色重构和政府绿色监管,使传统黑色经济转化为绿色经济,形成经济发展、社会和谐、资源节约、环境友好的科学发展模式。[②]

---

① 陈胜:《民族自治地方产业结构优化升级评价指标体系研究》,湖北民族学院硕士学位论文,2013 年,第 8 页。

② 刘纯彬、张晨:《资源型城市绿色转型初探——山西省太原市的启发》,《城市发展研究》2009 年第 9 期,第 41 页。

其次,杨晓东等在《绿色转型推进中国新时期经济发展》一文中指出,绿色转型是指由过度浪费资源、污染环境的发展方式向资源节约、循环利用、生态环境友好的绿色转型方式转变。在生产方式上,由高污染、高耗能、高排放的粗放型生产向低污染、低耗能、低排放的集约型生产转型。在能源利用上,由主要利用传统能源向新能源和可再生能源转型。在交通出行方面,由高耗能出行向低耗能的绿色出行转型。在建筑方面,由高耗能、高污染材料向节能环保材料转型。在消费方式上,由过度消费向绿色消费转型。

总体来说,以上含义在当前学术领域还比较被认可,但其着力点是有差异的。为了对绿色转型有一个较全面的认识和理解,我们必须站在更加广义的层面上加以认识,为此,我们把绿色转型的含义分为广义的绿色转型和狭义的绿色转型。广义的绿色转型是指坚持以人为本,自觉遵守成本最低生态内生化原则,通过制度创新和体制机制改革,努力实现资源节约、环境友好、生态平衡的人、自然、社会和谐发展新格局。狭义的绿色转型是指以绿色发展为理念,立足于当前经济社会发展情况和资源环境承受能力,通过改变企业运营方法、产业结构方式、政府监管手段,实现企业绿色运营、产业绿色重构和政府绿色监管,实现由过度浪费资源、污染环境的发展方式向资源节约、循环利用、生态环境友好的绿色转型方式转变,形成经济发展、社会和谐、资源节约、环境友好的科学发展模式。因此,绿色转型具有生态文明的主动性、绿色管理的保障性、可持续发展道路的选择性以及成本最低生态内生性的特点,满足了“生态系统—经济系统—社会系统”三维复合系统协调统一、循环发展,促进了人类进步、社会和谐、经济发展、生态安全。

第二节　产业结构优化升级与绿色转型的关系

从产业结构优化升级的含义来看,可以发现其是一个自然历史的动态过程,它受到生产力发展水平和科技进步程度以及市场经济中生产要素、自由流动规律等诸多因素的制约。同时,一个地区的产业结构优化升级必须结合本地区的实际情况,做到因地制宜,不应该仅仅从发达地区工业化和现代化的标准出发,而要更加注重民族自治地方的特色,特别是地方生态资源,以此通过理论和实证分析,总结出一条真正符合民族自治地方特色的产业结构优化升级的发展路径,真正实现民族自治地方产业结构的优化升级,并且最终走上绿色转型的发展道路。

一般而言,当一国或者一个地区的产业结构不适应现有的技术水平和资源状态的时候,产业结构的比例关系将会影响经济的增长水平,而要想达到一种合理的比例结构并保持经济持续稳定的增长,就必须对现有的产业结构进行合理的优化与升级。在产业结构优化与升级的过程中,怎样的比例结构才是合理的?怎样的比例结构才能促进经济的发展?进一步说,我们怎样才能找到一条合理的路径来促进经济的发展?为了正确地回答这些问题,绿色转型理念被提出来了。绿色转型为产业结构的优化升级指明了一条可持续发展的道路,因此,产业结构优化升级是绿色转型的手段和路径,而绿色转型是产业结构优化升级的终极目标。

一、产业结构优化升级是绿色转型的手段和路径

产业结构优化升级是对产业内部各要素和要素之间进行结构调整、优化,这是实现产业向绿色、健康转型的基础,同时也是实现产业现代化的重要标志。要实现产业绿色转型就必须抓好产业结构优化升级,实现产业结构的合理化和高度化。现阶段我国产业发展的直接新动力就是对产业结构进行优化升级。长期以来我国产业发展存在诸多问题,比如说农民收入较低、农产品结构单一、农村劳动力外流等,这些都严重阻碍了我国农村产业的发展,然而产业结构优化升级就是要改善农村环境、改变产业中各产业及产业内部间的比例和关系,实现产业结构内部的良性互动,为实现绿色转型奠定良好的基础。在对产业结构进行优化升级的过程中,要以产业市场为向导,使产品既能适应市场的多样化需要,也能发掘出潜在的市场,从而大大提高产品的市场化率和市场竞争力。

因此,产业结构优化升级可以推动产业绿色转型的顺利实现和绿色经济的可持续发展,即要想实现产业的绿色转型,实现经济的可持续发

展,对于产业结构而言,必须优化升级。这是一个国家或一个地区经济社会发展绿色转型不可缺失的关键环节和重要步骤,也是绿色转型相对于产业结构而言所必须实施的重要手段和发展路径。所以,产业结构优化升级实现绿色转型是一以贯之的,而且,产业结构优化升级既是绿色转型的重要过程,又是实现绿色转型的重要内容。因此,可以得出一个基本结论:为了保证产业结构向绿色产业、健康产业成功转型,必须要进行产业结构的优化升级,实现产业结构的合理化、高度化,提高产品的市场竞争力,清除产业可持续发展的各种障碍。

二、绿色转型是产业结构优化升级的终极目标

　　绿色转型是综合反映经济、社会、资源、环境长久健康发展的根本要素,是衡量产业结构是否合理的一把标尺。绿色转型不是只要"绿色"而抛弃资源,也不是为了"经济"而继续依赖资源,而是要实现更健康、更有效的发展模式,做到合理、高效地利用资源,最终实现绿色经济。因此,也可以这样认为:绿色转型是产业结构优化升级的终极目标。但是,我们必须清楚地认识到,产业结构优化升级与绿色转型,不可能在短时间之内完成,更不能急于求成,可能需要经历许多不同的阶段才能实现。

　　从我国现阶段产业结构所存在的种种弊端来说,其已经远远不能适应我国产业可持续发展的要求。因此,党中央已经明确提出:加快我国产业结构优化升级的速度和步伐,努力实现经济增长和产业发展方式的转型。这里实际涉及我国产业结构如何优化升级实现绿色转型的问题。笔者认为我国产业在实现绿色转型的过程中需要经历几个阶段,不可能省略其中某个阶段就达到产业的绿色转型目的。只能说在转型的全过程中可以利用先进的科学技术或者更好的国家政策来缩短某个阶段所需的时间。所以,笔者认为:产业结构的优化与升级是有序的,它的每一次优化与升级都是阶段性目标,都会向绿色转型前进一大步,最终目标是实现产业的绿色转型,以合理的产业结构来推进产业可持续发展的进程。至此,在产业结构优化升级过程中,我们应该毫不动摇地坚持绿色转型这一最

终目标,按照产业结构演变的规律,采取切实可行的措施,加大产业结构优化升级的力度,以增强我国产业在国际市场上的竞争力,实现真正的产业绿色转型。

本质而言,产业结构优化升级就是向绿色转型进行转变。经济发展的历程表明,传统产业的根本弊端在于其内部结构的不合理。在市场经济条件下,产业结构不合理导致产品与市场不适应,增产不增收,销卖困难。要优化升级产业结构,就要以绿色转型为目标,以市场需求为导向,立足当地资源优势,因地制宜加快产业结构调整步伐,使其达到高度化、高效化、市场化的绿色化产业标准。

第三节　产业结构优化升级与绿色转型的理论基础

一、区域经济学理论

区域经济学是经济学与地理学交叉而形成的应用经济学,它是从经济学角度研究区域经济发展与区域关系协调的科学。区域经济学是运用经济学的观点,研究国内不同区域经济的发展变化、空间组织及其相互关系的综合性应用科学。同时,区域经济学是研究和揭示区域与经济相互作用规律的一门学科,主要立足于研究市场经济条件下生产力的空间分布及发展规律,探索促进特定区域而不是某一企业经济增长的途径和措施以及如何在发挥各地区优势的基础上实现资源优化配置和提高区域整体经济效益,为政府的公共决策提供理论依据和科学指导。区域就是一定的地理空间,区域内的自然资源状况、人口分布状况、交通状况等,对社会经济活动和生产过程影响极大。如何使一个区域的经济发展达到整体最优效果呢?区域经济学因此应运而生。

二、产业经济学理论

产业经济学是应用经济学领域的重要分支,属于现代西方经济学中分析现实经济问题的新兴应用经济理论体系。产业经济学从作为一个有机整体的"产业"出发,探讨在以工业化为中心的经济发展中产业间的关系结构、产业内企业组织结构变化的规律以及研究这些规律的方法。产业经济学以"产业"为研究对象,主要包括产业结构、产业组织、产业发展、产业布局和产业政策等,探讨资本主义经济在以工业化为中心的经济发展中产业之间的关系结构、产业内的企业组织结构变化的规律、经济发展中内在的各种均衡问题等。通过研究为国家制定国民经济发展战略以及产业政策提供经济理论依据。同时,产业经济是居于宏观经济与微观经济之间的中观经济,是连接宏微观经济的纽带。

三、生态经济学理论

生态经济学是研究生态系统和经济系统的复合系统的结构、功能及其运动规律的一门学科,即研究生态经济系统的结构及其矛盾运动发展规律的学科,是生态学和经济学相结合而形成的一门边缘学科。由于自古以来经济系统与生态系统总是相互交融在一起的共生复合系统,因此,社会经济发展要同其生态环境相适应是一切社会和一切发展阶段所共有的经济规律。其主要研究内容包括:第一,生态经济基本理论。主要有:社会经济发展同自然资源和生态环境的关系,人类的生存、发展条件与生态需求,生态价值理论,生态经济效益,生态经济协同发展等。第二,生态经济区划、规划与优化模型。比如,用生态与经济协同发展的观点指导社会经济建设,要进行生态经济区划和规划,以便根据不同地区的自然经济特点发挥其生态经济总体功能,获取生态经济的最佳效益。第三,生态经济管理。比如,搞计划管理就应包括对生态系统的管理,经济计划应是生态经济社会发展计划。第四,生态经济史。这是因为生态经济问题有历史普遍性,同时随着社会生产力的发展,又有历史的阶段性,可以探索其发展的规律性,指导现实生态经济建设。

四、可持续发展经济学理论

可持续发展经济是一种注重长远发展的经济增长模式,主要是指其经济发展既满足当代人的需求,又不损害后代人满足其需求的能力。可持续发展与环境保护既有联系又有区别。环境保护是可持续发展的重要组成部分。可持续发展的核心是发展,但要求在严格控制人口、提高人口素质和保护环境、资源永续利用的前提下进行经济和社会的发展。发展是可持续发展的前提,人是可持续发展的中心体,使子孙后代能够永续发展和安居乐业才是真正的发展。在具体内容方面,可持续发展涉及可持续经济、可持续生态和可持续社会三方面的协调统一,要求人类在发展中讲究经济效率、关注生态和谐和追求社会公平,最终达到人的全面发展。这表明可持续发展虽然缘起于环境保护问题,但作为一个指导人类走向21世纪的发展理论,它已经超越了单纯的环境保护。它将环境问题与发展问题有机结合起来,已经成为一个有关社会经济发展的全面性战略。

五、循环经济学理论

循环经济的产生是人类社会和经济发展到一定阶段的产物。18世纪中期的工业革命促使人类社会生产力水平显著提高,人类在创造巨大财富的同时却忽视了对自然资源和生态环境的重视。随着工业革命的深入,特别是进入工业化革命后期,资源短缺、环境污染和生态破坏等问题日益突出。这些问题使人们逐渐认识到传统的经济发展模式已经不适应人类社会经济的发展要求,并且将威胁到人类后代子孙的生存与发展。正是在这种背景下,循环经济应运而生,它要求以更加合理的资源利用方式保护环境和发展经济,以最小的资源投入和环境代价,实现最大的经济效益和社会效益。1962年美国经济学家鲍尔丁在他的“宇宙飞船理论”中提出:如果人类继续像过去那样不合理的开发资源和破坏环境,当超过了地球的承载能力时,它就会像宇宙飞船那样走向毁灭;以新的“循环式经济”代替旧的“单程式经济”是人类经济发展的必然,循环经济作为一种新的经济发展模式也逐渐得到全球的共识,成为许多国家经济和环境发展的战略。

第二章　恩施州产业结构优化升级与
绿色转型的经济基础之一

——传统社会时期恩施州产业经济发展史

为了探寻民族自治地区产业结构优化升级与绿色转型的规律,我们将从经济发展和生态资源两大视角分别加以探究,并且选择恩施州为具体对象进行专门研究。研究恩施州产业结构的历史演进规律实际是为正确认识恩施州产业发展的规律状态,这就要求对整个恩施州经济发展史有一个整体系统的了解。寻求一种科学的划分恩施州产业发展历史演进的方法是全面认识和理解恩施州产业结构历史演变规律的重要环节。一般而言,产业结构是经济结构最核心的内容,产业结构影响经济发展的现状。生产力决定生产关系,生产关系又反作用于生产力,这是人类社会发展的普遍规律,因此,正确认识和理解恩施州产业结构变迁史一定要着眼于恩施州不同时期的占主要地位的经济结构、生产力和生产关系的变化状态。本章参考周兴茂教授的著作《土家族区域可持续发展研究》关于恩施州土家族区域可持续发展历史的划分标准,以马克思主义对经济时代的"划分器"——生产工具为标志,即利用产业结构中的技术因素对恩施州产业经济状况进行阶段性划分,具体划分为原始社会、奴隶社会以及封建社会三个阶段。

第一节　原始社会恩施州产业经济发展史

恩施州早期大部分先民都是土家族,恩施州土家族先民所处的原始社会时期相当于人们传说中的廪君时代,距今大约四千两百年历史。原始社会时期的恩施州土家族先民主要靠采集、渔猎来养活自己,因此,可以推断这一时期的恩施州产业经济特征应该是采集、渔猎经济,生产力水平极其低下,生产关系是对生产资料的共同占有。集体劳动的成果采取平均分配的形式。

一、恩施州原始社会采集

采集是恩施州土家族先民最早也是最重要的生产方式之一。一般说来,土家族先民们主要的采集对象是野生植物。最初人们只是用手来采摘野果与野菜,偶然使用木棍、石器将野果敲下来或者是把木棍的一头在火里烧成尖状来采集野生的块根,继而尖锐的石头、骨头、鱼刺也被用作采集的工具。铁器的发明带来采集工具的变革,镰刀、锄头在采集中的应用大大提高了采集的效率。野生植物采集虽然比较容易,但人们要利用它还必须熟悉野生植物的各种习性,这就需要实践经验的积累。[①]

二、恩施州原始社会渔猎

(一)捕鱼虾

土家族先民居住的武陵山区,地处高山峡谷,河流湍急,因此,捕鱼业不很发达,但在经济生产中占有一定的地位。土家族先民在长期的生产实践中积累了不少捕鱼的经验,其主要的捕鱼方法大致有叉鱼、钓鱼。

(二)猎禽兽

狩猎是从采集经济延续而来的。飞禽走兽是土家族重要的食物来源,为了生存和发展,土家族先民以各种方式猎取禽兽。总的来说,土家族先民猎禽兽由于工具简陋,因此,不得不通过集体协作,更多地依靠人力和技巧,通过伪装、陷阱等方法进行狩猎。

---

① 周兴茂:《土家族区域可持续发展研究》,中央民族大学出版社2002年版,第29页。

三、恩施州原始社会农牧业

（一）原始种植业

在一万年以前,恩施州土家族先民在原始的采集活动基础上创立了原始的种植业,在渔猎活动中创立了原始的牧业活动。土家族先民们的原始社会种植业主要包括刀耕火种和轮歇耕作两种方式。

（二）原始畜牧业

原始畜牧业与渔猎经济是紧密相连的,畜牧业和渔猎的对象都是动物。随着渔猎经济的发展,人们征服野兽的能力大大增强,对野生动物的习性也日益了解,这为原始畜牧业的发展准备了必要的条件,但使野生动物变为家畜,必须经过强制性的拘禁驯化阶段。

通过以上关于原始社会时期恩施州产业发展史的梳理,可以发现:在这一时期,恩施州以采集和渔猎为主的农牧业产业结构非常单一,同时,生产工具非常简陋,生产力水平也非常低下,即使后期存在的种植业和养殖业也都是非常原始的刀耕火种、轮歇耕作和驯化。因此,可以得出结论:原始社会时期恩施州产业结构主要是以单一的农牧业为主(采集、渔猎)。[①]

第二节　奴隶社会恩施州产业经济发展史

恩施州奴隶社会时期应从周代巴国算起,直到巴国被秦所灭,其间经历了几百年的历史,人们习惯把恩施州所处奴隶时代称为"巴人时代"。这个时代虽然存在着刀耕火种的原始农业和渔猎采集的混合型生产方式,甚至原始种植业与家庭手工业也结合在一起,但以刀耕火种为主体的农业产业经济结构相比原始社会时期发生了根本性的变化。

[①]　周兴茂:《土家族区域可持续发展研究》,中央民族大学出版社2002年版,第35页。

一、刀耕火种的农业产业经济

（一）选择耕地

恩施州奴隶社会时期土家族先民在进行刀耕火种之前，会慎重地选择耕地。土家族先民对选择怎样的土地具有丰富的经验，他们选择耕地的主要依据是林木的长势和地形等因素。注意选择地势平缓、两面稍高、中间稍低、略呈槽形、光照较长的地段，而这些地段一般也是水源比较集中、林木比较丰茂的地方。土家族先民还特别注意区分原始森林和砍伐过的再生林。

（二）播种

一般来讲，土家族先民将荆棘灌木砍倒在地以后，待烈日晒干即开始选定播种时日，特别注意选择即将下雨之前的天气，然后开始放火烧畲。山高风大，火随风势，风卷火舌，烈烟翻腾，景象非常壮观。火焰刚熄，趁烟未绝，立即将小米、苞谷或高粱等种撒播在畲地烟灰里，由于有烟灰，鸟雀不敢去啄食种子，播种完，雨接踵而至，这是千金难买之良辰，可以保种保收。①

二、产业经济技术的变化

（一）农业中心环节的变化

恩施州奴隶社会时期刀耕火种农业时代决定收成丰歉的主要生产技术是林木的砍烧，这反映了原始农业的一个显著特点，除选种技术出现较早之外，其他如土壤的翻耕、施肥、灌溉等都出现得较晚。当然原始农业生产技术并不是一成不变的，在不同的发展阶段是不同的。在原始农业初期，农业生产技术的重点在于林木的砍烧，因为当时庄稼生长主要依靠林木焚烧后的灰烬和枯枝烂叶堆积而成的腐殖土，否则生产将无法进行。

（二）原始耕作制度的不断变化

在恩施州奴隶社会时期原始农业中普遍实现撂荒制，而撂荒制又分

① 周兴茂:《土家族区域可持续发展研究》，中央民族大学出版社2002年版，第51页。

为生荒耕作制和熟荒耕作制两种。生荒耕作制是一种完全的刀耕火种，砍种一年后就荒弃。根据刀耕火种的规律这一抛荒期一般由林木的生长年限决定，不同地方会完全不同。而熟荒耕作制是指耕地砍种以后可以通过一些手段连续耕作多年，直到土地产出效率较低下时才丢弃。大量事实证明，年年易地的生荒耕作制比种植若干年后而易地的熟荒耕作制更为原始。在原始农业的初期，大多实行生荒耕作制；而随着原始农业的发展，熟荒耕作制也不断地发展起来。①

第三节　封建社会恩施州产业经济发展史

　　恩施州封建社会时期要从秦灭巴以后，即恩施州成为秦朝的疆土算起，直到新中国成立为止。纵观恩施州土家族的整个封建社会时期，大致可以分三个不同的阶段：羁縻阶段、土司阶段、改土归流后阶段。第一个阶段大致是从秦灭巴到宋建立土司制度。第二个阶段大致是从宋土司制度建立到清朝雍正年间的"改土归流"时期。第三个阶段大致是从清朝改土归流到新中国成立以前的整个时期。纵观恩施州土家族两千多年的封建社会时期，其产业经济发展史如下。

一、种植业

　　自秦灭巴以后，秦国统治者看到该地区人烟稀少，生产力相对其他地方有很大差距，因此，派遣大量人口迁徙过来，并带来了先进的工具和技术，这对于当时的农业无疑是注入了新鲜的血液。秦汉时期，恩施州土家族农业种植主要以水稻为主，当时的水稻种植方法是春季将田间杂草烧掉，引浅水种稻，稻生长起来后再灌水把杂草淹死，这是一种早期的"火耕水耨"的生产技术。两晋南北朝时期朝廷十分重视恩施州土家族地区的农业发展，并采取了一系列措施，比如新修水利、改良品种。唐朝时期恩施州土家族先民不断引进汉朝的先进生产工具和技术，农业有了较快

---

　　①　周兴茂：《土家族区域可持续发展研究》，中央民族大学出版社2002年版，第56页。

的发展。①

二、手工业

改土归流后,汉族的手工业者来到恩施州土家族地区,加之苗族人的大量迁入,形成了土、苗、汉交错杂居的状态。他们通过学习彼此的工艺,大大加速了恩施州手工业的发展,主要表现在手工业内部分工越来越细,出现了一大批专业的木匠、篾匠、石匠、铁匠、机匠、弹匠、皮匠、鞋匠等。家庭式纺织业十分盛行,出现了各式各样的棉织品。这一时期,采矿业也是恩施州重要的手工业之一。清朝初期朝廷放宽了对开矿业的管制,促进了它的快速发展。到清朝后期对矿产手工业时禁时放、开采技术水平低下、成本高、产量低,加上恩施州交通条件恶劣,手工业发展十分艰难。

三、商业

改土归流后,清政府废除了土司制度,自然也就废除了土司老爷的各种限制和剥削,大大提高了工商业者的积极性。同时,清政府鼓励汉族商人到恩施州土家族地区经商,也鼓励土家族商人到外地经商,土家族商人足迹遍布大江南北。改土归流以后,几乎所有的府县都大修土木。乾隆三十六年修建了规模宏大的恩施县城,成了恩施州经济文化的中心地。在广大的农村,恩施州涌现出了一大批具有民族特色的"乡场或墟场"。这些"乡场或墟场"大小不一,按照大家默许的约定,三天或五天等一集,习惯称之为"赶集",促进了恩施州贸易的发展。②

---

① 周兴茂:《土家族区域可持续发展研究》,中央民族大学出版社 2002 年版,第 62 页。
② 周兴茂:《土家族区域可持续发展研究》,中央民族大学出版社 2002 年版,第 84 页。

第三章　恩施州产业结构优化升级与绿色转型的经济基础之二

——社会主义时期恩施州产业经济发展史

本书主要着眼于恩施州不同时期的占主要地位的经济结构、生产力和生产关系的变化状态来正确认识和理解恩施州产业结构变迁史。本书将社会主义时期恩施州产业经济发展史分为四个阶段,即 1949—1978 年、1978—1998 年、1998—2008 年及 2008—2013 年。

第一节　1949—1978 年恩施州产业发展

新中国成立初期,恩施州是一个以农业生产为主的内陆少数民族贫困地区,农业、工业和服务业十分落后。1949 年恩施州各项主要经济指标基本上都在全国平均水平的 50% 以下,在全省平均水平的 40% 以下,尤其是第二、第三产业差距较大,国民生产总值中第三产业人均水平只有湖北省平均水平的 40%,第二产业人均产值只有湖北省平均水平的 10%,只有全国平均水平的 6.09%,相差 10 多倍。从中我们可以看出,恩施州三次产业结构一直都处于“一、三、二”结构状态,1952—1978 年(1949 年、1950 年、1951 年由于历史条件的限制,导致统计数据无法查阅,故分析时间从 1952 年开始)三次产业结构比由 65.8∶11.8∶22.4 调整为 66.4∶14.5∶19.1(见表 3-1),说明第一产业始终居于主导地位并在国民生产总值中占有最大比重,而且超过了 65 个百分点,第二、第三产业虽然有所发展,但是速度较缓慢。

表 3-1　1952—1978 年恩施州的地区生产总值　　　（单位:万元）

年份	地区生产总值	第一产业	第二产业	第三产业
1952	8600	5658	1012	1930
1953	10148	6781	1177	2190
1957	16828	11087	1973	3768
1958	18436	11811	2657	3968
1965	30706	22564	2853	5289
1966	33421	24845	3037	5539
1976	47077	31924	5891	9262
1978	58000	38508	8507	10985

资料来源:根据 2008 年《恩施州统计年鉴》整理。

新中国成立后,恩施州农村因地制宜,改革耕作方式,大力兴办农田水利,发展农业机械,积极推广应用科学技术,农业生产条件得到较大改善。农村经济有所增长,1978 年恩施州农村社会总产值是 16.94 亿元;主要农产品产量逐步提高,1978 年恩施州粮食总产量 118.15 万吨,人均粮食产量 325 公斤;茶叶产量达到 2627.5 吨;烟叶产量达到 14711.3 吨;肉类产量达到 6.74 吨;农村产业结构不断调整,非农业产值占农村社会总产值的比重到 1978 年提高到 11.25%;在农业内部,林牧渔业产值占农业总产值的 39.1%;种植业内部,粮食经济作物种植面积比例有所提升,经济作物产值占种植业产值比达到 10.99%。农民生活水平有所提高,农民人均纯收入达到 72 元。

工业基础非常薄弱,基本上没有具备一定规模的工业。1952 年恩施州只有 58 个手工作坊式的工业企业,主要从事竹木制品、日用陶器、食品加工和硫黄、煤炭的生产,全部工业总产值仅 664 万元,增加值 312 万元。直到 1974 年,由于期间受"文化大革命"影响,工业总产值一直停留在 2 亿元以内。到 1976 年,已有工业企业 802 个,工业总产值才达到 24553.1 万元,工业生产规模有所扩大,但发展速度不快,经济效益不佳。

第三产业刚刚起步。交通运输业方面,新中国成立初期恩施州境内仅有巴石、咸丰两条二级公路,经过恩施州的省级公路非常少。高速公路、铁路一条也没有,绝大部分地方不通公路。新中国成立以来,到 1980年(部分延至 1983 年)共兴建公社公路 919.2 公里。民用汽车到 1978 年增至 2009 辆。恩施州紧紧依托巴东港,利用黄金水道优势发展水路运输。邮电通信事业迅速发展,恩施州邮电业务总量到 1978 年为 300 多万元。旅游产业刚刚起步,在此期间没有 A 级景区,地方政府也没有认识到旅游资源的丰富性与重要性。

第二节　1978—1998 年恩施州产业发展

自党的十一届三中全会召开以来,农村经济体制改革不断深入,家庭联产承包责任制的实行从根本上解放了恩施州的农村生产力,农业经济得到全面的发展。1998 年恩施州农业生产总产值达到 35.3 亿元,比1978 年增长了 1.35 倍。其中,粮食总产量 165 万吨,比 1978 年增长了1.98 倍,油料总产量 9.27 万吨,比 1978 年增长了 6.4 倍,烟叶总产量7.65 万吨,比 1978 年增长了 3.2 倍,生猪出栏 269.14 万头,比 1978 年增长了 2.2 倍。另外,1998 年年底恩施州已建成 64 万亩烟叶基地,37 万亩茶叶基地,11 万亩柑橘基地,170 万亩经济林基地,主要林、牧、特产品产量发展很快。1997 年恩施州农业商品总产值达到 30.3 亿元,商品率为41.8%。乡镇企业蓬勃发展,1998 年产值达到 41.05 亿元。

随着改革开放的深入,恩施州工业经济迅速发展。1998 年年末恩施州拥有工业企业 16088 个,其中销售收入在 500 万元以上的非国有工业企业 189 个。1998 年完成工业总产值 42.54 亿元,比 1978 年增长 12.6倍,工业门类增多,产量成倍增长,到 1997 年已形成了电力、煤炭、水泥、卷烟等产品为中心的工业体系。与此同时,恩施州服务业的发展也不断加快。1998 年年底恩施州等级公路 2074 公里,是 1978 年的 1.6 倍,其中高级、次高级路面里程 1019 公里,是 1978 年的 5.5 倍,二级路面、水泥路面分别是 305 公里和 177 公里。民用汽车拥有量为 15710 辆,比 1978 年增长 7.8 倍,全年货运量 444.6 万吨,货物周转量达 64749 万吨/公里,分别是 1978 年的 10 倍和 15 倍;全社会客运量达到 1797.9 万人,旅客周转量 10730 万人/公里,分别是 1978 年的 8.8 倍和 9.0 倍,其中内河航运和空运量都有不同程度的提高。邮电通信快速发展,1998 年全年完成邮电业务总量 16485 万元,比 1978 年增长 48.2 倍,恩施州邮电通信、装备水平形成了快速敏捷的长途数字传输网。市场日益繁荣活跃,个体私营经济发展迅速,1998 年恩施州全社会消费品零售总额达 28.5 亿元,比 1978 年增长 12.6 倍。其中个体私营零售额达 13.3 亿元,是 1978 年的 270 倍。恩施州外贸供应出口总额达 5772 万元,比 1978 年增长近 10 倍。旅游事业发展较快,1998 年接待旅游人数达 36.6 万人次,旅游外汇收入 26 万美元。教育事业、文化事业、卫生事业稳步发展。总体来看,1978—1998 年恩施州各产业的地区生产总值发展变化情况如表 3-2 所示。

表 3-2　1978—1998 年恩施州的地区生产总值 　(单位:万元)

年份	地区生产总值	第一产业	第二产业	第三产业
1978	58000	38508	8507	10985
1981	82138	51309	14562	16267
1983	94433	52207	19133	23093
1986	140610	74897	33731	31982
1990	230190	118889	53330	57971
1995	617308	305341	142729	169238
1998	1016466	477443	236985	302038

资料来源:根据 2008 年《恩施州统计年鉴》整理。

通过表 3-2 可以看出,改革开放给恩施州注入了新的活力,恩施州经济发生了翻天覆地的变化。1978 年与 1981 年相比,地区生产总值从 58000 万元增加到 82138 万元,增长了 41.6%,三次产业的增长速度分别达到 33.2%、71.1%、48%。通过分析发现:1978 年恩施州国内生产总值三次产业构成比例为 66.4∶14.5∶19.1,到 1983 年恩施建州时为 57.1∶20.9∶22.0,再到 1998 年该比例进一步调整为 44.1∶27.3∶28.6。可以看出,恩施州的产业结构随着改革开放的深入,其结构比在逐步优化升级。从表 3-2 中还可以看出:恩施州产业结构基本处于"一、三、二"状态,但改革开放二十多年,工业发展速度和规模取得了突破性进展,产业结构发生了明显变化,工农业比例也产生了根本性改变,彻底改变了恩施州长期以农业为主导的经济结构态势。

第三节 1998—2008年恩施州产业发展

随着国家西部大开发战略的实施,恩施州委州政府认真贯彻落实党的路线、方针、政策,从恩施州实际出发,积极思考探索经济社会发展新道路。

一、农村经济稳步发展

2008年恩施州实现农业增加值107.6亿元,粮食总产量达到167万吨,全年农林牧渔业总产值174.25亿元;油料总产量8.39万吨,烟叶总产量8.54万吨,茶叶总产量4.61万吨,全年生猪出栏440.67万头。农业机械化进程加快,恩施州拥有各类农机具107.8万台。恩施州农业机械总动力达到175.56万千瓦,主要农作物生产机械化综合水平达到29%。农业产业化水平不断提高,新增特色农业基地30万亩,新增规模以上农产品加工企业91家,"恩施玉露"茶、"思乐"畜产品、"大山鼎"蔬菜等品牌的知名度和市场占有率明显提升;新发展农民专业合作组织527个,农民组织化程度不断提高。①

二、工业经济快速发展

恩施州规模以上工业实现增加值73.5亿元;净增规模以上工业企业131户,总数达到555户,其中产值过亿元的企业40家,税收过1000万元的企业15家。工业园区建设成效明显,聚集度进一步提高。国有企业增加值22.47亿元,比1998年增长20.9%。从轻重工业看,轻工业增加值34.84亿元,增长30.1%;重工业增加值38.63亿元,增长22.1%。

---

① 曾志勇、李俊杰:《西部大开发以来民族地区税收优惠政策实施绩效评价——以湖北省恩施土家族苗族自治州为例》,《湖北社会科学》2011年第1期。

三、第三产业突飞猛进

1998—2008 年恩施州第三产业发展突飞猛进：一是基础设施条件明显改善，宜万铁路、沪渝高速公路、恩施机场一期扩建项目相继建成，恩施州公路通车里程达 18296 公里，拥有民用车辆 43.25 万辆，其中民用汽车保有量 10.39 万辆。全年全社会客运量 6192.18 万人次，旅客周转量 437068 万人/公里；货运量 2413.78 万吨，货物周转量 470988 万吨/公里。邮电通信行业全年邮电业务总量 13.5 亿元。二是旅游业突破性发展，恩施生态旅游目的地初步形成。全年恩施州接待游客 1062.50 万人次。全年实现旅游综合收入 50.62 亿元，旅游外汇收入 3309 万美元。城乡消费市场同步繁荣，实现社会消费品零售总额 132 亿元。三是恩施州金融机构人民币存、贷款余额分别达到 467 亿元、252 亿元，金融促进经济发展的能力不断增强。其他各项事业不断进步和发展。三次产业生产总值如表 3-3 所示。

表 3-3　1998—2008 年恩施州的地区生产总值　（单位：万元）

年份	地区生产总值	第一产业	第二产业	第三产业
1998	1016466	477443	236985	302038
2000	1183637	521886	295064	366687
2001	1235321	533574	295547	406200
2003	1363329	545261	326269	491799
2005	1730006	712706	406000	611300
2006	1895018	727918	474800	692300
2007	2103500	793558	496620	813322
2008	2491800	894200	630600	967000

资料来源：根据 2008 年《恩施州统计年鉴》整理。

通过表 3-3 的统计数字可以看出：作为全国经济社会发展格局战略性调整的西部大开发给恩施州经济和社会发展带来了千载难逢的历史机遇，恩施州也步入了高速发展的快车道。与 1998 年相比，恩施州第一、第二、第三产业增加值比重调整为 2008 年的 36：25：39，第一产业比重下降了 8.1 个百分点,第二产业比重下降 32.3 个百分点,第三产业比重上升了 10.4 个百分点,特别是 2007 年三次产业结构顺序首次实现由"一、三、二"排列向"三、一、二"排列的转变,打破了长期以农业为主导的局面。到了 2008 年,在西部大开发战略深入实施期间,国家对恩施州的投入超过了 700 亿元,这一数字已经超过新中国成立以来对恩施州的投资总和。随之而来的是恩施州国民经济快速增长,人民生活水平得到快速提高,恩施州经济持续健康发展,整体综合实力大大增强。2008 年恩施州完成生产总值 351.13 亿元,按可比价格计算,比上年增长 13.8%。分产业看,第一产业增加值 107.65 亿元,增长 5.0%;第二产业增加值 100.92 亿元,增长 22.7%;第三产业增加值 142.56 亿元,增长 14.9%。人均生产总值首度破万元。

第四节 2008—2013 年恩施州产业发展

2008—2013 年,恩施州按照"特色开发,绿色繁荣,可持续发展"的要求,实施产业化、城镇化"双轮驱动",坚持"强投资、扩总量、稳增长、惠民生",抢抓机遇,克难攻坚,全州经济社会发展呈现出"稳中有进、进中向好"的良好局面,取得了丰硕的成果。2013 年恩施州实现生产总值 552.48 亿元,比上年增长 9.9%。其中,第一产业增加值 133.28 亿元,增长 5.1%;第二产业增加值 197.75 亿元,增长 12.1%,其中工业增加值 160.85 亿元,增长 10.8%;第三产业增加值 221.45 亿元,增长 11.3%。产业结构进一步优化。三次产业构成由 2012 年的 25.9∶34.1∶40.0 调整为 24.1∶35.8∶40.1,第一产业比重继续下降,第二产业和第三产业比重继续提高。按年均常住人口计算,2013 年全州人均生产总值 16697 元。全年居民消费价格比上年上涨 2.2%,其中食品价格上涨 4.5%。工业生产者出厂价格上涨 3.4%。工业生产者购进价格上涨 2.2%。农业生产资料价格上涨 2.2%。商品零售价格上涨 1.6%。

一、农业稳步推进

2013 年农林牧渔业总产值 227.22 亿元,按可比价格计算,比上年增长 7.1%。年末常用耕地面积 390.44 万亩,全年农村用电量 4.55 亿千瓦时,农用化肥施用量(折纯)28.39 万吨,农业机械总动力 237.39 万千瓦。2013 年粮食播种面积 652.53 万亩,与去年基本持平,粮食产量 162.86 万吨,比上年增长 2.4%。油料播种面积 103.61 万亩,产量 10.17 万吨,比上年分别增长 2.7% 和 11.5%。烟叶种植面积 60.21 万亩,总产量 7.68 万吨。茶园面积 110.39 万亩,比上年增长 2.4%,其中本年采摘面积 83.13 万亩,增长 5.1%;全年茶叶产量 6.44 万吨,增长 5.9%。2013 年造林面积 4.37 万公顷,全年林业产值 8.93 亿元,按可比价格计算,比上年增长 8.9%。2013 年生猪出栏 501.59 万头,增长 4.1%;年末生猪存栏 470.84 万头,增长 5.5%。全年畜禽肉产量 47.29 万吨,增长 4.9%。全年畜牧业产值 86.45 亿元,按可比价格计算,同比增长 8.8%。

全力推进区域发展与扶贫攻坚,新启动 88 个重点贫困村和 39 个重点老区村整村推进工作,完成扶贫搬迁 4000 户、1.6 万人,减少贫困人口 15 万人。大力加强农村基础设施建设,完成"通畅工程"1819 公里、通乡油路 375 公里,完成高标准基本农田整治 16 万亩,完成 59 座病险水库的除险加固,农村饮水安全人口 196.25 万人,新增农村清洁能源入户 5.19 万户,农村生产生活条件进一步改善。

二、第二产业蓄势待发

2013 年年末恩施州规模以上工业企业 390 家。全年规模以上工业增加值 136.46 亿元,扣除价格因素同比增长 10.2%。其中,国有企业增加值 35.62 亿元,增长 19.2%。分轻重工业看,轻工业增加值 79.48 亿元,增长 11.7%;重工业增加值 56.98 亿元,增长 7.6%。工业经济效益稳步提高。全年规模以上工业企业主营业务收入 304.55 亿元,比上年增长 20.4%;利税总额 30.58 亿元,增长 13.5%,其中,利润总额 17.92 亿元,增长 13.0%。

2013 年年末恩施州具有资质等级以上的建筑企业 103 家,建筑企业年末从业人员 3.33 万人。全年建筑业总产值 86.79 亿元,比上年增长 26.5%。房屋建筑施工面积 675.21 万平方米,比上年增长 14.6%;房屋建筑竣工面积 383.73 万平方米,比上年增长 47.4%。2013 年全社会固定资产投资 510.40 亿元,比上年增长 25.7%。其中,500 万元以上城镇和非农户建设项目投资 414.42 亿元,比上年增长 23.4%;房地产开发投资 57.06 亿元,比上年增长 41.7%;农村私人投资 38.92 亿元,比上年增长 29.4%。

三、第三产业突飞猛进

2013 年年末恩施州公路通车里程 18738.59 公里,其中等级公路 18731.69 公里。全州公路密度按国土面积计算为 78.27 公里/百平方公里,按年平均常住人口计算为 56.68 公里/万人。年末恩施州民用机动车保有量 60.25 万辆,其中民用汽车保有量 18.39 万辆。全社会客运量 3116 万人,比上年增长 11.3%;旅客周转量 349730 万人/公里,增长 9.9%;货运量 3657 万吨,比上年增长 13.2%;货物周转量 678121 万吨/公里,增长 12.7%。宜万铁路客货运发送量平稳增长。2013 年,全州 4 个铁路站点累计发送货物 21.30 万吨、发送旅客 380.40 万人,分别较上年增长 4.0%、6.3%。

2013 年邮电通信行业全年邮电业务总量 21.40 亿元,比上年增长 10.1%,其中电信业务收入 18.52 亿元,比上年增长 5.5%。年末全州固定电话用户 35.05 万户;移动电话用户 384.10 万户,其中 3G 移动电话用户 90.60 万户。电话普及率为 103.39 部/百人。宽带互联网接入用户 30.40 万户。光缆线路长度 3.81 万公里,其中长途光缆线路 5240 公里。

2013 年恩施旅游客源市场半径扩大,景区品质加快提升,品牌吸引能力和经济效益增强。全年接待游客 2650.64 万人次,比上年增长 20.6%;实现旅游综合收入 147.54 亿元,增长 23.4%。2013 年恩施州荣登新华网"最美中国榜",获"最佳中国城市旅游目的地"称号;腾龙洞、大峡谷创 5A 和利川大水井、鹤峰满山红景区创 4A 扎实推进,恩施枫香坡、建始朝阳观晋升为国家 3A 级景区;"土家女儿城"、"华龙城"、瑞享酒店开业迎宾,极大提升了接待能力,在建的高星级酒店达到 15 家。2013 年年末全州 A 级景区 26 家,星级酒店 79 家,星级酒店客房 4728 间,旅行社 72 家。

第四章　恩施州产业结构优化升级与
绿色转型的生态基础

——清江干流生态资源调查[①]

　　生态资源是恩施州产业结构优化升级与绿色转型的重要基础,因此,对恩施州的生态资源进行摸底调查,有利于我们更好地调整与优化产业结构,最终实现产业的绿色转型。清江是恩施州的母亲河,是恩施州最重要的河流动脉,我们选取清江干流进行调查,具有代表性和科学性。清江是湖北省境内长江中游的第二大支流(仅次于汉江),发源于恩施州利川市齐岳山麓凉风垭龙洞沟十庙溶洞,干流自西向东流经恩施州的利川、恩施、宣恩、建始、巴东,从巴东水布垭镇大岩村的盐池河出口到宜昌市长阳、宜都,于宜都市陆城镇汇入长江。清江干流按河谷形态和流态划分为上、中、下三段(河源至恩施小渡船 153 公里为上游、恩施至资丘 160 公里为中游、资丘至河口 110 公里为下游),流域总面积 16714km²,河长428km,其中恩施州内流域面积 11036km²,占恩施州国土面积的 46.1%,河长 280km。清江干流在恩施州海拔最高 1250 米,最低 185.3 米,境内落差 1064.7 米,两岸除了较少的缺口段外,大部分河段为河谷深切,山势陡峻。恩施州境内支流分布比较均匀,呈叶脉状,其支流遍布恩施州除来凤县外的 7 个县市,较大支流有忠建河、马水河、野三河、龙王河、泗渡河、带水河等 198 条。

---

　　① 　本章的所有数据来自于 2009—2012 年参与恩施州"兴产业"调查、恩施州清江流域生态环境调查以及课题组成员自己的调查等实地调查数据资料的整理,因此,本章的所有数据不再重复进行备注说明。

第一节　恩施州清江干流经济社会发展概况

　　据调查,2012 年清江干流地区共有 19 个乡(镇),128 个村,农户83503 户,总人口299246 人,其中劳动力155155 人。农民人均纯收入为3769 元,比 2003 年提高了 29.45%。经济作物的比重逐年上升,奠定了特色产业发展基础。清江干流国土总面积1179.1 平方公里,耕地316827亩,其中水田62336 亩。干流范围内粮食播种面积463231 亩(其中水稻83697 亩、玉米 136763 亩、洋芋 116221 亩),粮食总产量112494 吨(其中水稻33689 吨、玉米 43571 吨、洋芋 20041 吨)。全流域内特色产业面积发展到168832 亩,其中茶叶15764 亩,柑橘24791 亩,药材25073 亩,蔬菜41127 亩,魔芋17672 亩,特色经济渐成气候。

　　清江干流地区科技、教育、文化、卫生等社会事业继续快速发展。农村基础设施逐年改善,农民生产生活条件有了较大提高。"村村通"23409 户,通村组公路里程3255.5 公里,比 2003 年的 1916.25 公里增加70%,村级公路硬化 255.9 公里,比 2003 年的 7 公里增加了 36.56 倍。128 个村中,通公路的村 124 个,占 97%。通电、饮水等困难逐步得到解决;科技进步推广,传统优势产业得到改造提升,特色经济渐成气候;生态环境继续改善,森林植被覆盖率达到 65.9%;巩固和完善了"以县为主"的农村义务教育管理体制,农村基础教育和职业技术教育得到加强;128个村中,有卫生室的村 108 个,占 84.4%,合作医疗、疾病预防控制、突发性公共卫生事件应急救治体系逐步完善;人口与计划生育工作机制不断创新,人口自然增长率4.7‰;实现了广播电视光缆联通所有乡镇,广播、电视、通讯综合覆盖率达到 90%;农村文明新村建设、生态家园建设、民族团结进步示范村建设和乡村文明建设整体推进,群众性精神文明创建活动蓬勃开展。

第二节　恩施州清江干流生态农业发展概况

一、清江干流农田生态环境

2012 年通过对恩施州清江干流 19 个乡镇、128 个村、2121 个组的调查表明：由于农业产业结构调整，耕地面积和农作物总播种面积减少，后备宜农荒地资源不多，农业生产仍以粮食作物为主，经济作物的比重逐年上升。由于耕地复种指数高，农田农事活动频繁，坡耕地仍然是引起水土流失的最主要因素。2012 年，流域内耕地由 2003 年的 387924 亩减少到 2012 年的 316827 亩，减少了 22.4%；粮食种植面积由 2003 年的 508909 亩减少到 2012 年的 463231 亩，减少了 9.86%；粮食总产量由 2003 年的 119039 吨减少到 2012 年的 112494 吨，减少了 5.8%；经济作物播种面积由 2003 年的 111671 亩增加到 2012 年的 168832 亩，经济作物的比重逐年上升。

二、清江干流农村能源和饮水

据调查，恩施州清江干流农村生活用能主要是以煤炭、薪柴和秸秆为主，后来清洁能源沼气的广泛应用，使其逐步成为恩施清江干流农村生活用能的主导。2012 年烧煤的农户 32021 户，占流域内总农户的 38.3%。烧柴的农户 13678 户，占流域内总农户的 16.4%。清江流域范围内均为建沼气的适宜地区，沼气等生物能源在农村能源结构中的比重逐步提升，目前恩施州清江干流建沼气农户 26270 户，占比达到 31.5%，沼气的综合利用率不断提高。农村饮水安全或基本安全人口 100174 人，占调查总人口的 34.98%，饮水不安全人口为 186216 人，占调查总人口的 65.02%。饮水不安全主要表现为水量水源保证率不达标、用水不方便等方面，农村用水基本未进行净化、消毒处理。

三、清江干流农作物病虫害

(一)农业有害生物灾害发生现状

清江流域种植的农作物种类多,粮油作物有水稻、玉米、马铃薯、小麦、油菜、红薯等,经济作物有烟叶、茶叶、魔芋、草莓、甘蔗、柑橘、梨、葡萄、桃、李、蔬菜、中药材等。农业有害生物灾害发生种类繁多,总体来说该区农作物主要病虫草鼠害属中等偏重程度发生。据统计,2012年恩施州清江干流常年粮油作物病虫害发生面积达78万亩次以上,可造成产量损失2.66万吨以上,经济作物主要病虫害发生面积达76万亩次以上,常年病虫防治面积在54万亩次以上,造成损失达4000吨以上。常年呈中等偏重发生的病虫害主要有水稻稻飞虱、稻纵卷叶螟、稻纹枯病、稻瘟病、玉米螟、玉米纹枯病、马铃薯晚疫病、茶饼病、茶小绿叶蝉、梨黑星病、梨瘿蚊、柑橘螨类、柑橘蚧类、小麦条锈病等;呈中等以上发生的病虫草鼠害更多,而且还出现一些新的病虫害如水稻赤斑黑沫蝉、玉米弯刺黑蝽、玉米黄尾球跳甲、玉米线虫病、玉米弯孢菌叶斑病等,危害程度逐年加重。检疫性有害生物如柑橘大实蝇、菟丝子属、毒麦等被传入后未能得到有效控制,外来有害生物如空心莲子草(水花生)已在部分地区成灾,加拿大一枝黄花已于2005年11月在州城发现。农业植物检疫性有害生物(如水稻象甲虫、水稻细菌性条斑病、柑橘小实蝇、柑橘溃疡病、红火蚁、十字花科黑斑病、玉米霜霉病、黄瓜绿斑驳花叶病毒等)和外来有害生物(紫茎泽兰、福寿螺等)面临被传入的可能。

(二)农业有害生物灾害发生的趋势

农产品流通。农产品的迅速流通会加速农业有害生物的远距离传播蔓延。随着经济的快速发展,农产品和种子、种苗的流通日益频繁且量更大,推动了农业有害生物随调运而传播蔓延,尤其是一些本地尚未发现的有害生物和农业检疫性有害生物会趁机传入。虽然我国制定有植物检疫法规,但要完全阻止农业有害生物随农产品的运输而传播是相当困难的,预计未来农业有害生物灾害还会进一步扩大蔓延。

区域化种植。区域化种植和作物种类及品种的单一化,使作物品种的抗病性丧失速度加快。为发挥清江流域的生态资源优势,农业种植区域化的发展已成必然,根据地区生态环境、产品资源、自然资源特点,势必造成在同一地区单一作物种类的连片种植。生物群落越来越单一就易导致病菌致病性变异加快以及作物品种抗病性丧失速度加快。种植的区域化和作物种类与品种的单一化将进一步发展,这将加剧农业有害生物灾害的发生。

耕地复种。耕地复种指数不断提高会促进土传病害的发生。退耕还林以及工业、交通、城镇建设等占用耕地,耕地面积将逐年递减。为了保证产量,提高复种指数是解决的方法之一,其结果会造成耕地常年连作,同科作物轮作,导致农业有害生物尤其是土传病害的严重发生。

耕地肥水条件。耕地肥水条件的改变创造了农业有害生物灾害发生的田间生态环境。改善耕地的生产条件,如水改旱或旱改水、改革耕作制度、"保护地"栽培、设施栽培、轻型栽培、增施肥料等是农业增产增收的重要措施。但是水改旱后导致地下害虫的滋生,旱改水后导致多种病害的发生;"保护地"栽培、设施栽培、轻型栽培(如水稻免耕栽培、水稻抛秧等)等会改变田间微生态,导致病虫越冬诱发病虫草害的严重发生;偏施或多施、迟施氮肥,不施或少施农家肥,农家肥不经腐熟施用,少施或不施钾肥和微量元素肥料等,都会不利于作物正常生长,只会降低作物抗逆能力,诱发多种病虫害的发生。

化学防治。不合理的化学防治和农田环境污染,导致病虫草产生抗药性、有益生物减少。随着经济的发展,工业"三废"等垃圾进入农田,对农田的污染日益严重。大量使用化肥,超标使用农药,不仅造成严重的农田环境污染,有益生物被杀死,还加速病虫草产生抗药性,使药剂的防治效果下降甚至无效,又会诱发病虫草害的严重发生。

四、清江干流生态农业评价

清江干流生态农业发展已经起步,应充分利用农业资源丰富的优势,通过农业生产技术的改革与产业结构的调整与优化升级来保护和改善生态环境,防治污染,维护生态平衡,提高农产品的安全性;应充分利用清江干流农业资源,例如气候资源、土地资源、矿产资源、劳力资源、生物资源等。多年以来,特别是改革开放以来,勤劳智慧的清江干流人民依托本地资源,治山治水,兴修农田水利,实施山、水、林、田、路综合治理,发展农村经济,建设特色产业,使清江干流面貌发生了很大变化,农民生产生活水平有了很大提高,逐步形成生态与经济的良性循环,实现了经济、生态与社会三大效益的平衡发展。一是实施生态富民、天然林保护、长江防护林以及退耕还林等工程,保护了珍稀动植物资源,减少了废弃物污染,提高了森林覆盖率。干流地区森林植被覆盖率达到 61.9%,使用沼气的农户达到 31.5%。二是基础设施显著改善,社会事业明显进步。"村村通"达到 23409 户,97%的村通公路,通村组公路里程达 3255.5 公里,村级公路硬化 255.9 公里;农村基础教育和职业技术教育得到加强;有卫生室的村占 84.6%,合作医疗、疾病预防控制、突发性公共卫生事件应急救治体系逐步完善。三是农业结构调整优化,使农、林、牧、副、渔各业和农村第一、第二、第三产业综合发展。干流区域内经济总收入 83864.91 万元,其中第二、第三产业收入 32622.22 万元,占 38.9%,农、林、牧业收入占 37.62%;特色产业面积达到 11.17 万亩,特色产业收入达到 17910 万元。四是推行标准化生产,推广实施"测土配方施肥"、"保护地"栽培、设施栽培、轻型栽培等农业实用技术,改善了土壤结构,提高了农产品的安全性。五是实施矿产资源的依法有序开采,保护了植被,减少了滑坡、山洪等自然灾害。六是实行清江沿途城镇的污水治理工程,减少了河流的污染。

第三节　恩施州清江干流水文概况

一、清江干流河流水系概况

清江流域总面积 16714km^2,河长 428km,其中恩施州内流域面积 11036km^2,占恩施州国土面积的 46.1%,河长 280km。其支流遍布恩施州的 7 个县市(除来凤县外),州内支流 198 条,较大支流有忠建河、马水河、野三河、龙王河、泗渡河、带水河等(见表 4-1)。

表 4-1　恩施州清江干流及主要支流基本情况表

（河长：km　面积：km²）

河流名称	级别	总长	境内河长	总面积	境内面积
清江	1	428	280	16714	11036
小溪河	2	26	26	353	353
带水河	2	39.1	39.1	508	508
龙洞河	2	15.3	15.3	38.5	38.5
高桥河	2	12.2	12.2	147	147.3
忠建河	2	121	121	1627	1627
花塌河	3	31.1	31.1	300	300
马水河	2	103	103	1732	1732
广润河（闸木水）	3	40.5	33	255.9	221
东龙河	3	38	38	302	302
马尾沟（鸡笼洞河）	2	35.2	35.2	323	323
野三河	2	59.8	59.8	1157	1157
龙王河（支锁河）	2	48.3	48.3	619	619
泗渡河	2	43.8	39.5	797	705

小溪河发源于利川市团堡镇茶园坪，于利川市团堡镇朝东岩注入清江，是清江的一级支流。河长 26km，面积 353km²。

带水河发源于恩施市太阳乡百户湾，流经龙凤镇于峡口大桥大龙潭汇入清江，全长 39.1km，面积 508km²。

龙洞河发源于恩施市龙凤镇五谷庙，流经龙洞村、金子坝、三孔桥、土桥坝、栖凤桥、舞阳坝等闹市区，在官坡汇入清江，全长 15.3km，集水面积 38.5km²。

高桥河在恩施城郊西南，发源于恩施市小渡船办事处石头坡，由高桥出水洞由西向东流出，经香树塘东下，汇猫子洞暗河水，过高桥坝，绕城南，在六角亭书院汇入清江，全长 12.2km，集水面积 147.3km²。

忠建河是清江中游右岸的最大支流，发源于咸丰县城西北的柿子坪，自西南向东北，流经咸丰的老寨、马河坝，龙坪镇入宣恩县境，经晓关、珠山镇、长潭河等乡镇，穿过数处峡谷及小坪畔，于龟山河上游的石心河注入清江，全长 121km，流域面积 1627km²。

花塌河为忠建河的一级支流,发源于宣恩县长潭河乡咸池,于长潭河乡万岭山村汇入忠建河,全长 31.1km,流域面积 300km²。

马水河发源于建始县铁厂坪,是清江中游左岸的最大支流,经大沙河至太阳河口流入恩施市。顺南流,经南里渡,于龟山河附近两河口汇入清江,全长 103km,流域面积 1732km²。

广润河发源于重庆市奉节县四十二坝,流向为西北至东南,于业州镇水沟槽汇入马水河。州内河长 33km,流域面积 221km²。

东龙河发源于建始县茅田乡李家湾,在三里乡鹰咀岩形成伏流后汇入马水河,全长 38km,流域集水面积 302km²,为马水河支流。

马尾沟发源于宣恩县椿木营,于恩施市新塘乡大马驿汇入清江,全长 35.2km,集水面积 323km²。

野三河发源于巴东县绿葱坡镇龙潭河,于建始县花坪乡野三口汇入清江,全长 59.8km,集水面积 1157km²。

龙王河发源于鹤峰县燕子坪乡芹草坪,于巴东县杨柳池汇入清江,全长 48.3km,集水面积 619km²。

泗渡河发源于巴东县鼓楼乡李氏沟,从巴东县野三关镇下支坪出境,于长阳县渔峡口长瓦屋汇入清江。全长 43.8km,集水面积 797km²,州内河长 39.5km,集水面积 705km²。

二、清江干流水资源量

(一)多年平均水资源量

清江流域多年平均水资源量为 98.02 亿 m³,折合深度为 888.2mm。按流域在恩施州各县(市)级行政区内的面积及多年平均水资源量等值线图,可以得出各县(市)级行政区内的多年平均水资源量。恩施市 32.71 亿 m³,利川市 13.59 亿 m³,建始县 23.44 亿 m³,巴东县 11.60 亿 m³,宣恩县 12.03 亿 m³,咸丰县 2.07 亿 m³,鹤峰县 2.58 亿 m³(见表4-2)。

(二)多年平均降雨量

据统计,清江流域多年平均降雨量折合深度为 1504.1mm。按流域在恩施州各县(市)级行政区内的面积及多年平均降雨量等值线图,可以得出各县(市)级行政区内的多年平均降雨量。恩施市1544.5mm,利川市1456.6mm,建始县1512.4mm,巴东县1336.9mm,宣恩县1579.9mm,咸丰县1697.1mm,鹤峰县1518.7mm。

(三)多年平均径流量

多年平均径流量在数值上与多年平均水资源量相等,为98.02亿m³,折合径流深888.2mm。各县市清江区径流深分别为:恩施市923.8mm,利川市878.5mm,建始县946.3mm,巴东县777.0mm,宣恩县835.4mm,咸丰县869.7mm,鹤峰县860.0mm。

(四)多年平均地下水资源量

清江流域多年平均地下水资源量为31.2318亿m³,折合深度283.0mm。其中恩施市10.0210亿m³,利川市4.3780亿m³,建始县7.0099亿m³,巴东县4.2252亿m³,宣恩县4.0752亿m³,咸丰县0.6735亿m³,鹤峰县0.8490亿m³。

(五)水资源时空分布规律

恩施州清江流域水资源量十分丰富,人均占有水资源量约5000m³,但是降雨和径流在时空上分布不均,全年降雨主要集中在4—10月,占全年降雨量的70%—80%,空间上从上游向下游、从周围向河谷带呈逐渐递减的趋势。

表4-2 恩施州各县市清江流域水资源量调查表

县市	多年平均水资源量(亿m³)	多年平均径流量(亿m³)	多年平均地下水资源量(亿m³)	多年平均径流深(mm)	多年平均降雨量(mm)
恩施市	32.71	32.71	10.0210	923.8	1544.5
利川市	13.59	13.59	4.3780	878.5	1456.6
建始县	23.44	23.44	7.0099	946.3	1512.4
巴东县	11.60	11.60	4.2252	777.0	1336.9
宣恩县	12.03	12.03	4.0752	835.4	1579.9
咸丰县	2.07	2.07	0.6735	869.7	1697.1
鹤峰县	2.58	2.58	0.8490	860.0	1518.7
合计	98.02	98.02	31.2318	888.2	1504.1

三、清江干流水资源质量

根据 2003—2012 年清江流域水质监测资料,采用单因子评价法,按照《地表水环境质量标准》(GB3838—2002)对流域内主要河流进行总体评价。清江流域评价河长 881.5km,其中 I 类水河长 38.6km,占评价河长的 4.38%；II 类水河长 655.7km,占评价河长的 74.38%；III 类水河长 173.7km,占评价河长的 19.71%；IV 类水河长 5.7km,占评价河长的 0.65%；V 类水河长 5.3km,占评价河长的 0.60%；劣于 V 类水河长 2.5km,占评价河长的 0.28%。根据评价结果分析,恩施州清江流域大部分河段水质较好,78.76%的河段水质达到了 II 类,水质较差的河段主要是流经城区和集镇的河段,如广润河建始城区段、清江恩施城区段、龙洞河下游河段、带水河下游河段等。

四、清江干流水资源利用情况

2012 年度恩施州清江流域总供水量 2.1668 亿 m³,其中蓄水工程供水 0.3835 亿 m³,引水工程供水 0.4444 亿 m³,提水工程供水 1.0930 亿 m³,跨流域调水 0.1023 亿 m³,人工运载水量 0.1436 亿 m³。

2012 年度恩施州清江流域总用水量 2.1668 亿 m³,其中农业灌溉用水 0.7286 亿 m³,林牧渔畜用水 0.1475 亿 m³,工业用水(含规模以上和规模以下工业)0.6899 亿 m³,生活用水量(含农村居民和城镇居民)0.5172 亿 m³,城镇公共用水 0.0820 亿 m³,生态环境用水 0.0016 亿 m³。

第四节　恩施州清江干流气候概况

一、清江干流气候概况

恩施州清江干流总的气候特点是:冬少严寒,夏无酷暑,寡照多雾,终年湿润,降水丰沛,雨热同期,属中亚热带季风型山地湿润气候。海拔高度 400 米至 1100 米左右,高低悬殊,垂直地域差异明显。主要灾害性天气有冰雹、大风、暴雨、低温阴雨、伏秋干旱以及洪涝、滑坡、泥石流等次生灾害。

二、清江干流2011—2012年气候特点分析

分析中以利川气象站代表二高山地区(简称二高山),恩施气象站代表低山地区(简称低山),建始气象站代表清江北部地区(简称江北),宣恩气象站代表清江南部地区(简称江南)。

(一)2011年概况

2011年为暖冬年,春季来临早,梅雨不明显,无连阴雨,秋季较长。可谓风调雨顺。与历年平均相比,年平均气温略高;年降雨量和年日照时数大部偏少;年蒸发量大部偏多。冬季(2011年12月至2012年2月)季平均气温比常年偏高0.8℃,形成暖冬多雨天气,是本州及清江干流持续第四个多雨暖冬天气。入春以后,气温持续偏高,且连续八旬每旬气温均偏高。入梅时间与历年持平,秋寒时间低山出现在9月22日,二高山出现在9月7日,与历年基本持平。

(二)2012年概况

2012年为冷冬年,春季低温阴雨,春寒明显;无梅雨、初夏炎热、盛夏凉爽;秋汛来临早,"秋老虎"明显、秋季无低温阴雨。气象条件对农业生产是利大于弊。与历年平均相比,年平均气温各地略有偏高,年降雨量偏少;年日照时数大部偏少;年蒸发量二高山及江北略多,低山及江南偏少。冬季(2012年12月至2013年2月)季平均气温比常年偏低0.6℃,这是本州及清江干流在1996年出现冷冬年后,相隔6年再出现冷冬。2013年1月下旬至2月中旬出现低温雨雪天气,特别是2月中旬后有12次冷空气影响本州及清江干流,使气温偏低了3℃—5℃,为近40年最低值。本年为"空梅"年,"秋寒"时间低山出现在8月20日,二高山出现在8月18日,与历年相比,提前二十多天。

三、清江干流主要气象要素

(一)气温

1.年平均气温

多年平均气温特点:气温随海拔的升高而递减,垂直差异极为明显;各地气温的年变化及其升降幅度基本趋于一致。2011—2012 年年平均气温,低山为 15.0℃—17.0℃,二高山为 13℃。与历年相比,江北正常,其他地区偏高 0.1℃—0.3℃。

2.月平均气温

多年月平均气温特点:低山、二高山、江北和江南的月平均气温在一年中变化趋势是一致的,最低都是 1 月,随后渐升,至 7 月最高,8 月次高,随后又渐降,呈一峰一谷型。按气候学划分季节,恩施州二高山以下有四季之分,但低山夏长于冬,二高山冬长于夏。海拔 1400 米以上高山地区则无夏,5—9 月直接由春季过渡到秋季。如此的气温分布使恩施州气候类型较为多样,利于发展特色农林业和旅游业。2011—2012 年两年平均气温与历年同期比较:2—7 月大部地区持续偏高,8—12 月呈时而偏低时而偏高于多年平均值的波动状态。

3.年极端气温及出现日期

年极端最高气温一般出现在 7—8 月,年极端最低气温一般出现在 1 月,二高山以上地区很少出现 35℃ 以上的高温天气。2011 年年最高气温出现在 7 月到 8 月,恩施市为最高,有 37.5℃,最低为利川市,有 33.8℃。年最低气温出现在 1 月 24 日和 1 月 27 日。利川市为最低,气温达-4.3℃。2012 年年最高气温出现在 6 月中旬到 8 月中旬,宣恩县为最高,有 38.0℃,最低为利川市,有 33.2℃。年最低气温出现在 2012 年上中旬。利川市为最低,气温达-6.2℃。年最高气温和年最低气温均随海拔的增高而下降。

表4-3 2011—2012年清江干流各月平均气温及与历年同期气温比较

(单位:℃)

利川	1月	2月	3月	4月	5月	6月	7月	8月	9月	10月	11月	12月
2011年	1.9	5.7	8.7	15.0	17.0	19.7	22.5	22.3	18.6	12.5	8.8	4.4
2012年	1.2	2.1	6.8	14.3	17.4	21.5	23.6	21.3	19.8	13.5	9.2	3.4
两年平均	1.6	2.9	7.8	14.7	17.2	20.6	23.1	21.8	19.2	13.0	9.0	3.9
历年平均	2.0	3.3	7.2	12.9	17.1	20.3	22.9	22.5	18.4	13.5	8.5	3.9
差距	-0.4	0.4	0.6	1.8	0.1	0.3	0.2	-0.7	0.8	-0.5	0.5	0.0
恩施	1月	2月	3月	4月	5月	6月	7月	8月	9月	10月	11月	12月
2011年	5.3	8.3	12.1	18.4	20.6	23.4	26.4	26.4	22.5	16.4	12.1	6.9
2012年	4.6	5.5	10.6	17.6	20.9	25.5	27.5	25.0	23.8	17.2	12.8	6.8
两年平均	5.0	6.9	11.4	18.0	20.8	24.5	27.0	25.7	23.2	16.8	12.5	6.9
历年平均	5.0	6.7	10.6	16.4	20.0	23.8	26.5	26.7	22.3	17.0	11.8	6.8
差距	0	0.2	0.8	1.6	0.2	0.7	0.5	-1.0	0.9	-0.2	0.7	0.1
建始	1月	2月	3月	4月	5月	6月	7月	8月	9月	10月	11月	12月
2011年	4.3	7.6	11.8	17.7	19.5	21.5	24.6	25.2	21.5	15.8	10.8	6.2
2012年	3.8	4.6	9.3	17.1	20.1	24.5	26.2	23.8	22.6	16.1	11.8	5.6
两年平均	4.1	6.1	10.6	17.4	19.8	23.0	25.4	24.5	22.1	16.0	11.3	5.9
历年平均	4.2	5.8	9.8	15.5	19.7	23.1	25.6	25.7	21.3	16.1	11.0	6.1
差距	-0.1	0.3	0.8	1.9	0.1	-0.1	-0.2	-1.2	0.8	-0.1	0.3	-0.2
宣恩	1月	2月	3月	4月	5月	6月	7月	8月	9月	10月	11月	12月
2011年	4.7	8.0	11.5	17.6	20.0	22.7	25.5	25.4	21.7	15.6	11.9	6.5
2012年	3.8	4.6	9.8	17.2	20.4	24.9	26.9	24.3	22.9	16.4	12.3	5.8
两年平均	4.3	6.3	10.7	17.4	20.2	23.8	26.2	24.9	22.3	16.0	12.1	6.2
历年平均	4.6	6.1	10.1	15.9	20.0	23.3	26.0	25.8	21.6	16.5	11.4	6.5
差距	-0.3	0.2	0.6	1.5	0.2	0.5	0.2	-0.9	0.7	-0.5	0.7	-0.3

表4-4　2011—2012年清江干流极端温度及出现日期

极端温度与出现日期	恩施	建始	利川	宣恩
2011年极端最高气温	37.5℃	35.9℃	33.8℃	36.7℃
出现日期（日/月）	28/7	6/7	10/8	6/7
2012年极端最高气温	37.9℃	36.6℃	33.2℃	38.0℃
出现日期（日/月）	29/6	12/8	15/6	12/8
历年最高	40.3℃	39.4℃	34.8℃	39.6℃
2011年极端最低气温	−1.6℃	−2.8℃	−4.3℃	−2.3℃
出现日期（日/月）	27/1	27/1	24/1	27/1
2012年极端最低气温	−2.1℃	−2.6℃	−6.2℃	−2.5℃
出现日期（日/月）	15/1	15/1	1/1	2/1
历年最低	−12.3℃	−15.2℃	−15.4℃	−12.7℃

（二）降雨量

清江干流年均雨量为1300—1500毫米,低山多于二高山,降雨量年变化差异大,旱涝不均。总的来说是降雨丰沛,春夏多于秋冬,夏季强度大,春秋多阴雨,冬季雨量小。2011年和2012年年降雨量为1100—1500毫米,与历年同期平均相比,均偏少。

1.雨日

多年平均雨日约160—180天。2011年各地0.1mm以上的降雨日数为138—165天,与历年相比偏少10—20天。2012年各地0.1mm以上的降雨日数为155—189天,与历年相比,大部分地区偏多。

表4-5　2011—2012年清江干流年雨日统计表　　　（单位:天）

年份	标准	利川	恩施	建始	宣恩
2011	≥0.1mm日数	160	165	138	162
2012	≥0.1mm日数	189	176	155	179
	≥0.1mm历年平均日数	178	166	159	175

2.清江干流月降雨量分布

降雨量的多年月平均分布特点:12月和1月最少,各地小于50毫米,随后逐月增加,4月增至100毫米以上,6—7月最多,各地雨量在200毫米以上,9月后逐月减小,5—9月的雨量占全年的60%—70%。恩施州雨量丰沛,雨热同季,变率较小,对农林业生产的稳定性有较高的保障,且蕴藏着极丰富的水能资源。2011年和2012年两年平均月降雨量与历年同期比较,偏少月份在8个月以上。

表4-6　2011—2012年各月降雨量及与历年同期的比较　（单位:mm）

利川	1月	2月	3月	4月	5月	6月	7月	8月	9月	10月	11月	12月
2011年	38.4	42.1	40.5	72.0	282.5	194.6	133.4	54.2	144.5	82.6	89.1	9.5
2012年	14.0	29.5	58.3	118.9	171.8	126.9	175.3	223.2	61.9	129.3	36.3	9.3
两年平均	26.2	35.8	49.4	95.5	227.2	160.8	154.4	138.7	103.2	106.0	62.7	9.4
历年平均	23.1	26.8	54.8	123.2	183.6	220.8	216.3	160.0	142.8	110.0	57.1	25.7
差距	3.1	9.0	-5.4	-27.7	43.6	-60.0	-61.9	21.3	-39.6	-4.0	+5.6	-16.3
恩施	1月	2月	3月	4月	5月	6月	7月	8月	9月	10月	11月	12月
2011年	36.1	37.4	34.5	91.0	253.8	186.0	178.2	65.3	168.9	72.5	84.9	18.8
2012年	16.1	39.5	58.2	144.7	194.4	124.5	296.1	198.2	56.1	136.0	39.7	3.6
两年平均	26.1	38.5	46.4	117.9	224.1	155.3	237.2	131.8	112.5	104.3	62.3	11.2
历年平均	29.0	34.2	61.1	127.5	186.2	236.9	257.5	162.0	163.3	119.0	64.3	29.2
差距	-2.9	+4.3	-14.7	-9.6	+37.9	-81.6	-20.3	-30.2	-50.8	-14.7	-2.0	-18.0
建始	1月	2月	3月	4月	5月	6月	7月	8月	9月	10月	11月	12月
2011年	42.0	44.7	16.2	60.3	246.3	160.9	329.3	71.2	172.5	95.6	59.5	11.3
2012年	11.4	33.3	52.4	96.6	153.4	94.8	310.1	188.8	72.5	110.0	24.2	10.6
两年平均	26.7	39.0	34.3	78.5	199.9	127.9	319.7	130.0	122.5	102.8	41.9	11.1
历年平均	22.0	31.0	58.9	115.7	178.1	217.9	285.0	196.6	165.1	116.5	54.5	25.1
差距	+4.7	+8.0	-24.6	-37.2	+21.8	-90.0	+34.7	-66.6	-42.6	-13.7	-12.6	-14.0

宣恩	1月	2月	3月	4月	5月	6月	7月	8月	9月	10月	11月	12月
2011年	43.1	62.8	66.7	92.0	211.2	232.1	220.9	186.7	163.3	64.9	76.3	22.0
2012年	22.6	47.9	52.0	146.6	204.6	91.7	217.3	211.1	33.7	167.7	41.9	12.2
两年平均	32.9	55.4	59.4	119.3	207.9	161.9	219.1	198.9	98.5	116.3	59.1	17.1
历年平均	34.6	42.8	66.6	134.2	187.0	232.9	248.5	166.1	147.9	121.3	72.5	32.4
差距	-1.7	+12.6	16.6	-14.9	+20.9	-71.0	-29.4	+32.8	-49.4	-5.0	-13.4	-15.3

3. 蒸发量

2011年各地年蒸发量为765.3—1221.3mm,与历年相比,大部分地区偏多。2012年各地年蒸发量为696.1—1147.7mm,与历年相比,大部分地区偏多或接近多年平均值。

4. 日照时数

2011年各地年日照时数为1015.9—1269.5小时,与历年相比,大部偏少。2012年各地年日照时数为1000.3—1145.3小时,与历年相比,各地普遍偏少。

四、清江干流主要灾害天气

2011年和2012年清江干流的主要灾害天气有大风、冰雹、暴雨、低温冻害、雪灾和秋寒等。

(一)大风、冰雹

2011年5月21日19时30分至19时58分,巴东县水布垭镇部分地区出现较大冰雹灾情,持续时间长达28分钟,冰雹最大直径15mm。2011年7月6日17时到凌晨2时,恩施市三岔、龙凤、舞阳坝、六角亭办事处等8个乡镇(办事处)遭受了风雹灾害的袭击。2011年7月7日16时到16时15分,龙凤乡又遭风雹灾害,晚上沙地乡也遭到风雹灾害袭击。2011年7月12日恩施市城区及周边乡镇200km²内突遭冰雹、雷阵雨、大风袭击,8时54分开始下雨,18时33分开始下冰雹,其实测冰雹最大直径达 8 毫米,瞬间最大风速 29.2 米/秒,7—8 级大风持续时间达半小时之久。

2012 年 6 月 21 日 15 时 30 分和 22 日 16 时许,利川市元堡乡连续遭受冰雹。冰雹持续十余分钟,冰雹最大直径约 15mm;最大风力估计达 7 级。2012 年 8 月 4 日巴东县金果坪乡遭受大风、冰雹袭击。

(二)暴雨

2011 年 5 月 27 日,位于清江上中游的恩施、利川两地出现暴雨,日降雨量分别是 65.9mm、68.3mm。由于暴雨影响,造成山洪暴发,使得恩施市郊在建的大龙潭电站上游围堰突然垮塌。2011 年 7 月 6 日至 9 日,巴东县水布垭镇遭受百年不遇的暴风雨、冰雹灾害袭击。

2012 年 4 月 8 日清江上中游的利川、恩施普降暴雨,日降雨量分别为 54.8mm、50.6mm。2012 年 6 月 5 日巴东县水布垭镇和清太坪镇普降暴雨,时间长达 3 个多小时。受损最严重的是水布垭镇双道冲村的 4、5、6、7、10 组,清太坪镇出现两处山体滑坡。2012 年 6 月 5 日利川市也普降大到暴雨,14—17 时降雨量达 41.8mm,使得汪营、凉雾、都亭等乡镇遭受了较严重的洪涝灾害。2012 年 7 月 9—10 日,恩施、利川、建始、宣恩普降暴雨。利川市城区日降雨量为 64.5mm。

(三)低温冻害

受北方强冷空气影响,利川市自 2011 年 12 月 27 日至 2012 年 1 月 2 日出现持续低温,最低气温 -4.2℃ 至 -6.2℃ 的有 4 天,日平均气温低于 -1.3℃ 的有 7 天。

(四)雪灾

利川市 2012 年 3 月 11 日至 12 日风雪交加,极大风速 13.6 米/秒,积雪深度达 10cm。

(五)寒露风(或称秋寒)

利川市 2012 年 8 月 19—27 日日平均气温连续 9 天低于 20℃(连续 3 天日平均气温低于 20℃ 的多年平均日期为 8 月 30 日),9 天的平均气温仅 17.7℃,寒露风特征非常明显,低温阴雨导致稻瘟病产生。气象灾害性天气过程,虽然影响范围不是很广,但局部地区却损失惨重,对农业生产的影响尤为明显。

五、清江干流气候对经济影响评价

春季出现倒春寒和多次连续 5 天以上阴雨天气,对夏粮夏油作物生长发育收晒不利,对秋粮作物影响不大,而盛夏持续干旱对低山地区作物有不利的影响。

恩施州境内二高山及以下的大部地区热量资源丰富,气候温暖湿润,完全能满足喜温植物的生长需求。良好的光、热、水气候条件有利于许多药用植物、经济作物、地方特色的农副产品的生长,因此,恩施州内植物资源非常丰富,这也使恩施成为优质生态的富硒茶叶生产基地、高产优质的烟叶种植基地、特色山地药材种植基地、无公害蔬菜培育基地以及养生高山水果种植基地。同时,恩施州被誉为"天然氧吧",是最适合人类居住的地区之一。

第五节　恩施州清江干流生态资源概况

一、清江干流森林资源

恩施州地处热带与温带区系交错的过渡地带,又是云贵高原与江汉平原的过渡区域,地形复杂,气候条件多样,植物种类丰富多样。概括起来,恩施州植被有四大特点:一是植被的多样性。恩施州植物生长迅速,种类繁多。据初步调查,州内有乔、灌木树种 1000 多种,占全国树种 1/7 左右。面积只有 34000 亩的星斗山,就有维管束植物 187 个科、553 个属、1019 个种。二是植被的古老性。植物区系起源古老,孑遗植物很多。另外,还有银杏、紫萁、芒萁、石松、珙桐等古老植物。三是植被的过渡性。热带、亚热带、温带的成分特别多。以星斗山为例,它的主要植被类型从建群种到一般成分基本上是由它们所组成。四是植被的特殊性。特有种、属和单种、少种的科、属较多。如我国特有的三个单属科——钟萼科、珙桐科、杜仲科和我国特有的西南台杉、巴东木莲、黄杉、银鹊树、楠木;其他单科属,如大血藤、水青冈、山桐子、檫木;少种属如鞘柄木、半蒴苣苔在恩施州都有分布。另外,除个别地方,例如神农架、鹤峰木林子等还保留一定面积的原始森林外,均为次生林。

(一)常绿阔叶林带(海拔800米以下)

此带内人类活动频繁,植被破坏程度较大,森林散断不成整体,植被大多以次生热性草本为主。这一基带植被主要是以钩锥、栲林为代表。优势树种有壳斗科栲属的小果楠、利川楠、宜昌楠,青冈属的乌冈栎。灌木层主要由五加科、山茶科、杜鹃花科的一些树种所组成。草本层主要是里白科的成分。层外植物有豆科的香花崖豆藤等。栽培植物有水稻、红苕、柑橘、甜橙、油桐、油茶、茶叶、乌桕、马尾松、杉木林等。

(二)常绿落叶阔叶混交林带(海拔800—1500米)

森林受到不同程度的破坏,主要建群种为多脉青冈。常绿树种除建群种外,尚有同科的青冈、乌冈栎,山茶科的木荷等。落叶树种主要是壳斗科的水青冈、锥栗,金缕梅科的枫香,柿树科的油柿。灌木层主要由山茶科、山矾科、杜鹃花科的一些属、种组成。草本层常见的有荨麻科、兰科、水龙骨科的部分属、种。层外植物有毛茛科的单叶铁线莲、木通科的五月瓜藤等。栽培植物有水稻、苞谷、洋芋、漆树、棕榈、黄连、党参等。

(三)落叶阔叶针叶混交林带(海拔1500—2000米)

植被分布以神农架为例,落叶阔叶林主要建群树种有亮叶桦、锐齿槲栎、米心水青冈等。针叶树有华山松、秦岭冷杉、铁杉等。灌木或小乔木多为蔷薇科和忍冬科植物。林下草本层种类繁多。藤本植物有鄂西马兜铃等。海拔2000米以下,粮食作物以洋芋、苞谷为主。天麻、人参、党参等药材具有重要地位。

(四)常绿针叶林带或称暗针叶林带(海拔2000米以上)

本带由于山高寒冷,无人口居住,仍保留有原始森林,土壤腐殖质层较厚。此带以巴山冷杉为主要树种。在海拔2800米以上,一般为巴山冷杉纯林。各种树木树干枝条上多附深厚的苔藓植物层。下层草本全为阴性种类,尤以蕨类占多数,有些地方成片繁生。在森林不能发展的地方,多为高山草原。在海拔 2500 米以上的高山草原中和冷杉林中,都有大面积的箭竹群落。巴东垭(海拔 2800 米)、小神农架(海拔 3005 米)一带十分明显。

清江流域内,现有林业用地 102.33 万亩,占利川、恩施、建始和巴东四县市林业用地 1330.42 万亩的 7.7%,有林地 72.63 万亩,在有林地面积中用材 18.6 万亩,防护林 50.1 万亩,薪炭林 0.72 万亩,特用林 0.09 万亩,经济林 3.12 万亩;灌木林地 23.74 万亩;宜林荒山荒地 0.9 万亩。活立木蓄积 128.22 万立方米。森林覆盖率为 61.9%。在 1990 年干流乡(镇)就启动了国家长江防护林工程建设,特别是在 2000 年国家天然林保护工程和 2001 年退耕还林工程在恩施州实施后,利川、恩施、建始和巴东四县市又将清江干流两岸划为项目工程区。通过三个项目的实施,使清江干流两岸的森林资源得到保护和发展。在清江干流的 128 个行政村中,先后有 75 个村实施了坡耕地退耕还林工程建设,占干流所有村区域的 59%,其中坡耕地造林 3.1 万亩,宜林荒山荒地造林 2.3 万亩。由于清江干流两岸区域地理位置的特殊性,按照生态优先的原则,利川、恩施、建始和巴东四县市将天然林和清江干流两岸一线山脊以内的人工林全部区划为生态公益林,作为清江流域的重点防护林,其主要为水土保持林、护岸林和护路林。清江干流两岸区域实施的坡耕地退耕还林和荒山荒地人工造林的树种,以杨树、椿树、刺槐、杉木为主,其次为板栗、银杏,以提高两岸流域的森林覆盖率,减少和遏制水土流失,加大水源涵养的效能。

清江流域内山地森林植被群落中,生长的主要是次生常绿针叶、阔叶混交林,河谷地带为次生常绿阔叶和落叶阔叶混交林,且多为灌木林。优势树种针叶类以马尾松、杉木和柏木为主;阔叶林以杨、栎类、枫杨、樟树和桦木为主;灌木林以杜鹃、马桑、火棘、山柳、栎灌丛为主。松、杉、柏杨等大多数为人工林,其他栎类、枫杨、桦木和灌木林均为天然林。两岸坡地、台地的经济林为以桔、柚、板栗、茶叶、桃、李、枣和核桃为主的干鲜果林和食用原料林,全都为人工栽培(见表 4-7)。

表4-7 清江生态资源调查（林业资源）

乡、村	林地面积（亩）	有林地					灌木林地（亩）	宜林地（亩）	森林蓄积（亩）	森林覆盖率（%）	退耕还林	
		用材林（亩）	防护林（亩）	薪炭林（亩）	特用林（亩）	经济林（亩）					坡耕地退耕（亩）	荒山造林（亩）
合计	1023256	18148	501127	7203	877	31213	237421	9034	1282202	60	30996	23018
恩施市	575766	86398	331962	7113	37	16103	111270	7199	530251	59	20143	15378
屯堡乡	147060	18540	64725				44370	2625	93594		13178	3622
龙凤镇	14503		9465				1125		10341		1168	
小渡船办事处	6380		4650			30	1365	330	4635		5	
六角亭办事处	12070		11984			86			18647		86	
舞阳办事处	2001		1385		37	33	548		33542		35	
三岔乡	120050	12638	91225	5178		3570	5017		94100		1011	1412
新塘乡	176389	21080	132044	1665			17700	3900	188631		925	
沙地乡	48218	7260	16485	270		1984	18930	344	22352		3289	10000
红土乡	49095	26880	0	0		10400	22215	344	64409		446	344
利川市	215459	25695	104500	0	840	12240	62152	300	401839	51	5673	4059
汪营镇	48372	12000	10140	0	0	4095	20460	0	123185	45.09	584	1093
都亭办	10642	4245	3150		840	1170			27274	39.11	1237	0

续表

乡、村	林地面积（亩）	有林地					灌木林地（亩）	宜林地（亩）	森林蓄积（亩）	森林覆盖率（%）	退耕还林	
		用材林（亩）	防护林（亩）	薪炭林（亩）	特用林（亩）	经济林（亩）					坡耕地退耕（亩）	荒山造林（亩）
东城办	14855	3225	8665			735	480	300	62091	51.97	880	570
团堡镇	120555	990	70905			5805	40432		146851	64.1	1905	518
凉雾乡	21035	5235	11640			435	780		42438	49	1067	1878
巴东县	158710	74055	28725			1455	34380	945	172193	58.86	3147.9	
清太坪镇	64665	25860	9210			1230	12060	765	42564		851.5	
金果坪乡	26310	20040	705			60	5505		50628		824.1	
水布垭镇	67735	28155	18810			165	16815	180	79001		1472.3	
建始县	73320.8		35940	90		1415	29619	590	177919	69.21	2031.8	3581
景阳镇	65055.8	28080				1415	29619	590	166919	69	2031.8	3266
花坪乡	8265	7860		90					11000			315

二、干流野生动物资源

清江流域内野生动物调查是在2000年恩施州陆生野生动物资源调查的基础上,以清江干流涉及的行政村为对象,按照《2000年湖北省野生动物资源调查与监测技术细则》规定的方法,陆地鸟采用样带计数法和样点法,水鸟采用直接计数法和样方法,兽类采用样带计数法和样方法,两栖爬行类采用样带计数法和样方法,进行实地调查的。自2000年恩施州天然林保护工程建设、天然林禁伐、封山育林、人工造林等造林措施的实施和国家禁猎、禁捕的法律法规及相关政策的落实,森林野生动物的栖息条件不断得到改善,生存繁衍的环境得到可靠保障,野生动物的种类和数量不断增加。这次调查清江干流两岸区域(除城镇区居委会外)栖息活动的主要野生动物有4纲23目48科119种,其中列为国家一级保护的野生动物有林麝、金雕、中华秋沙鸭和金钱豹4种,列为国家二级保护的野生动物有猕猴、穿山甲、大天鹅、小天鹅等36种,列为湖北省重点保护的野生动物有狼、小鹿等79种。

三、干流野生植物资源

清江流域内森林野生植物资源调查是在2000年恩施州全国重点保护野生植物资源调查和2003年恩施州古、大、珍、稀名木的调查基础上,以清江干流两岸涉及的行政村为对象,按照《湖北省重点保护野生植物资源调查技术实施细则》的规定,采用抽样方法和直接计数法,到实地进行调查。通过对清江干流两岸128个行政村的调查,在该区内重点保护野生植物较多,其中列为国家一级保护的野生植物有水杉、珙桐红豆杉等,列为国家二级保护的野生植物有金毛狗、金钱松、杜仲等,列为湖北省省级珍贵树种的有胡桃、黄杨、湖北梣等(见表4-8)。

清江流域内重点保护的野生植物资源多,且以散生和小片分布为主,大面积群落式分布极少。自20世纪80年代以来,加强了对古、大、珍、稀名木,特别是国家和省重点野生植物的保护力度,建立了古、大、珍、稀名木野生植物资源档案,制定了严格的管理措施和办法,实行谁所有谁管理

表4-8　清江生态资源调查（野生植物）

科	植物名称	保护级别	科	植物名称	保护级别
18	36		18	36	
松科	金钱松	国家二级	芸香科	川黄檗	国家二级
杉科	水杉	国家一级	樟科	樟树、闽楠、楠木	国家二级
三尖杉科	三尖杉	省级重点	壳斗科	湖北栲	省级重点
红豆杉科	红豆杉	国家一级	蜡梅科	蜡梅	省级重点
杜仲科	杜仲	国家二级	千屈菜科	川黔紫薇	省级重点
无患子科	伞花木	国家二级	木犀科	月桂、毛桂花	省级重点
蚌壳蕨科	金毛狗	国家二级	伯乐树科	伯乐树	国家一级
胡桃科	胡桃	省级重点	蝶形花科	红豆树、花榈木	国家二级
黄杨科	黄杨	省级重点	连香树科	连香树	国家二级
金缕梅科	中华蚊母树	省级重点	楝科	毛红椿	国家二级
蓝果树科	珙桐	国家一级	榆科	榉树	国家二级
木兰科	鹅掌楸	国家二级	紫葳科	楸树	省级重点
水青树科	水青树	国家二级	黄杨科	黄杨	省级重点
茜草科	香果树	国家二级	省沽油科	银鹊树	省级重点
山茶科	紫茎	国家二级	七叶树科	天师栗	省级重点
苏铁科	苏铁	国家一级	椴树科	椴树	国家二级
五加科	刺楸	国家二级	大风子科	山拐枣	省级重点
银杏科	银杏	国家一级			

的责任制,采取了禁伐、严禁烧木炭、封山育林和建立自然保护小区的措施,使清江干流两岸区域的野生动植物和森林植被得到全面有效的保护。

四、清江干流渔业资源

　　恩施州地处亚热带,温暖湿润的大气候及变化多样的小气候,广泛适宜于"温水性"鱼类和"亚冷水性"鱼类繁衍生息。清江水系,既有东部江湖平原常见的种类,也有西部青藏高原的裂腹鱼类和条鳅属鱼类;既有现今主要分布于珠江水系、云南境内各水系及长江上游的鲃亚科、鳗鲱类和平鳍鳅科的鱼类,同时还可发现北方的岁属鱼类。清江水系共有鱼类70个种(包括亚种),分别隶属于4个目、11个科、52个属。其中鲤科的种数最多,计43种,占总数的61.4%(其中鲃亚科14种,占鲤科的32.6%);

鳅科 8 种,占总数的 11.4%;平鳍鳅科和鮠科各 5 种,分别占 7.1%;鮡科
4 种,占 5.7%;平鳍鳅科、鮨科、虾虎鱼科各 2 种,分别占 2.9%;鲶科、合鳃
科、塘鳢科各 1 种,分别占 1.4%。除鱼类资源外,其他水生动物有虾、蟹、
蛙、龟、鳖、棘蛙、大鲵、水獭、水禽等(见表 4-9)。

表 4-9 清江生态资源调查(清江鱼类资源)

目	科	亚科	种类
鲤形目	鳅科	沙鳅亚科	汉水扁尾薄鳅、中华沙鳅
			花斑副沙鳅
		花鳅亚科	泥鳅
		条鳅亚科	短体副花鳅、斑纹副花鳅
			昆明高原鳅、云斑山鳅
	鲤科	鲌亚科	拉氏鱥、草鱼、鳡鱼、马口鱼
			宽鳍鱲、鳤鱼、赤眼鳟
			贝氏餐条、尖头红鲌
			伍氏华鳊、长春鳊
		鲴亚科	银鲴、细鳞斜颌鲴
		鳑鲏亚科	高体鳑鲏、斑条刺鳑鲏
		鮈亚科	唇䱻、麦穗鱼、黑鳍鳈、嘉陵颌须鮈、银色颌须鮈、点文颌须鮈、铜鱼、棒花鱼、乐山棒花鱼、片唇鮈、蛇鮈
		鲃亚科	刺鲃、中华倒刺鲃、鲈鲤、侧条厚唇鱼、云南光唇鱼、宽口光唇鱼、多鳞铲颌鱼、白甲鱼、小口白甲鱼、瓣结鱼、沙溪直口鲮、墨头鱼、泉水鱼、云南盘鮈
		裂腹亚科	中华裂腹鱼(东部亚种)
		鲤亚科	鲤鱼、鲫鱼
	平鳍鳅科	平鳍鳅亚科	四川华吸鳅
		腹吸鳅亚科	平舟原缨口鳅
鲶形目	鲶科		鲶
	鮠科		黄颡鱼、江黄颡鱼、光泽黄颡鱼、切尾鮠
	鮡科		福建纹胸鮡、青石爬鮡、黄石爬鮡、长阳鮡
合鳃目	合鳃科		黄鳝
鲈形目	鮨科		鳜、斑鳜
	虾虎鱼科		克氏吻虾虎鱼、吻虾虎鱼

五、清江干流畜牧资源

清江干流畜牧草地总面积 2012 年为 176980 亩,其中草丛面积 49301 亩,田边草地 47164 亩,灌丛面积 56941 亩,河床草地 23574 亩。牧草品种主要有二叶草、黑麦草、鸭茅、披碱草、马齿花、洋槐叶、红薯藤、牛皮菜、聚合草、鹅观草、蒲公英、胡枝子、白茅、马兰、鬼针草、千里光、地榆、大乌泡、二白草、青冈、构叶、水麻、冷花草、水蓼、鹅肠草、虎耳草、水马桑、小黄构、夏枯草等多种,当家牧草品种有巴东红三叶、百脉根、鸭茅、狗尾草、鱼腥草等十余个,不仅产量高而且品质好。可用于喂猪的有上百个牧草品种,可供牛羊采食的牧草则多达 300 余种,为畜牧产业发展提供了物质基础。

畜禽品种以猪、鸡、牛、马为主,特别是地方良种恩施黑猪、恩施麻鸭、恩施山地黄牛、恩施山地水牛、利川马、景阳鸡等,为畜牧业的发展提供了优越的母本资源。近年来,各项畜禽的存栏量、出栏量,畜禽产品的商品量都明显增加。在畜禽结构中,生猪占 87.2%,鸡占 3.67%,牛占 6.1%,山羊占 3.03%。生猪、家禽所占比重高达 90.87%,牛羊只占 9.13%。耗粮型的猪禽仍占据主导地位,节粮型的草食动物所占比重明显偏低。在清江干流所属乡镇,畜牧业已经成为当地农村的支柱产业之一和脱贫致富的主要门路,畜牧业收入在农民家庭现金收入中所占比重达到 38%以上。

六、清江干流地质矿产资源

清江干流地区矿床规模多为中、小型。其中,仅水泥用灰岩、耐火黏土和熔剂用灰岩矿床规模达到中型,其他矿床如煤、硫铁矿等均为小型矿床。非金属矿产相对丰富,其开发前景和潜在价值较为可观,有色金属和贵重金属较为缺乏。从表 4-10 中可以看出,清江干流地区开发利用的矿种偏重非金属矿,且以建材用非金属矿为主,其次为能源矿产,如煤。清江干流地区各类已查明资源储量的矿产地 19 处,其中已开发利用 9 处,尚有 11 处矿产地未利用。受交通条件和社会经济发展水平的限制,清江干流地区矿产资源开发利用程度整体较低,矿产品深加工程度不够

表4-10　清江干流地区矿区基本情况表

县（市）	矿区名称	矿产名称	矿产组合	地质勘查工作程度	开发利用情况	矿区（床）规模	品位单位	平均品位	资源储量单位	储量	基础储量	资源量
利川市	凉雾山大理石矿	大理石	单一	勘探	已利用	矿点						
	铁厂坝耐火黏土矿"花石板矿"	耐火黏土	共生	普查	未利用	中型	$Al_2O_3\%$	46.52	千吨			6790
	向家村黄铁矿	硫铁矿	单一	详查	未利用	矿点	$S\%$	17.1	千吨			9684
	向家村煤矿	无烟煤	单一	详查	未利用	小型	MJ/kg	17.618	千吨			263
	百家洞硫铁矿	硫铁矿	共生	详查	未利用	小型	MJ/kg	22.09	千吨			1400
	百家洞煤矿	无烟煤	主要	详查	未利用	小型	MJ/kg	17.6348	千吨			1320
	沙地煤矿区	无烟煤	单一	详查	已利用	矿点	MJ/kg	23.13	千吨	132	173	254
	漂水岩煤矿"后塘井田"	无烟煤	单一	勘探	已利用	小型	MJ/kg	26.8499	千吨	242	287	2834
	漂水岩煤矿"后塘井田D3块段"	无烟煤	单一	勘探	未利用	小型	MJ/kg	26.8499	千吨			368
恩施市	石家坡石灰岩矿"石家坡矿"段	水泥用灰岩	主要	详查	已利用	小型	$CaO\%$	51.17	千吨	287	305	
	石家坡大宝山矿	水泥用灰岩	主要	详查	未利用	中型	$CaO\%$	52.95	千吨			1686
	石家坡石灰岩矿	水泥配料用黏土	共生	详查	未利用	小型	硅酸率%	5.78	千吨			26
	三岔煤矿区"竹坝河井田"	烟煤	单一	普查	未利用	矿点	MJ/kg	12.76	千吨			500
	中间坪石灰岩矿	熔剂用灰岩	主要	普查	未利用	中型	$CaO\%$	54.6	千吨			22740
	中间坪白云矿	熔剂用白云岩	共生	普查	未利用	小型	$MgO\%$	19.253	千吨			9682
	新塘水泥厂采石场	水泥用灰岩	单一	普查	已利用	矿点			万方米	264	269	
	新塘乡马尾沟菊花石	菊花石	单一	普查	已利用	小型			立方米	4	9	
建始县	石窖乡阳光头煤矿	煤炭	单一	普查	已利用	小型	MJ/kg	24.87	千吨	522	686	992
	景阳乡煤矿区	煤炭	单一	普查	已利用	矿点	MJ/kg	20.15	千吨	750	937	623

而没有显示出其真正的效益和价值。随着国家实施西部大开发战略和一批重点项目的开工建设,矿业及相关产业对国民经济的贡献度将大幅增加。

第六节　恩施州清江干流地质灾害防治概况

一、清江干流地质灾害的特点

(一)地质灾害发生频繁

由于清江干流地处山区,属于典型的喀斯特地貌,特定的地质环境与地貌特征也决定了该地区是一个地质灾害易发、多发的地区。

(二)地质灾害种类较多

在 25 种地质灾害中,清江干流地区以滑坡、崩塌、泥石流、地面塌陷、地裂缝、塌岸、水土流失、瓦斯爆炸这 8 种较为常见,其中又以滑坡和崩塌为主。

(三)地质灾害分布范围广

通过最近几年连续性的勘探调查,地质灾害分布非常广泛,在清江干流地区均有分布,尤其是在恩施、巴东、建始三县市表现最为严重。

二、清江干流地质灾害现状

清江干流所在区域地质灾害分布广泛,随着社会经济的发展和城乡道路、水利建设等工程的兴起,近年来发生的次数明显增多,灾害所造成的直接经济损失明显增大。区域内主要地质灾害见表 4-11。从表中可知,清江干流地区主要地质灾害点总计 40 处,其中滑坡 31 处、崩塌 7 处、地面塌陷 2 处,主要分布在恩施市和建始县景阳镇及巴东县水布垭镇。预期经济损失 11324.32 万元,受地质灾害威胁的居民 15472 人。这些灾害点都有不同程度的变形,危险性逐年增大,且危害较大,预期经济损失大于等于 100 万元的重大地质灾害危险点达 15 处。

表 4-11　清江干流地区主要地质灾害统计表

县(市)名称	乡镇名称	名称	类型	稳定性	威胁人口(人)	预期损失(万元)	措施
利川市	团堡镇	阴坡山村1组洞湾滑坡	滑坡	不稳定	9	15	监、避
恩施市	沐抚办事处	沐抚村土质斜坡	滑坡	不稳定	3500	5000	重监
	沐抚办事处	沐抚河堰村斜坡	滑坡	不稳定	753	417	监
	沐抚办事处	沐抚大堰塘村5组土滑	滑坡	潜在不稳定	150	100	监、避
	沐抚办事处	马肯村3、4组土滑	滑坡	不稳定	223	162	监
	红土乡	老村1-3组地面塌陷	塌陷	不稳定	40	10	监
	红土乡	老村梯子口崩塌	塌陷	潜在不稳定	104	200	重监
	沙地乡	柳池村5组土滑	崩塌	潜在不稳定	80	40	监
	沙地乡	柳池村4组土滑	滑坡	潜在不稳定	120	70	监
	沙地乡	楠木村7组岩滑	滑坡	潜在不稳定			重监
	沙地乡	铺子村6组土滑	滑坡	潜在不稳定	40	250	重监
	三岔乡	中间河村7组土滑	滑坡	潜在不稳定	50	5	监
	三岔乡	中间坪村12组土滑	滑坡	潜在不稳定			
	三岔乡	二房村1组李家湾土滑	滑坡	潜在不稳定	36	8	治理
	城区	胜利街摩天岭岩质滑坡	滑坡	不稳定	146	2000	监
	城区	六角亭办人民桥岩质斜坡	崩塌	潜在不稳定	500	15	监
	城区	市消防中队崩塌	崩塌	不稳定	25	500	重监
	城区	六角亭办恩施二中崩塌	崩塌	不稳定	1780	200	重监
	城区	舞阳办恩施市一中崩塌	崩塌	潜在不稳定	80	50	监
	城区	七里坪塞冶村6、7、8组土滑	滑坡	不稳定	100	34.20	重监
	城区	七里坪长堰村4、9组岩质斜坡	滑坡	潜在不稳定		3	
	城区	七里坪长堰村1组土质滑坡	滑坡	潜在不稳定			

续表

县（市）名称	乡镇名称	名称	类型	稳定性	威胁人口（人）	预期损失（万元）	措施
建始县	景阳镇	景阳镇滑坡	滑坡	不稳定	4000	1000	监
		马鞍山 7 组滑坡	滑坡	不稳定	20	400	监
		廖家涧村 3 组廖家涧滑坡	滑坡	不稳定	16	210	监
		马鞍山村 1 组马鞍山滑坡	滑坡	不稳定	100	200	监
		大坝村 2 组大坝滑坡	滑坡	不稳定	300	100	监
		栗谷坝村 1,2 组亚坡滑坡	滑坡	不稳定	150	70	监
		郑家涧村 3 组小家村滑坡	滑坡	不稳定	50	30	监
		郑家涧村 13 组邱家包崩塌	崩塌	不稳定	30	20	监
		凤凰观村 3 组龙咀滑坡	滑坡	不稳定	35	25	监
巴东县	清太坪镇	郑家园 1 组尚家畈崩塌	崩塌	基本稳定	132	100	重监
		獐子岭村 3 组土地涧滑坡	滑坡	基本稳定		4	监
	金果坪乡	獐子岭村 2 组土地涧周家坪滑坡	滑坡	基本稳定	6	1.12	监
		石板水村 3 组白岩崩塌	崩塌	不稳定			监
	水布垭镇	东门山村 1 组徐家磴滑坡	滑坡	不稳定	26	2	监
		围龙坝村 2 组李家屋场滑坡	滑坡	不稳定	50	64	监
		围龙坝村 3 组刘家沱滑坡	滑坡	不稳定	120	11	监
		围龙坝村 4 组滑坡	滑坡	不稳定		4	监
		洒涧坪村 3 组滑坡	滑坡	基本稳定	100	4	监

三、清江干流地质灾害易发程度分区

为便于了解各地质灾害易发程度,以乡镇为基本单位,考虑地质灾害发育环境和发育强度两个方面,根据环境指数(H)和强度指数(Q)来确定地质灾害易发指数(I)。利用地质灾害易发指数衡量地质灾害易发程度高低,划分出地质灾害高易发乡镇($I \geqslant 0.08$)、地质灾害中易发乡镇($0.08 > I \geqslant 0.02$)、地质灾害低易发乡镇($I < 0.02$)。根据《湖北省地质灾害防治规划》(2003—2015 年)中划定的易发分区,恩施市属于地质灾害极易发区,其他各市县地质灾害易发程度最低是中易发区(见表4-12)。

表 4-12　清江干流地区地质灾害易发程度分区表

县(市)名称	乡镇名称	乡镇面积	灾害点个数	强度指数(Q)	环境指数(H)	易发指数($I=H×Q$)	易发程度
恩施市	红土乡	225.27	27	0.111	0.8	0.089	高易发乡镇
	城区三办	277.52	64	0.231	0.8	0.185	高易发乡镇
	新塘乡	395.68	41	0.104	0.8	0.083	高易发乡镇
	龙凤镇	315.23	17	0.051	0.5	0.026	中易发乡镇
	三岔乡	211.97	8	0.038	0.5	0.019	低易发乡镇
利川市	东城办	30.04	2	0.067	0.55	0.037	中易发乡镇
	汪营镇	310.25	9	0.029	0.8	0.023	中易发乡镇
	都亭办	55.8	2	0.036	0.6	0.022	中易发乡镇
	团堡镇	474.46	10	0.021	0.6	0.013	低易发乡镇
	凉雾乡	412.7	4	0.010	0.5	0.005	低易发乡镇
建始县	景阳镇	164	31	0.189	0.8	0.151	高易发乡镇
	花坪乡	415	13	0.034	0.5	0.017	低易发乡镇
巴东县	水布垭镇	324.3	49	0.142	0.8	0.114	高易发乡镇
	清太坪镇	274.3	27	0.095	0.6	0.057	中易发乡镇
	金果坪乡	172.9	15	0.087	0.5	0.044	中易发乡镇

（一）地质灾害高易发区（A）

该区包括恩施市城区三办、新塘乡、红土乡；建始县景阳镇；巴东县水布垭镇。

由于区内属于构造剥蚀、侵蚀中山地貌，地形地貌复杂，地面平均坡度大，沟谷切割深，地下水丰富，地层岩性主要为三叠系、二叠系、奥陶系、泥盆系的碎屑岩类和碳酸盐岩类，岩性质地软弱、抗风化能力极差，形成区内高程 600—1000m 的中山地形，多以单面山为主的地貌特征，该区人类工程活动极为强烈。

（二）地质灾害中易发区（B）

该区包括恩施市龙凤镇；利川市东城办、汪营镇、都亭办；巴东县清太坪镇、金果坪乡。

区内地形地貌复杂，地面平均坡度大，沟谷切割深，地下水丰富，地层岩性主要为土体和裂隙发育的岩石，人类工程活动较强烈。

（三）地质灾害低易发区（C）

该区包括恩施市三岔乡；利川市团堡镇、凉雾乡；建始县花坪乡。

四、清江干流地质灾害防治分区

（一）分区原则

根据清江干流所在地区地质灾害易发程度，遵循集中选片、环境条件基本相似、地质条件基本相似的原则，与经济结构、重大工程相适应的原则进行地质灾害分区，分区控制范围以乡镇行政区为准。防治分区共划分重点防治区、次重点防治区及一般防治区三类。

（二）防治分区

根据上述分区原则，清江干流地区地质灾害防治划为 19 个区，其中重点防治区 10 个，次重点防治区 4 个，一般防治区 5 个（见表 4-13）。

表4-13　清江干流地区地质灾害防治分区表

县(乡) 分区	利川市	恩施	建始	巴东
重点防治区		小渡船办事处 舞阳坝办事处 六角亭办事处 新塘、沙地、红土、屯堡	景阳	清太坪 金果坪
次重点防治区	汪营	龙凤坝	花坪	水布垭
一般防治区	东城办事处 团堡、凉雾、都亭办事处	三岔		

五、清江干流地质灾害防治工作进展

在地质灾害调查与区划的基础上,对一些严重阻碍经济发展和危害人民生命财产安全的重大地质灾害实施了监测和应急勘察、应急治理,实行了建设用地地质灾害危险性评估制度,取得了明显的经济效益、社会效益和生态效益。为了减少突发性地质灾害对人民群众生命财产造成的危害,达到标本兼治,清江干流地区的县市认真贯彻落实相关的法律法规及政策,加大监管力度,规范人们与地质环境相关的行为活动,强化地质环境保护意识,理顺地质灾害防治程序。

第七节　恩施州清江干流水土保持监测概况

一、清江干流水土流失情况

清江干流四县市 19 个乡镇水土流失面积 1138.66km²。其中,轻度流失面积730.25km²,占流失面积的 64.13%;中度流失面积280.7km²,占流失面积的 24.65%;强度及以上流失面积 127.71km²,占流失面积的11.22%。

二、清江干流水土保持监测情况

（一）龙凤坝泥沙观测站

该站位于清江上游恩施市龙凤坝镇，东经 $109°30'$，北纬 $30°23'$，控制面积 $461km^2$，测验项目有水位、流量、悬液质、推移质、降雨量。2012 年观测数据为：年降雨量 1037.1mm，最大流量 $373m^3/s$，最小流量 $0.631m^3/s$，平均流量 $8.15m^3/s$，年径流量 $2.125×10^8m^3$，径流模数 $14.6×10^{-3}m^3/s·km^2$，径流深度 461mm，平均输沙率 1.02kg/s，最大断面含沙量 $2.26kg/m^3$，平均含沙量 $0.125kg/m^3$，年输沙量 $3.22×10^4t$，年输沙模数 $69.8t/km^2$（见表 4-14）。

从龙凤坝泥沙观测站 2004—2012 年的观测资料可以看出，平均输沙率、含沙量、输沙量和输沙模数从 2004 年后有所下降，变化趋势比较稳定。这与观测站上游几条小流域综合治理项目的实施以及近几年降雨量偏小、变动较小有关，说明该区域植被覆盖率提高，发挥了其调节径流、拦蓄泥沙、改善生态环境的功能。

（二）水布垭项目区水土保持试验监测点

该监测点位于清江水布垭项目区（坝址位于巴东县水布垭镇内），东经 $110°19'15.3''$，北纬 $30°26'20.0''$，共布置坡面径流小区 1 组（原始地貌、石质弃渣坡面、开挖坡面）、简易径流观测场 2 组、简易坡面量测样方 2 组。2012 年监测情况如下：

1. 坡面径流小区

原始地貌年侵蚀量 0.116t，平均流失厚度 0.89mm，属微度流失；石质弃渣坡面年侵蚀量 0.094t，平均流失厚度 0.72mm，属微度侵蚀；开挖坡面年侵蚀量 0.556t，平均流失厚度 4.3mm，属强度侵蚀。

2. 简易径流观测场

样方 Ⅰ 内年累计流失量 13.6t，平均侵蚀厚度 3.7mm，属强度侵蚀；样方 Ⅱ 内年累计流失量 10.76t，平均侵蚀厚度 12.3mm，属剧烈侵蚀。

表4-14 2004—2012年带水河（龙凤坝）泥沙观测资料

年份	降雨量 (mm)	流量 (m³/s)			径流量 (10⁸m³)	径流模数 (10⁻³m³/s·km²)	径流深度 (mm)	平均输沙率 (kg/s)	含沙量 (kg/m³)		输沙量 (10⁴t)	输沙模数 (t/km²)
		最大	最小	平均					最大	平均		
2004		696	1.54	18.2	5.74	39.5	1245.2	5.8	3.45	0.32	18.3	397
2005	1330.5	318	0.5	6.13	1.933	13.3	419.4	2.24	4.28	0.37	7.06	153
2006	1830	403	1.46	14.3	4.509	31	978.3	3.49	2.33	0.24	11	239
2007	942.4	86.9	0.54	4.19	1.322	9.09	286.8	0.3	1.36	0.072	0.95	20.6
2008		265	0.86	11.3	3.555	24.5	771.2	1.43	1.26	0.13	4.51	97.8
2009	1174.8	240	0.73	6.99	2.206	15.2	478.5	1.03	0.816	0.147	3.25	70.5
2010	983.7	281	0.46	8.6	2.72	18.7	590	0.739	0.765	0.086	2.34	50.8
2011	1124.4	363	0.725	8.25	2.603	17.9	564.6	1.87	2.34	0.227	5.9	128
2012	1037.1	373	0.631	8.15	2.125	14.6	461	1.02	2.26	0.125	3.22	69.8
最大值	1830.00	696.00	1.54	18.20	5.74	39.50	1245.20	5.80	4.28	0.37	18.30	397.00
最小值	942.40	86.90	0.46	4.19	1.32	9.09	286.80	0.30	0.77	0.07	0.95	20.60
平均值	1203.27	336.21	0.83	9.57	2.97	20.42	643.89	1.99	2.10	0.19	6.28	136.28

3.简易坡面量测样方

监测样方Ⅰ面积 1750m²,侵蚀沟 20 条,最大流失量 18m³,最小流失量 1.5m³,平均流失量 9.8m³,侵蚀沟占坡面面积的 36.4%,侵蚀沟密度 0.34m/m²,属极强度侵蚀。监测样方Ⅱ面积 7350m²,侵蚀沟 22 条,最大流失量 11.4m³,最小流失量 1.726m³,平均流失量 6.563m³,侵蚀沟占坡面面积的 51.8%,侵蚀沟密度 0.64m/m²,属剧烈侵蚀。

从水布垭项目区水土保持试验监测点 2012 年的监测资料可以看出,人为扰动对清江流域的水土流失造成了很大的影响,其侵蚀强度为强度、剧烈侵蚀。随着近年来清江流域开发建设项目的增多,水土流失也大面积产生,如果不及时采取有效防护措施,将对清江流域生态环境造成严重破坏。这就要求加强流域治理,加大开发建设项目水土保持监督执法力度,促进生态环境建设。

三、清江干流山洪灾害情况

清江干流恩施、利川、建始、巴东等县市均属于地质灾害易发区,突发性地质灾害和老隐患点灾情复活或加剧在汛期时有发生。

2012 年恩施州地质灾害重点防范乡镇:恩施市六角亭办事处、屯堡乡、龙凤镇、芭蕉侗族乡、白杨坪乡、太阳河乡、崔坝镇、沙地乡、新塘乡、红土乡 10 个,利川市建南镇、毛坝乡、文斗乡 3 个,建始县邺州镇、长梁乡、景阳镇、官店镇 4 个,巴东县信陵镇、东瀼口镇、沿渡河镇、溪丘湾乡、绿葱坡镇、茶店子镇、野三关镇、水布垭镇、官渡口镇、金果坪乡 10 个。

2012 年恩施州地质灾害州级重点监测点:恩施市龙凤镇龙马保扎滑坡、恩施市六角亭办事处胜利街摩天岭滑坡、利川市毛坝乡沙坝村 8 组滑坡、建始县邺州镇磺厂坪矿区崩塌、巴东县官渡口镇马鬃山村地面塌陷、巴东县东瀼口镇下垢坪村地裂缝及滑坡。

2012 年恩施州地质灾害省级重点监测点:恩施市屯堡乡沐抚办事处滑坡、利川市建南镇茶园村 1 组滑坡、建始县长梁乡偏岩子山体开裂。

第八节　恩施州清江干流水资源开发利用概况

一、清江干流小型农田水利工程

　　库、渠、塘、堰、泵站等农田水利基础设施大多建于 20 世纪六七十年代,受当时技术、经济等条件的制约,工程建设标准低、质量差,达不到设计能力,有些工程仅修建了取水枢纽和少部分配套工程,年久失修,老化、退化、损毁情况严重,供水、灌溉、除涝功能衰减,抗灾能力不强(见表4-15)。

二、清江干流水能资源开发利用

　　恩施州属中亚热带季风气候地区,雨量充沛,空气湿润,丰沛的地表径流同众多具有较大落差的深谷型河流相结合,构成了丰富的水能资源。恩施州水能资源理论蕴藏量 544.33 万 kW,可开发量 435.76 万千瓦,是湖北省除宜昌以外水能资源最丰富的地区。至 2012 年年底恩施州共有水电站 259 座,总装机容量 84.22 万 kW(见表 4-16)。恩施州河流众多,河长在 5000m 以上的河流约 400 条,分属清江、乌江、洞庭湖、三峡区间南岸、三峡区间北岸等水系(酉水、溇水属于洞庭湖水系)。其中,流域面积大于 $100km^2$ 的有 45 条,大于 $1000km^2$ 的有清江、溇水、酉水、唐岩河、马水河、忠建河、郁江、野三河、沿渡河 9 条。清江在州内有支流 198 条,较大的有忠建河、马水河、野三河、龙王河、带水河、泗渡河等。

　　清江干流恩施市以下河段水能资源分三级开发:一级水布垭电站(巴东县),装机 184 万 kW;二级隔河岩电站(长阳县),装机 120 万 kW,1994 年投产;三级高坝洲电站(宜都市),装机 25.2 万 kW,2002 年投产。清江干流恩施市以上河段,已建三渡峡、雪照河、大河片、天楼地枕、龙王塘、红庙、车坝一二三级、云龙河一级、大龙潭等主要电站,在建云龙河三级等电站。

表4-15 清江流域小型农田水利工程建设和管理情况调查表

| 县市 | 其中 | | | | | | | | | | | | | 灌溉面积 | | 蓄水能力 | | 工程完好率 | | 已改制总数(处) | 产权制度情况 | | | | 运行机制情况 其中 | | |
| | 渠道 | | | | 塘堰 | | 小(二)型水库 | | 集雨工程 | | 小泵站 | | | | | | | | | | | | | | | | |
	数量(万方)	长度(千米)	渠系利用率(%)	已改制(处)	数量(万方)	已改制	数量(万方)	已改制	数量(万方)	已改制	数量(处)	已改制(处)	泵站机电设备效率(%)	设计(万亩)	实际(万亩)	设计(万方)	实际(万方)	水源工程(%)	田间工程(%)		个人所有	用水合作组织	工程管理委员会	企业法人	承包	租赁	股份合作
恩施市	1012	638	0.32		1765		32		1852		8		0.71	9.2	5.5	21.5	17.6	0.54	0.58		1852	178					
巴东县	503	489	0.3		910		14		11278		6		0.68	4.2	1.5	1500	1100	0.28	0.21		11278						
建始县	281	354.6	0.35		947		8		6834		48	22	0.69	3.96	3.84	169.56	122	0.5	0.45		6834	20		10		1	
利川市	6293	1991	0.45	2	3405		41		6727				0.69	21.4	18	1000	500	0.5	0.6	24	6581	1	1	1	61	6	2
合计	8089	3472.6	0.35	2	7027		95		26691		62	22	0.69	38.76	28.84	2691.06	1739.6	1.82	1.84	24	26545	199	1	11	61	7	2

忠建河又名贡水,是清江中游右岸支流,发源于咸丰县大田坝乡柿子坪,向北流经宣恩县,于恩施市王家村两河口汇入清江。干流全长121km,流域面积1627km²,支流22条,较大的是赵家坪河、龙潭河、花塆河、长潭河等。忠建河干流分三级开发,均在宣恩县境内。一级桐子营电站(2.4万kW)在建,二级龙洞电站(2.6万kW)于1993年投产,三级洞坪电站(11万kW)于2005年投产。忠建河支流已建龙头沟二三四级、东乡、龙泉、狮子关等主要电站。

马水河是清江中游北岸的较大支流,发源于建始县铁厂坪,自西向东,经大沙河至太阳河口流入恩施市境内。顺南流,经南里渡,于龟山河附近两河口汇入清江。干流全长103km,流域面积1732km²,支流33条,较大的是闸木水、上马水、东洛河、庞家河、小河等。马水河干流分两级开发,一级建始县小溪口电站(3万kW)于2000年投产,二级恩施市老渡口电站(10万kW)正在建设。马水河支流闸木水已建四十二坝一级(1260kW)、二级(4320kW)、三级(6000kW)、四级(4000kW)等主要电站。

野三河是清江中游北岸的一条支流,发源于巴东县绿葱坡龙潭河,南流至建始县花坪乡野三口汇入清江。干流全长59.8km,流域面积1157km²,干流为建始、巴东两县的界河,支流9条,较大的是石门河、阳岔河、杨家坝河、支井河、苦桃溪等。野三河原规划六级开发,已建野三河一级(4780kW)、二级(3000kW)、五级(4550kW)等电站,水布垭电站建成后,将淹没野三河三、四、五、六级电站。

表4-16 2012年清江流域水能资源情况调查表(单位:座、万kW)

地区名称	理论蕴藏量	可开发量	水电站数量	已开发量
恩施州	544.33	435.76	259	84.22
恩施市	68.18	55.02	45	12.49
利川市	42.18	23.59	22	7.05
建始县	24.2	17	45	7.98
巴东县	243.3	188.13	25	6.05

三、清江干流清江航运

清江水布垭水利枢纽工程于 2012 年 10 月份下闸蓄水 250 米,回水已抵达建始县景阳镇,形成 40 公里的清江主干道。清江水布垭大坝正常蓄水位 400 米,死水位 350 米,正常运营后回水将抵达大沙坝形成约 110 公里主航道,龙王河、野三河、马水河、忠建河等主要支流将形成航道共计约 125 公里。

(一)清江航道整治工程

清江航道整治工程已经纳入湖北省"十二五"水运交通发展规划。为使清江水布垭库区航道达到国家核定的技术等级,发展清江航运,促进清江水布垭库区经济效益和社会效益的发挥,按照 90% 控制通航保证率的要求,在蓄水前对清江水布垭至纸厂湾航段采取适当的炸礁、防护、拓宽、裁弯等工程措施进行航道整治。经过整治后,航道等级将由八级提高至五级,部分河段可达到四级航道技术标准。

(二)建设计划

航道整治:水布垭至恩施城关 115.5 公里航道,按照"统一规划,分期实施"的原则,第一期清江航道整治工程,即水布垭至纸厂湾 92 公里航段航道整治,第二期清江航道整治工程,即纸厂湾至恩施城关 23.5 公里航段航道整治。第一期清江航道整治工程,在"十一五"期间已经完成。

港口建设:根据清江航运规划,水布垭库区内拟建水布垭港、景阳港、恩施港。其中水布垭港和景阳港建设,已在"十二五"期间建成。

(三)建设规模

根据运量预测,2015 年、2020 年清江水布垭至纸厂湾段客运量分别为 35 万人次、55 万人次,货运量分别为 119 万吨、211.5 万吨。结合工程河段的航运条件及运输发展趋势综合分析,确定水布垭至纸厂湾段航道建设规模如表 4-17 所示。

表 4-17　水布垭至纸厂湾段航道建设规模

建设项目	建设规模
通航里程	92 公里
航道等级	五级
设计代表船型	300 吨级滚装船
航道尺寸	2.5 米×40 米×270 米 （水深×双线宽度×弯曲半径）
概算总投资	4991.6 万元

第五章　恩施州生态环境质量绿色评价

　　生态环境是指影响人类生存与发展的水资源、土地资源、生物资源以及气候资源数量与质量的总称,是关系到社会和经济持续发展的复合生态系统。生态环境的各层次子系统、各要素通过特定空间内的生物化学循环、人类的生活和生产活动等多种复杂过程,形成一个具有内在联系的统一整体。生态环境保护的根本目的是维持生态环境系统的正常功能,以清洁、舒适、优美的生存环境为目标。因此,要解决好环境问题,就必须全面分析包含人类在内的整个生态系统状况,一方面寻求增强"自然—社会—经济"复合生态系统的稳定性,维护其正常结构和功能的途径;另一方面在寻求可持续发展的基础上,达到人与自然的和谐,最终实现绿色转型。

第一节　恩施州生态环境资源现状分析

　　自然资源禀赋是区域生态环境的重要基础和条件,而社会经济活动及其方式是影响和制约生态环境质量的重要因素。恩施州自然资源禀赋总体特点是"景观优美、资源丰富、气候宜人、环境良好",主要体现在以下方面。

一、自然景观组合丰富优美

　　恩施州(29°07′—31°24′N,108°23′—110°38′E)属构造剥蚀山原地貌,系云贵高原的东北延伸部分,其地貌结构总体呈现以石炭岩组成的高原型山地为主,兼有石炭岩组成的峡谷、溶蚀盆地及山间盆地等多种地貌类型。州境地势高峻、山峦起伏、沟壑纵横、高低悬殊、急流飞瀑,自然风光以雄、奇、秀、幽、险著称,集山、水、林、泉、瀑、峡、洞为一体,构成了丰富而优美的自然景观组合。这种特殊的景观组合优势和空间异质性,一方面是丰富的生物资源、水资源及气候资源存在的基础,另一方面也为恩施州旅游产业的发展提供了巨大的潜力。

二、资源丰富,开发潜力巨大

(一)矿产资源

恩施州属沉积岩分布区,沉积矿产丰富。目前,恩施州已发现各种矿产 70 余种,产地 370 余处,其中探明有开采储量的 31 种,产地 235 处。已探明大型矿床 10 处,中型矿床 23 处,小型矿床 202 处,矿点 23 处。

(二)生物资源

恩施州由于得天独厚的自然地理条件,在第四纪冰川时期,未直接遭受冰川破坏,而成为第三纪动植物的"避难"场所。因此,流域内动植物资源十分丰富,特有品种多,珍稀濒危物种多。恩施州素有"鄂西林海""天然植物园""华中药库"之称。据调查,流域内有动物资源约 146 科、500 余种,珍稀濒危动物 7 目 11 科 26 种,如国家一级保护动物豹、云豹、华南虎,二级保护动物大鲵、穿山甲、红腹角雉等。维管束植物资源约213 科、1020 余属、3000 余种。起源古老的孑遗植物和中国特有的单种科属较多,如水杉属、银杏属、金钱松属、杉木属、台湾杉属、珙桐属、喜树属、金钱槭属、青钱柳属、青檀属、香果树属、杜仲属、银鹊树属、钟萼木属、伞花木属、串果藤属、山拐枣属、大血藤属、藤山柳属、拐棍竹属等 24 属。有国家级保护的珍稀濒危树种 48 种,占全省国家级保护树种 52 种的92.3%,位居湖北省之首。同时还分布有百余种省内特有的、自然分布极少的珍稀濒危树种,其中约 20 种分布特少且面临濒危。我国老一辈植物分类学家钟观光、钱崇澍、胡先骕、陈焕镛、秦仁昌等都曾深入恩施州考察。邓小平同志南方谈话时提到的那棵被称为"活化石"的古水杉树就在清江流域的利川市谋道乡。独特的地理位置和良好的气候条件,保存了丰富的生物种群,造就了别具一格的生态景观。恩施州森林茂密,物种丰富,是真正的"天然植物园"和"动物的天然乐园";有树龄在100年以上,直径大于100cm的古大珍稀树木,还有多处杜鹃花群落、珙桐(鸽子树)群落、水杉群落、秃杉群落以及红豆杉群落等,森林覆盖率达到68%。

(三)土壤资源

恩施州有红壤、黄壤、黄棕壤、棕壤、暗棕壤、山地草甸土、山地沼泽等地带性土壤,有紫色土、石炭(岩)土、潮土、水稻土等非地带性土壤共11个土类、24个亚类、88个土属、236个土种。丰富的土壤资源为农、林、牧、渔多种经营和"三荒一田"综合开发提供了极为有利的物质基础。

三、气候宜人,类型多样

总的气候特点是冬无严寒、夏无酷暑、雾多湿重、雨量丰沛。

(一)光能资源

恩施州的实际年日照时数平均为1160—1600h,日照百分率在26%—37%。在地域分布上,以长江河谷最高,高山多于低山,二高山与低山相近。由于恩施州西南部阴雨和云雾天气多于东北部,故年日照时数有自西南向东北递增的趋势。太阳辐射年总量在100kcal/cm²以下,高山大于低山,夏季大于冬季,是湖北全省最低值区,也属于全国闭合低值区的一部分。

(二)热量资源

恩施州境内海拔300—1800m地域的年均气温为7.8℃—17.4℃,长江河谷海拔800m以下地区超过18℃,而1800m以上低于7.8℃。冬季南坡气温比北坡略高,夏季相近。各地最冷月在1月,月平均气温长江河谷大于5.8℃,其他低山为2.8℃—5.8℃,海拔1200—1500m的地域为0℃—1℃,1500m以上的地域在-3.3℃—0℃。气温最高月份在7月,月平均气温长江河谷大于28℃,其他低山为24℃—28℃,海拔1400m的高山地区在22℃以下,1800m以上地区低于18℃。恩施州各地无霜期平均200—300d,大部分地区在230d以上。平均初霜日低山在12月中旬,高山在10月下旬;平均终霜日低山在2月下旬,高山在4月初。

（三）降雨资源

年平均降雨量 1118—1900mm，降雨的月际分配为：1 月最少，小于 45mm，6—7 月最多，在 180—280mm 之间。汛期 5—9 月是恩施州降雨最集中时段，占全年降雨量的 60%。降雨的地域分布表现为南多北少，高山大于低山，长江河谷最少，东南部鹤峰最多，年平均降雨变率为 13.4%。

四、生态环境质量

（一）城市空气质量状况

2012 年，恩施、利川、巴东、建始、咸丰、来凤、鹤峰、宣恩 8 个环境空气监测网络中，应监测天数为 366 天，8 个县市实际监测天数为 366 天。巴东、宣恩、咸丰、来凤 4 个县空气质量优良天数达标率为 100%，与去年持平；建始县空气质量优良天数达标率为 99%，比去年上升 5 个百分点；鹤峰县空气质量优良天数达标率为 99%，比去年上升 3 个百分点；利川市空气质量优良天数达标率为 95%，比去年下降 2 个百分点；恩施市空气质量优良天数达标率为 93.7%，比去年上升 0.7 个百分点。颗粒物是影响恩施州城市环境空气质量的主要污染物，其次为二氧化硫（见表 5-1）。

表 5-1　2012 年恩施州县市城区环境空气质量状况

城市名称	计划监测天数	实际监测天数	空气质量达到不同级别天数（天）						优良天数达标率（%）	
			优	良	轻微污染	轻度污染	中度污染	重度污染	本年	上年
恩施市	366	366	94	249	23	0	0	0	93.7	93
利川市	366	366	247	102	17	0	0	0	95	97
建始县	366	366	334	28	4	0	0	0	99	94
巴东县	366	366	84	282	0	0	0	0	100	100
宣恩县	366	366	178	188	0	0	0	0	100	100
咸丰县	366	366	322	44	0	0	0	0	100	100
来凤县	366	366	115	251	0	0	0	0	100	100
鹤峰县	366	366	304	59	3	0	0	0	99	96

（二）各县市城区饮用水水源地水质状况

2012 年,恩施州监测网络对恩施、利川、建始、巴东、宣恩、咸丰、来凤、鹤峰 8 个县市辖区内 15 个集中式饮用水水源地进行了监测。

2012 年恩施州饮用水水源地监测时段的水质达标率均为 100%,和上年持平(见表 5-2)。

表 5-2　2012 年恩施州集中式饮用水水源地水质状况表

城市	恩施州集中式饮用水水源地	2012 年		
		监测月数	达标月数	达标率(%)
恩施市	清江大龙潭饮用水水源地	12	12	100
	龙凤镇喻家河饮用水水源地	12	12	100
巴东县	万福河饮用水水源地	12	12	100
	野三关镇两溪坪饮用水水源地	12	12	100
建始县	闸木水水库饮用水水源地	12	12	100
	高坪镇红珠河水库饮用水水源地	12	12	100
利川市	一水厂饮用水水源地	12	12	100
	二水厂群凤水库饮用水水源地	12	12	100
咸丰县	瓦窑沟饮用水水源地	12	12	100
	野猫河饮用水水源地	12	12	100
来凤县	河坝梁饮用水水源地	12	12	100
鹤峰县	芭蕉河饮用水水源地	12	12	100
	山崩水库饮用水水源地	12	12	100
宣恩县	高罗乡埃山小沟饮用水水源地	12	12	100
	龙洞库区饮用水水源地	12	12	100

（三）地表水环境质量状况

2012 年对恩施州 11 条主要河流的 18 个断面进行了监测。长江巴东巫峡口、巴东黄腊石两个断面超过功能区类别(Ⅱ类),超标项目为总磷,经分析,超标原因主要为上游重庆段来水总磷超标,与上年相比,总体水质无明显变化。郁江长顺乡断面超过功能区类别（Ⅱ类），超标项目为氨氮。其余各监测断面的水质均能满足功能区划要求（见表5-3）。

表5-3　2012年恩施州地表水水质状况表

河流	断面名称	功能类别	2012年		
			水质类别	水质状况	年均值超功能区类别项目
长江	巴东巫峡口	Ⅱ	Ⅲ	良好	总磷
	巴东黄腊石	Ⅱ	Ⅲ	良好	总磷
神农溪	西壤口	Ⅱ	Ⅱ	优	—
清江	利川西门	Ⅱ	Ⅱ	优	—
	利川七要口	Ⅲ	Ⅱ	优	—
	恩施大沙坝	Ⅲ	Ⅱ	优	—
龙洞河	艾家大屋场	Ⅱ	Ⅱ	优	—
	官坡风雨桥	Ⅲ	Ⅲ	良好	—
广润河	小溪口	Ⅲ	Ⅲ	良好	—
酉水	龙嘴峡	Ⅲ	Ⅱ	优	—
	百福司镇	Ⅱ	Ⅱ	优	—
忠建河	龙坪	Ⅲ	Ⅱ	优	—
	木场河	Ⅲ	Ⅲ	良好	—
溇水	茶叶湾	Ⅲ	Ⅲ	良好	—
	江口村	Ⅱ	Ⅱ	优	—
梅子河	南坪	Ⅲ	Ⅲ	良好	—
郁江	长顺乡	Ⅱ	Ⅲ	良好	氨氮
唐岩河	周家坝	Ⅱ	Ⅱ	优	—

（四）城市声环境质量状况

2012年，恩施州各县市城区均进行了城市区域噪声监测及主要交通干道噪声监测（见表5-4、表5-5）。

1. 区域噪声

表 5-4　2012 年恩施州城市区域噪声统计结果表

城市	等效声级,dB(A)	区域声环境质量等级	等效声级范围,dB(A)
恩施市	56.0	一般	>55.1—60.0
利川市	55.3	一般	>55.1—60.0
建始县	53.0	较好	>50.1—55.0
巴东县	50.5	较好	>50.1—55.0
宣恩县	56.6	一般	>55.1—60.0
咸丰县	54.0	较好	>50.1—55.0
来凤县	59.4	一般	>55.1—60.0
鹤峰县	59.0	一般	>55.1—60.0

2. 主要交通干道噪声

表 5-5　2012 年恩施州城市主要交通干道噪声统计结果表

城市	等效声级,dB(A)	交通声环境质量等级	等效声级范围,dB(A)
恩施市	68.2	较好	>68.1—70.0
利川市	67.8	好	≤68.0
建始县	65.0	好	≤68.0
巴东县	61.8	好	≤68.0
宣恩县	71.4	一般	>70.1—72.0
咸丰县	71.2	一般	>70.1—72.0
来凤县	77.4	差	>74.0
鹤峰县	66.5	好	≤68.0

第二节　恩施州生态环境质量评价

一、生态环境质量评价方法选择

生态环境质量评价是对生态环境优劣的定量描述和评定,其目的是准确反映生态环境质量和污染状况,找出当前的主要环境问题,为有针对性地采取措施,制订生态环境保护政策和措施提供科学依据。生态环境质量的评价方法大致可分为两种类型:一类是作为生态系统质量的评价方法,主要考虑的是生态系统的属性信息;另一类是从自然—社会—经济的观点评价生态环境质量,评价人类社会经济活动引起的生态系统变化。目前国内外应用较多的生态环境质量评价方法有综合评价法、指数评价法、模糊综合评判法、人工神经网络评价法、物元分析评价法等。由于综合评价法能够有效地反映各个因子对总体环境质量状况的贡献,又能兼顾一些本身非定量化因子评估时对专家意见的综合,可以体现生态环境评价的综合性、整体性和层次性。[①] 因此,本书引用了湖北民族学院林学与园艺学院姚兰、艾训儒、白灵三位老师的专业评价结论进行说明。

二、生态环境质量评价指标体系的构建与量化分级

区域生态环境综合评价要求对评价区域内的生态环境质量进行分等定级,而这种等级划分是否准确反映了生态环境质量区域分异的客观实际,在很大程度上取决于评价指标选取是否科学、合理。为了准确评价恩施州生态环境质量,我们通过认真讨论、研究,在参考国家环保总局《全国生态示范区建设试点验收标准》以及我国北方《黑龙江省省级生态示范区建设标准》、南方《汕头市生态示范区考核标准》等基础之上,结合恩施州可能影响环境质量的其他核心指标,构建了《恩施州生态环境质量评价指标体系》,各指标解释同上述文件。该体系共分制约层(6 个)、要素层(15 个)和指标层(55 个)三个层次设定,采用 Delphi 法与层次分析法(AHP)相结合确定指标体系各层次因子权重,专家组由恩施州环境保护局、州林业局、州国土资源局、州农业局、州水利水产局、州气象局、州建委以及湖北民族学院等的 25 位专家组成,具体评价是由湖北民族学院林学与园艺学院姚兰、艾训儒、白灵三位老师完成。

---

① 姚兰、艾训儒、白灵:《恩施州区域生态环境综合评价研究》,《湖北民族学院学报》(自然科学版)2009 年第 3 期,第 93 页。

第三节　恩施州生态环境质量总结

根据湖北民族学院林学与园艺学院姚兰、艾训儒、白灵三位老师的评价结果,数据显示,影响和制约恩施州生态环境质量的主要因素包括以下方面。

一、制约层层面

良好的自然资源禀赋,使恩施州具有良好的区域生态环境水平和农村生态环境水平,区域生态抗逆水平整体较高,抗御自然灾害的能力较强。目前制约恩施州生态环境质量在大的方面有两个因素,一是区域社会经济发展水平,二是城镇生态环境质量。

二、要素层层面

良好的气候资源和丰富的水资源,使恩施州在自然资源禀赋上保持较高的水平。在区域资源利用方面,由于旅游业的发展和良好的旅游环境,使恩施州在区域生态环境上保持较高水平和优势。区域生态抗逆水平整体较高,抗御自然灾害的能力较强,主要得益于两个方面:一是恩施州丰富的森林资源和物种多样性;二是自然保护区的建设,有较大比例的森林生态系统得以保存,森林生态系统良好的服务功能,提高了区域生态系统的抗逆水平。由于恩施州退耕还林工程、天然林保护工程的实施,特别是在宜建地区,清洁能源工程的建设,农村生态环境保持了较高的质量。城镇生态环境质量存在的问题,主要在于城镇环境保护方面较弱,体现在城镇生活污水处理能力不强;城镇人均公共绿地面积过小;在城市气化率以及城镇生活垃圾无公害处理方面也较弱。同时,要特别关注城市噪声,目前恩施市城市噪声达标率为0。区域社会经济水平不高,制约了恩施州生态环境建设的水平,主要体现在两个方面:一是第二产业产值比例较小,制约了区域经济的发展;二是农民年均纯收入不高。

三、指标层层面

目前以下因素制约了恩施州生态环境质量,按作用值从小到大,大致可分为两类:一是核心制约因素(作用值≤15),包括 6 个方面:城市噪声污染严重;城镇二氧化硫超标;退化土地治理率不高;农业水分生产率低,水资源浪费严重;城镇人均公共绿地面积过少;农业化肥施用强度较大;二是主要影响因素(作用值 16—40),包括 5 个方面:农药施用强度较大;第二产业比重较小;城镇生活污水处理率不高;水土流失严重;恩施州低山地区所占比例不大(客观条件)。①

第四节　恩施州生态环境保护与绿色转型

一、生态林业保护与建设

(一)森林生态修复

以清江流域、巴东神农溪流域等生态区位重、生态脆弱的区域为建设重点,通过发展林业产业、相关林业工程项目及生态移民等方式对生态敏感区进行生态修复,恢复其生态功能。

对恩施、巴东、建始等岩溶地貌突出地区,采取人工造林、封山育林、恢复植被等方式,治理石漠化及受损山体。另外,根据国家相关制度和规定,加强森林保护工作,在相应地区设立禁挖区、禁采区及禁伐区。对于因宜万铁路、沪蓉西高速公路等大型工程建设造成的山体及地表植被大面积破坏的地区,采用人工造林等手段进行生态景观综合治理。

(二)生态景观林建设

围绕恩施州域内 209 国道、318 国道以及沪蓉西高速公路等骨干交通沿线,恩施—大峡谷—腾龙洞等重要旅游公路沿线,恩施火车站、高速

---

① 姚兰、艾训儒、白灵:《恩施州区域生态环境综合评价研究》,《湖北民族学院学报》(自然科学版)2009 年第 3 期,第 97 页。

路出入口等重要地带可视范围内开展生态景观林建设,加强生态防护隔离林带建设,丰富生态视觉效果,提升生态旅游氛围。

在清江流域、溇水流域、酉水流域等河流水系沿岸适宜地区发展特色经济林。对穿过城市(或城镇)中心地带的河流水系沿岸廊道(如恩施亲水走廊、宣恩贡水走廊沿岸)主要发展城市景观林。

(三)生物多样性保护

大力加强星斗山、七姊妹山、木林子等自然保护区的生态保护与建设,建立健全生物多样性保护监测体系,有效保护珍稀动植物资源和典型生态系统类型,严格监管外来物种引入和转基因物种扩散。

恩施州要积极申报"全国武陵山区生态环境保护示范基地",建立生态环境保护管理机构和体制,加大生态环境保护基础设施建设投入力度,开展生态恢复保护、生态功能监测、生物物种培育和生态系统结构研究等工作。

(四)高山湿地资源保护

摸清恩施州高山湿地资源的区域分布状况和影响,为有效合理开发高山湿地资源提供科学依据;立足长远,处理好湿地资源保护和开发利用的关系,使高山湿地保护和生态资源利用有机结合。

积极推进咸丰二仙岩和恩施新塘国际湿地公园申报工作,同时,要按照国家湿地保护的要求,将二仙岩和新塘高山湿地保护工作纳入州土地利用总体规划,禁止对湿地的无序开发和利用,进一步规范外来投资行为,对新增项目进行严格审批,杜绝可能破坏湿地的项目进入,对已实施的不符合湿地保护要求的项目,通过加强引导,实现有序退出。同时,按照"有序引导、规范管理"的要求,对二仙岩和新塘湿地自然保护区内的养殖大户实行规模控制,鼓励并引导适时出栏,不增加存栏数量,对"秸秆氨化养羊"示范项目实行严格的监督管理,限制盲目扩大规模和自由放牧。

二、生态家园保护与建设

(一)生态城市建设

生态城市建设是整个生态建设的难点,也是生态建设最集中的地方,为了真正搞好生态城市建设,必须要有建设目标。针对恩施州的具体实际,力争到 2020 年,使恩施州内各县市生态环境得到全面治理,城市绿化覆盖率达到 38%以上,城市人均公园绿地 ≥10m²,城市污水集中处理率达到 80%以上,城市生活垃圾无害化处理率达到 90%以上。到 2025 年,恩施州城市生态环境得到全面改善,生态环境良性循环,城市绿化覆盖率达到 40%以上,城市人均公园绿地 ≥12m²,城市污水集中处理率达到 90%以上,城市生活垃圾无害化处理率达到 95%以上。

制定科学合理的城市规划,打造城市自然景观格局;加强城市市政基础设施建设;加快产业结构调整,建设生态工业园区;建立以清洁能源为主体的城市能源体系,积极推进建筑节能;加强城市绿化建设,大力创建绿色人居环境社区和生态文明示范区与园林式单位,创造良好的人居环境;开展符合生态城市目标和指标的配套建设;强化历史文化名城规划建设;加强风景名胜区及森林公园的开发管制,切实加大对自然景观资源和生态环境的保护力度。

(二)生态乡镇建设

到 2020 年,进一步巩固和发展恩施芭蕉侗族乡、咸丰小村乡等"全国环境优美乡镇"示范区的成果,力争新建 3 个"全国环境优美乡镇"。到 2025 年,州域内每个县市至少有 5 个以上的乡镇达到"全国环境优美乡镇"的标准。另外,按照统筹城乡发展和构建和谐社会的要求,高质量建设谋道镇为首批湖北旅游名镇创建示范镇。同时,结合湖北省旅游名镇名村的创建工作,大力扶持水布垭、景阳镇、甲马池镇、走马镇、百福司镇等创建第二批湖北旅游名镇。结合湖北省"百镇千村"示范工程建设,重点在保障饮用水,避免地表水对地下水水质的污染,工业废水与生活污水的处理,垃圾集中收集与无害化处理,环境卫生设施配套,提升清洁能源利用水平,提高园林绿地面积,改善人居环境。

在生态乡镇建设示范区内各建一座日处理 1500 吨的污水处理厂以及一座日处理垃圾 20 吨的垃圾处理厂,加强对示范区内小流域环境的综合治理工作。在生态乡镇示范区内开展生态农业试点工作,充分利用循环农业技术,建设生态循环农业示范园区,提高示范园区无公害食品基地占总种植面积的比重。组织编制生态乡镇生态保护与建设专题规划,结合各乡镇特点,开展各具特色的生态建设工作。贯彻执行政府制定的环境保护政策和法律法规,规划区内严禁滥垦、滥伐、滥采、滥捕;加强环境管理,搬迁重大污染企业,减少重大污染事故或重大生态破坏事件发生。

(三)生态村庄建设

大力推进生态村创建活动,到 2020 年,恩施州每个县市创建 12—20 个"省级生态村";到 2025 年力争 20%以上的村达到省级生态村的标准。积极打造恩施市沐抚办事处营上村、恩施市芭蕉侗族乡高拱桥村、利川市南坪乡朝阳村、利川市都亭街道办事处龙潭村、建始县业州镇代陈沟村、巴东县沿渡河镇高岩村、巴东县水布垭镇三友坪村、宣恩县沙道沟镇两河口村、咸丰县甲马池镇坪坝营村、来凤县三胡乡黄柏村、鹤峰县容美镇屏山村、鹤峰县走马镇升子村等湖北旅游名村。同时,积极申报国家级历史文化名村,力争到 2020 年,数量达到 15 个。

三、污染控制工程建设

(一)大气污染控制

城市空气质量优良天数到 2020 年稳定在 310 天以上,到 2025 年力争达到 320 天以上,并且全州空气质量稳定达到一级标准。

1.大力加强道路生态防护带的建设

大力加强道路生态防护带的建设,不断提高中高等级公路的比例;加强对易扬尘类货物运输密封性的管理;加强道路景观林以及草坪等绿化带建设,使道路绿化面积达到道路面积的 25%以上。

2.加强遥感技术在大气污染监测方面的应用

投资购买先进的遥感监测技术设备,加强遥感技术在大气污染(光、热、声、废气、空气 NO_x、SO_2、粉尘等)监测方面的应用,建立 3S 技术支持的城市污染环境管理体系。

3.大力调整工业布局及产业结构

大力调整工业布局及产业结构,依靠科技进步,推行低碳经济,大力发展低耗能、低排放、低污染的产业,减少工业废气对大气环境的污染。严格控制新增燃煤锅炉,采取"以奖促治"的措施推动"以气代煤"工程。

4. 加强对城市机动车辆尾气排放的监测与控制

大力加强对城市机动车辆尾气排放的监测与控制,强行淘汰排放不达标的机动车辆,大力推进城市公交车辆和出租车辆"油改气"工程。

5. 加强企事业单位内部和居住小区的绿化

加强企事业单位内部和居住小区的绿化,使得绿化面积占总用地面积的 25% 以上,在各县市城区主要干道两侧种植 5—10m 宽的城市景观林带、草坪带、花卉带,新增绿地面积与平均每年增加 10% 以上。

(二)固体废弃物控制

1. 建立科学的固体废弃物管理信息系统

建立全面、科学的固体废弃物、医疗废弃物以及危险废弃物的污染监测、登记管理、风险评价制度及电算化管理信息系统;推广清洁生产工艺,减少固体废弃物,严格控制危险废弃物的产生量。

2. 配备比较完善的垃圾回收设施

配备比较完善的垃圾回收设施,使城区的垃圾收集量达到产生量的 95% 以上;推行垃圾分类收集,到 2020 年,城区全面实施垃圾分类收集;建立多元化处理厂,实现垃圾减量化、无害化、资源化和产业化,并逐步推广。

3. 推广有机型集约化生态畜禽养殖场

推广有机型集约化生态畜禽养殖场,在建设生态畜禽养殖场时设置隔离带或绿化带;建立种植业、复合肥料生产业、食用菌培育、生物质能(如沼气)等生态示范工程,使 2020 年畜禽粪便处理利用率达 80% 以上。

(三)水污染控制

逐步改善水生态系统服务功能,提高生态系统的缓冲能力。力争到 2020 年州域清江、长江神农溪、酉水、贡水、溇水等主要河流水质要达到 Ⅱ 类水标准,城区段水质要达到 Ⅲ 类水标准,城区集中饮用水水质合格率要达到 100%。

1. 加快城市污水处理设施建设步伐

加快城市污水处理设施建设步伐,减少生活污水对水体的破坏。据统计,2016 年恩施州八县市城市污水处理厂全部建成并投入使用,实现了基本达标排放。力争到 2020 年,清江流域、长江神农溪流域主要乡镇的污水处理厂全部建成并投入使用。

2. 大力实施江、河污染防治综合整治工程

清江流域、长江支流及各小河流域继续实施"植清结合"和筑坝工程,清江流域主要以恢复生态涵养功能为主,到 2020 年,对清江、长江神农溪、酉水、贡水、娄水等江河流域的工业企业排污行为进行综合整治,对排污企业采取"以奖促治"或关停的措施促使企业进行排污治理,实现达标排放。对不能达标排放的企业实行限期关停或整改。

3. 完善水利设施建设

争取清江流域河势的初步控制和重点河段的基本稳定,实行水利设施的科学管理。减少淤积实体,加快水体的流动,改善清江河道的通航条件。对水资源实施有序科学开发利用,严格控制单机装机容量在 1000 千瓦以下的小水电的开发,以保护水生态和生物多样性。

4. 建立饮用水源保护区

在恩施市清江大龙潭水库、利川市清江源头等地区设立居民饮用水源保护区,加强对保护区的生态植被的恢复与保护,建立保护区水源安全监管网络制度和体系,从源头上预防水污染。

四、国土保护与整治

(一)土地资源保护

1. 保障农业、非农用地动态平衡

保障恩施州农业用地总量,维持农业、非农用地动态平衡。到 2020 年,恩施州农业耕地面积提高并稳定在 38 万公顷以上,其中基本农田保有量在 28.8 万公顷。

2. 推广测土配方施肥技术

推广测土配方施肥技术,开发配方肥料、控释肥料、有机无机复混肥料,大力推进生态肥的生产、施用,有效控制与减少农田化肥的使用量。争取到 2020 年,恩施州化肥平均施用量(折纯)从 550 千克/公顷降低到 450 千克/公顷以下。

3.加强高标准农田建设

积极争取国家支持和投入,整合州内各项投入,建立基本农田保护专项基金,加大对民族地区粮食主产区的财政转移支付的力度,切实保障对耕地资源的持续投入,建立稳定、高产的基本农田,保护和提高粮食的综合生产能力。

4.推广应用生物治虫技术

推广应用生物治虫技术,研发抗病、抗虫作物,开展农业病虫害生物防治,减少农药施用量,用生物农药、高效低残留农药替代化学农药,防止土壤污染。

(二)矿区环境保护

1.天然气开采环境保护

制定科学、严格的天然气污染防治管理措施,推广使用生态环保的高科技设备,降低天然气在开采过程中产生的各种污染。加强环境监督管理。对采气点实行例行性监督监测和不定期抽测,及时发现、处理可能发生的污染。

2.煤、铁矿及磷矿的开采与生态恢复

(1)资源监管

加强对煤、铁矿及磷矿开采项目的环境影响评价,对不宜开采的坚决予以否决,对有条件开采的提出保护措施。实施持证开采许可制度,严格控制开采点和开采量。

(2)污染控制

实现煤、铁矿及磷矿循环开采及利用,加强对矿区废水排放的综合治理,实现达标排放,避免开采过程中的废水对河道、农田的影响。减少废弃物的堆存面积,及时回填矿坑,降低开采煤、铁矿及磷矿对土地的占用量。

(3)生态恢复

按照"谁开发、谁保护"原则,制定煤、铁矿及磷矿生态恢复管理办法,责成业主根据各废弃煤、铁矿及磷矿地貌特征,限期进行因地制宜的生态恢复。落实企业生态恢复保证金制度,对生态恢复未达标者,扣缴其保证金,并处以相应的处罚。

五、水利生态建设与保护

(一)水资源保护与利用

在恩施州境内大力实施严格的水资源管理制度。明确水资源开发利用红线,严格实行用水总量控制,按照"先节水、后调水,先治污、后通水,先环保、后用水"的"三先三后"原则,积极实施恩施州重点水源、城镇供水、农村饮水安全、灌区续建配套、以电代燃料生态水电站等工程建设。

(二)实施生态工程建设

清江流域、长江神农溪流域等重要河道两旁种植乔灌结合、多树种混交的绿色廊道,2020 年水土流失面积治理率达 90%以上,江河坝堤的沿岸带植物覆盖率达 90%以上。在有条件的河岸,全面恢复由乔、灌、草、浮水和沉水植物组成的植物群落。

(三)水生态修复与保护工程

制定恩施州江河干支流纳污指标,明确水功能区限制纳污红线,科学调控新增企业的布局,严格控制入河排污总量,积极实施水污染防治工程,对于重点地区水环境功能尚不满足要求的河流,开展主要污染物排放总量控制,实施主要污染河渠清淤工程、生态恢复工程、生态补水工程。加大对入湖河道、河口的综合整治,加强环湖生态带建设。

(四)水土保持工程

切实贯彻落实《水土保持法》和《水土保持法实施条例》,坚持"预防为主、防治结合"的原则,以三峡库区国家水土保持重点治理工程为示范,大力开展恩施水布垭库区、巴东神农溪流域、清江干流等重点区域水土保持综合治理工作。

第六章　恩施州三次产业结构合理化分析

判断恩施州产业结构的合理化状况,主要通过其纵向比较加以认识。产业结构是否合理直接关系到产业发展的质量和水平。一般而言,在一定区域内,产业结构的合理程度越高,其产业发展的质量和水平就越好。同样的,一定区域的产业发展的质量和水平的高低又会直接反映其产业结构的合理性程度,即一定区域的产业发展的质量和水平越高,其产业结构越合理;反之,则相反。因此,判断某一区域的产业结构是否合理,可以从该区域的产业发展的质量和水平加以判断。为此,我们主要以2003—2012年这10年间的统计数据为基础数据,部分数据选取了1998—2012年这15年间的统计数据为比较阶段,从恩施州三大产业结构内部发展的质量和水平来进行实证分析。

第一节　恩施州第一产业比较分析

根据2012年《恩施州统计年鉴》的数据,我们通过计算得到恩施州农业内粮食、烟叶、畜牧、茶叶、蔬菜、林果、药材等几大主导产业的环比增长速度和平均增长速度的统计数据(见表6-1)。

表6-1　恩施州农业产业内各主导产业环比增长速度及平均增长速度统计表

（单位:%）

年份 类别	2003	2004	2005	2006	2007	2008	2009	2010	2011	2012	平均增 长速度
粮食	-0.8	-15.0	5.7	5.2	-3.8	0.7	-1.6	0.3	0.5	1.2	-0.76
烟叶	-16.4	-11.3	-8.0	4.7	10.3	0.3	-15.5	2.1	3.5	4.9	-2.54

续表

年份 类别	2003	2004	2005	2006	2007	2008	2009	2010	2011	2012	平均增 长速度
畜牧	-3.2	8.0	12.7	4.7	15.2	12.1	16.2	13.2	14.1	13.8	10.68
茶叶	2.6	0.3	0.6	1.8	6.8	5.3	10.5	13.4	16.5	14.8	7.26
蔬菜	7.5	5.3	13.9	12.7	15.5	5.9	4.1	5.6	6.7	6.1	8.33
林果	2.2	9.1	2.9	9.7	6.7	15.1	42.9	16.3	17.2	19.8	14.19
药材	15.8	34.8	22.6	31.7	8.0	8.9	16.9	20.1	16.9	17.2	19.29

资料来源:根据 2012 年《恩施州统计年鉴》整理。

根据表6-1的数据,总体上看,恩施州农业在2003年到2012年这10年的发展过程中,七大支柱产业除粮食和烟叶两大产业的平均增长速度处于负增长之外,其他五大产业的平均增长速度都处于正增长状态。

一、烟叶产业

2003—2012 年,恩施州烟叶生产的平均下降幅度达到了 2.54%,这当然与国家对烟叶产业的限量发展政策有关,同时也与国家近几年对烟草产业的结构性调整有直接的关系。虽然恩施州作为湖北烟草行业原材料的重要生产基地,在 2010 年到 2012 年其环比增长速度还表现出正增长,但增长的速度和规模都是有限的。恩施州在产业结构调整和优化升级过程中,今后烟草产业在产业结构比中,可能呈现出不断下降的趋势。

二、粮食生产

对于粮食生产问题,从 2003—2012 年的数据来看,其平均下降幅度也达到了 0.76%。如果单纯地从这一数据来看,显然不是一件好事,因为人类要生存,保住粮食生产是第一要务。但是从整个国家层面来看,恩施州在农业发展中的定位不是以粮食生产为主体,而是根据恩施州所处的区位优势、气候条件及资源禀赋来进行农业生产布局。

三、畜牧产业

从畜牧业的发展来看,2003—2012 年,恩施州畜牧业平均增长速度达到 10.68%,这一数据只能说明恩施州畜牧业的发展速度是很快的,而且在发展过程中有好的指导思想、战略布局,同时也有比较好的实施办法贯彻在畜牧业发展的全过程之中。从环比增长速度来看,会发现恩施州的畜牧业环比增长速度呈现出"W"型,这说明了恩施州畜牧业在这一时期的发展过程中受到市场的影响比较大。一般而言,当市场上某一时期该产品趋于饱和状态时,将会影响该产品的价格,使其趋于下降状态,从而减缓下一个时期该产品的生产;反之,当市场上某一时期该产品不能满足市场的直接需求,即趋于不饱和状态时,也会影响该产品的价格,使其趋于上升状态,从而促进下一个时期该产品的生产。这样一来,该产品在一个时期环比增长速度上升,下一个时期环比增长速度又趋于下降,这样反复下去,就使得该产品的环比增长速度在平面直角坐标图上呈现出多个"W"型。

四、茶叶产业

2003—2012 年,恩施州茶叶的平均增长速度达到 7.26%;从环比增长速度看,2004—2007 年,其增长速度一直趋于平稳上升状态,到了 2008 年,增速有一点下降,到了 2009 年,其增长速度又攀升到 10.5%,比 2007 年的 6.8%还要多出 3.7 个百分点。从统计数字来看,2009 年恩施州茶叶基地面积达到 54.53 万亩,采摘茶园面积达到 40 余万亩,分别占湖北省茶园面积和采摘面积的 22.7%和 22.2%,其中,无性系良种茶园面积达到 20 万亩,占总面积的 40%,占全省无性系良种茶园总面积的 61.1%,高于全省平均水平(15%)46.1 个百分点;茶叶总产量 28673 吨,占湖北省茶叶总产量的 25.0%;茶叶总产值达到 57848 万元,占湖北省茶叶总产值的 26.5%,其中名优茶产值约 3 亿元,占湖北省名优茶总产值的 25.6%,茶叶面积、产量、产值均居全省之首。因此,茶叶仍然是恩施州的主导产业。截止到 2012 年年底,茶叶产业增长速度突破 14.8%,由此可见,恩施州茶叶生产具有巨大的发展前景和广阔的发展空间。①

---

① 曹骞、苏鹏飞:《武陵地区农业产业化问题研究——以恩施州为例》,《农村经济与科技》2009 年第 1 期。

五、蔬菜产业

从蔬菜产业发展来看,2003—2012 年,恩施州蔬菜产业的平均增长速度达到 8.33%,产量从 88.17 万吨增加到 586.05 万吨,规模化生产的能力显著提升。与此同时,2003—2012 年,连续 10 年的环比增长速度都处于上升趋势,这充分说明恩施州蔬菜产业的发展前景广阔,市场的需求量很大,虽然 2008 年,其环比增长速度有所下降,但总体生产量还是在增加,2012 年的环比增长速度还保持在 6.1%。可以看出恩施州蔬菜产业的规模化经营在逐步壮大,但市场的开发力度和开发步伐还有待于进一步加强,蔬菜的产业链还有待于进一步延伸。

六、林果产业

从林果产业发展来看,2003—2012 年,恩施州林果产业的平均增长速度达到 14.19%,说明了恩施州的林果产业已经开始形成规模,特别是从 2011 年和 2012 年这两年的环比增长速度来看,增长速度非常快,2012 年甚至达到 19.8%,这与恩施州在近几年大力发展林果业的战略性产业调整有直接的关系。统计数据表明:2012 年,恩施州干鲜果种植总面积已达 137 万余亩。恩施州干果基地面积 75 万余亩。其中:板栗面积 60 万亩,挂果面积 14 万亩,2012 年产量达 8193 吨,创产值 10282 万元;核桃面积 15 万亩,挂果面积 3.1 万亩,2012 年产量为 7361 吨,创产值 7511 万元。恩施州鲜果基地面积 62 万余亩。其中:柑橘面积 16 万亩,挂果面积 14.8 万亩,2012 年产量达 138799 吨,创产值 17310 万元;梨子面积 37.4 万亩,挂果面积 5 万亩,2012 年产量达 29495 吨,创产值 13759 万元;柚子面积 5.9 万亩,挂果面积 1.37 万亩,2012 年产量达 7920 吨,创产值 2304 万元;猕猴桃面积 1.5 万亩,挂果面积 0.56 万亩,2012 年产量达 1000 吨,创产值 510 万元;杨梅面积 1.2 万亩,挂果面积 0.1 万亩,2012 年产量 300 吨,创产值 900 万元。

七、药材产业

从药材产业发展来看,2003—2012 年,恩施州药材产业的平均增长

速度达到了 19.29%,说明了恩施州各级政府开始认识到药材产业在恩施
州产业发展中的重要性。根据恩施州资源禀赋来看,大力发展药材产业,
是时势所趋。2007 年,其环比增长速度开始下滑,并且下滑得很快,以至
于从 2006 年的 31.7%下滑到 2007 年的 8.0%,下滑了 23.7 个百分点,到
2008 年仍然没有太大的回升。这说明恩施州在药材产业的建设与发展
中还是存在着政策支持力度不够大,财政资金投入不够多等问题。此后,
药材产业迅速崛起,每年以近 20%的增长速度迅速发展,其支柱产业的
优势地位逐步恢复。

从恩施州七大支柱性产业的发展来看,农业产业发展的总体质量在
不断攀升,产业结构在不断优化,从过去以粮食、烟叶生产为主逐步向以
茶叶、畜牧、蔬菜、林果、药材等综合性发展为主的方向发展,突破性发展
药材、林果和蔬菜产业,重视畜牧和茶叶的生产,不放松粮食的生产,结构
性减少烟叶的生产,根据自身优势,努力实现恩施州农业综合化、一体化、
产业化方向发展。①

第二节　恩施州第二产业比较分析

根据统计年鉴数据,我们通过计算得到恩施州工业产业内卷烟、电
力、建材、矿产、药化、食品等几大主导产业的环比增长速度和平均增长速
度的统计数据(见表 6-2)。

表 6-2　2003—2012 年恩施州第二产业环比增长速度及平均增长速度统计表

（单位:%）

类别\年份	2003	2004	2005	2006	2007	2008	2009	2010	2011	2012	平均增长速度
卷烟	-31.4	-10.4	7.3	6.0	8.7	-0.9	-7.2	-10	-13	-12	-6.29
电力	-13.4	17.8	7.1	-1.3	7.3	-10.5	74.4	6.8	7.9	10.2	10.63
建材	14.7	17.5	24.0	26.2	51.7	17.3	4.5	21.3	22.7	13.8	21.37

① 张新平、刘伟:《转型时期产业结构优化升级的新情况和新问题探析——以恩施州为
例》,《财经界》2014 年第 6 期,第 20 页。

续表

年份 类别	2003	2004	2005	2006	2007	2008	2009	2010	2011	2012	平均增长速度
矿产	-17.5	-0.2	21.0	6.6	142.7	37.3	37.6	37.8	38.1	38.5	34.19
药化	15.1	-4.5	11.6	10.6	8.7	-7.1	5.0	4.3	5.7	6.4	5.58
绿色食品	-24.3	20.8	24.4	28.4	19.8	28.3	5.4	17.8	22.4	15.6	15.86

资料来源:根据 2012 年《恩施州统计年鉴》整理。

根据表 6-2 的数据,可以看出恩施州工业在 2003—2012 年这 10 年发展过程中,六大支柱产业除卷烟产业的平均增长速度处于负增长之外,其他五大产业的平均增长速度都处于正增长状态。

一、卷烟产业

从卷烟产业发展来看,2003—2012 年,恩施州卷烟生产的年均增长速度是-6.29%。一般而言,在其他条件都不发生改变的情况下,当直接关乎着某一种产品的原材料的生产量下降时,则由该种原材料直接生产出的产品的量也会降低;反之,当直接关乎着某一种产品的原材料的生产量上升时,则由该种原材料直接生产出的产品的量也会上升。卷烟生产的直接原材料是烟叶,由前面的分析可知,恩施州的烟叶生产在 2003—2012 年期间,年平均下降幅度达到了 6.29%,因此,恩施州卷烟产业的年均增速下降也不足为奇。从 2003—2012 年恩施州卷烟生产的环比增长速度来看,2005 年、2006 年、2007 年连续 3 年都还处于正的增长速度,这只是国家政策性调整所导致的结果。到了 2008 年,卷烟生产的环比增长速度就开始呈现连续下降的趋势,这充分说明了恩施州的卷烟产业的主导性地位在不断下降。因此,在未来的产业结构调整过程中,需要认真思考恩施州卷烟产业怎样发展的问题。恩施州如何在产业结构优化升级过程中进一步发挥卷烟产业的主导性优势地位。

二、电力产业

从电力产业来看,2003—2012 年,恩施州电力产业的年均增长速度达到 10.63%,这充分说明恩施州这几年电力工业得到了快速发展。据统计,截止到 2012 年,恩施州拥有 500 千瓦以上水电站 308 座,总装机 189 万千瓦(不含水布垭);恩施州在建水电项目 20 个,总装机容量近 120 万千瓦,总投资约 100 亿元。恩施州拥有火电厂 3 座,总装机 4.5 万千瓦。恩施州风能发电能力也很强,主要分布在利川市齐岳山,理论蕴藏量折合电力约 100 万千瓦,目前正处于大力发展建设阶段。从恩施州电力产业目前发展情况看,如何把恩施州域内理论上的电力蕴藏量充分发展好,这是恩施州电力产业发展的基本着力点,需要地方政府有步骤、有计划地进行电力产业的可持续开发。

三、药化工业

从统计数据来看,2012 年恩施州中成药加工 1838 吨,比 2011 年增加 238%。农用化肥生产总计 5.0815 万吨,比 2011 年同期增长 17%。2012 年年底,恩施州药业企业已发展到 73 家(不含营销型),注册资金 6.8 亿元,拥有固定资产 25.3 亿元,从业人员 7211 人。2012 年实现销售收入 10.57 亿元,创汇 3940 万美元,完成税收 8140 万元,完成增加值 3.52 亿元,比上年增长 67.42%。从重点企业来看,在药品制剂生产方面,恩施州拥有 230 多个药品生产文号,八峰药化、施恩堂、香连药业通过国家 GMP 技改认证;在中药饮片生产方面,恩施州饮片生产企业投产达 10 家,年生产能力在 10000 吨以上,其中巴东时珍堂、恩施圣峰药业饮片生产线 2009 年就已经通过国家 GMP 技改认证,宣恩武陵中药饮片厂、来凤地产药材公司饮片厂于 2011 年按国家要求如期通过 GMP 技改认证。

四、绿色食品加工业

恩施州绿色富硒食品生产与加工企业达 350 余家,规模以上企业 108 家。2012 年,规模以上食品工业完成工业总产值 20.94 亿元,成为恩施州第三大支柱产业。其中,富硒绿色食品生产企业完成增加值 9.33 亿元,同比增长 53.24%。其主要产品有薇菜、矿泉水、茶叶、莼菜、果汁饮料、火腿等。近年来富硒绿色食品加工企业如华龙集团、长友公司、希之源公司、山里星公司等不断发展壮大,华龙村茶叶、宏业魔芋、发夏食品、长友公司、九洲牧业等多家企业被评为湖北省农业产业的龙头企业。

五、建材工业

经过三十多年的发展,建材工业实力大为增强,尤其是水泥行业已成为一枝独秀,恩施州规模以上的建材工业企业 46 家,其中立窑水泥企业 16 家,新型干法水泥企业 2 家,全行业销售收入 10.9 亿元,其中水泥占 93%。由此可见,水泥是恩施州建材行业的重中之重。2012 年恩施州水泥总产量为 403.40 万吨,比 2011 年增长 5.5%。其中新型干法水泥产量占水泥总量的 38%。2012 年年底多家水泥生产企业日产 2000t 新型干法熟料生产线投产后,恩施州水泥工业的经济规模优势逐步得到显现。非金属矿等产业推陈出新,其先进生产力快速发展。恩施州建材行业经济效益连年稳定增长,实现利润总额 8.2 亿元,税金 2.9 亿元,实现了跨越式的发展。

六、矿产工业

恩施州蕴含着丰富的矿产资源。截至 2012 年年底,恩施州共发现矿产地 380 余处,各类矿产 85 种,分别占全国和全省矿种的 41.7% 和 51.5%。其中 D 级以上探明资源储量的矿产达 35 种,矿产地 200 余处。在各类矿产中,已探明大型矿床 18 处,中型矿床 23 处,小型矿床及矿化点约 500 处。查明和基本查明资源储量的主要有:煤、铁、磷、天然气、硫铁矿、石膏、石煤、高岭土、耐火黏土、铝土矿、硅石、萤石、重晶石、大理石等 29 种。其中煤、石煤、天然气、铁矿、高岭土、石膏、硒、菊花石、石灰石 9 种矿产储量,居全省第一位。硫铁矿、硅石、磷矿储量分别居全省第二、三、四位,尤其是在恩施市双河乡发现了世界上唯一的沉积型独立硒矿床,被誉为"世界硒都"。

第三节　恩施州第三产业比较分析

根据统计年鉴数据,通过计算得到恩施州服务业产业内商贸、物流、房地产、金融、旅游、通信六大主导产业的环比增长速度和平均增长速度的统计数据(见表6-3)。

表6-3　2003—2012年恩施州服务业产业环比增长速度及平均增长速度统计表

(单位:%)

年份 类别	2003	2004	2005	2006	2007	2008	2009	2010	2011	2012	平均增长速度
商贸	5.0	6.2	9.1	12.2	12.9	12.6	12.5	12.8	13.1	13.5	10.99
物流	14.1	12.7	12.2	12.8	12.9	17.2	12.4	13.2	12.8	13.5	13.38
房地产	17.5	18.2	13.1	16.1	9.1	4.7	11.7	8.9	10.2	11.3	12.08
金融	-1.0	0.2	-1.3	2.5	10.0	22.6	16.9	22.1	23.5	19.8	11.53
旅游	13.6	58.1	10.5	39.3	52.7	27.3	54.5	55.6	58.9	80.3	45.08
通信	62.8	52.2	39.7	26.2	69.5	21.9	44.0	21.3	26.5	23.8	38.79

资料来源:根据2012年《恩施州统计年鉴》整理。

根据表6-3的数据,总体上看,恩施州服务业在2003—2012年这10年的发展过程中,六大支柱产业的平均增长速度都处于正增长状态,旅游业和通信业的年平均增长速度超过了30个百分点,旅游业平均增长速度达到了45.08%,通信业平均增长速度达到了38.79%。可见在这一期间,恩施州的第三产业发展非常迅猛。

一、商贸产业

从统计数据来看,2012年恩施州社会消费品零售总额为175.94亿元,环比增长速度为13.5%。餐饮与住宿业收入为20.5676亿元,同比增长19.8%;其他行业零售总额13.0047亿元,比上年增长54.5%。2012年恩施州外贸出口额为7055.07万美元,比上年增长14.2%。

二、物流产业

近年来,恩施州物流业得到快速发展,物流运输品种主要集中在卷烟、茶叶、药材、蔬菜、水果、粮食、肉类、煤炭等。恩施州货运市场放开后,呈现出开放、分散、弱小状态。从统计数据来看,2012 年恩施州交通运输、仓储及邮政业总产值为 20.1 亿元,比上年增长 10.7%。恩施州货运量为 1130.82 万吨,比上年增长 13.4%,客运量为 6506.32 万人,比上年增长 7.7%。2012 年年末,恩施州民用汽车拥有量达到 95682 辆,比上年增长 17.2%。

三、通信产业

从统计数据来看,固定电话用户数为 84.26 万户,比上年增长 9.3%;移动电话用户数为 403.62 万户,比上年增长 66.7%。到 2012 年年底,恩施州已架设广播电视光纤 9189.66 公里,栽水泥杆 42671 根,有线电视用户数已达 465790 户,其中州城 51000 户,县城 123868 户,乡集(镇)以下 180922 户。电视总数 972554 台。

四、房地产业

从统计数据来看,2012 年恩施州房地产业生产总值为 28.24 亿元,比上年增长 11.3%。房地产开发企业达到 103 个,从业人数 2380 人,其中州内企业 82 个,州外企业 21 个,销售金额 29.07 亿元,同比增长 74.42%,实现房地产税收 4.24 亿元。2010 年恩施市房地产开发企业达 64 家,完成房地产投资 8.8 亿元,施工面积达 64.73 万平方米;2011 年开发企业达 68 家,完成房地产投资 9.5 亿元,施工面积 82.6 万平方米;2012 年房地产开发企业达 72 家,完成房地产开发投资 38.4 亿元,施工面积达 363.13 万平方米,实现税收 18656 万元。

五、金融产业

2012 年恩施州全年地方财政总收入 90.98 亿元,比上年增长

26.4%。其中,公共财政预算收入 40.43 亿元,增长 26.8%。公共财政预算收入中,税收收入 32.39 亿元,增长 27.9%。全年公共财政预算支出179.69 亿元,比上年增长 10.8%。其中,一般公共服务支出 20.67 亿元,下降 5.0%;教育支出 36.85 亿元,增长 56.0%。

2012 年年末恩施州金融机构人民币存款余额 680.52 亿元,比年初增加 99.89 亿元,增长 17.2%,其中城乡居民储蓄存款余额 383.86 亿元,比年初增加 75.78 亿元,增长 24.6%。金融机构人民币贷款余额 370.91亿元,比年初增加 64.07 亿元,增长 20.9%。年末城乡居民人均储蓄存款余额 9519 元,比上年增加 1839 元,增长 23.9%(见表6-4)。

表6-4 2012 年恩施州金融机构人民币存贷余额 (单位:万元)

指标	2012 年年末	比年初增减	
		增减额	增长率(%)
各项存款余额	6805176	998854	17.2
其中：单位存款	2462077	435296	21.5
财政性存款	491447	-190918	-28.0
个人储蓄存款	3838576	757837	24.6
各项贷款余额	3709140	640740	20.9
其中：短期贷款	913719	-45834	-4.8
中长期贷款	2792985	684629	32.5

资料来源:根据 2012 年《恩施州统计年鉴》整理。

2012 年保险公司保费收入 20.95 亿元,比上年增长 6.9%。其中,寿险业务保费收入 15.38 亿元,增长 1.9%;财产险业务保费收入 5.57 亿元,增长 23.6%。保险深度(保费收入占 GDP 比重)4.3%,保险密度(人均保费收入)519.47 元。全年支付各类赔款及给付金额 3.39 亿元,同比增长 41.9%。其中,寿险业务给付 0.93 亿元,增长 31.6%;财产险业务赔款 2.46 亿元,增长 46.2%。股票基金账户 3.94 万户,全年保证金存款0.92 亿元,交易额 121.54 亿元。

六、旅游产业

恩施州形象宣传片亮相纽约时报广场,知名度进一步提升。2012 年全年接待游客 2198.58 万人次,比上年增长 32.6%。恩施州旅游经济呈现良好发展态势,实现旅游综合收入 119.55 亿元,增长 80.3%,其中旅游外汇收入 4646.71 万美元,增长 20.4%。利川龙船水乡景区、巴东巴人河生态旅游区被评为国家 4A 级景区,恩施州形成以州城为中心,方圆 80 公里内的"1+10"(1 个 5A 景区+10 个 4A 景区)高密度高 A 级旅游景区集群,4A 级以上高等级旅游景区数量处于全省前列。2012 年年末恩施州有 A 级景区 26 家,星级酒店 52 家,星级酒店客房 3408 间,旅行社 73 家。

第七章 恩施州三次产业结构高度化分析

判断恩施州产业结构高度化状况,主要是从横向比较来加以认识。如果单纯从恩施州产业结构变迁和产业结构现状出发,我们还不能很好地判断其产业结构质量的好坏,也不能判断与其他地区相比在产业发展上有多大的差距。为此,下面我们将从四个维度对恩施州产业结构进行横向比较,以此判断恩施州产业结构优化升级过程中到底还存在多大的差距以及差距产生的主要原因,有助于我们对恩施州产业的发展以及产业结构的优化升级有一个更加清晰的认识和准确的判断。

第一节 恩施州与宜昌市三次产业结构因子比较分析

运用区域经济发展理论和多元统计中的因子分析方法,利用可以反映经济社会发展状况的9个指标构建评价体系,对恩施州经济社会发展状况进行综合评价,并与宜昌市、湖北省和全国的平均水平相比较,最后对排序结果进行分析。

一、分析指标的设计

依据指标选取的科学性原则、系统性原则和可行性原则,选择和设计了一系列统计指标(见表7-1),将其分为三类。

(一)*经济发展指标*

经济发展指标主要反映一个地区经济发展的整体规模和整体水平。选取了人均GDP、人均工业总产值、人均地方财政收入、人均社会消费品零售总额以及投资率(全社会固定资产投资与 GDP 的比值),共 5 个指标。[1]

(二)产业结构指标

产业结构的状况和转换能力,不仅可以反映区域经济社会的发展阶段、区域在区际经贸联系和分工中的相对地位,也决定着区域经济增长的速度和效果,而且在很大程度上决定着自身随经济增长而逐步高度化的能力。选取了二产产值占 GDP 比重、三产产值占 GDP 比重,共 2 个指标。

(三)生活水平指标

居民收入是居民生活水平的直观体现。选取城镇居民人均可支配收入、农民人均纯收入,共 2 个指标。

表 7-1 恩施州经济社会发展综合评价指标体系

一级指标	二级指标	单位	变量
经济发展指标	人均 GDP	元	X 1
	人均工业总产值	元	X 2
	人均地方财政收入	元	X 3
	人均社会消费品零售总额	元	X 4
	投资率	%	X 5
产业结构指标	二产产值占 GDP 比重	%	X 6
	三产产值占 GDP 比重	%	X 7
生活水平指标	城镇居民人均可支配收入	元	X 8
	农民人均纯收入	元	X 9

二、用因子分析法进行实证分析

因子分析就是用少数几个因子来描述许多指标或因素之间的联系,

---

[1] 余际从、李春香:《内蒙古大兴安岭中南段资源接替选区经济社会调查分析与评价》,《中国矿业》2008 年第 3 期。

以较少几个因子反映原资料的大部分信息的统计学方法。采用SPSS17.0软件进行计算和分析。依据统计年鉴,原始数据见表7-2。

表7-2　因子分析原始数据表

指标变量	单位	恩施州	宜昌市	湖北省	全国
X 1	元	7159	25445	19860	22640
X 2	元	1519.2	13755	8691	11007.59
X 3	元	1024.9	4929	2343	4357.01
X 4	元	2372.6	9685	8695	8169.15
X 5	%	55.93	50.99	51.18	57.3
X 6	%	25.3	53.71	43.81	48.62
X 7	%	38.8	32.95	40.48	40.7
X 8	元	9446	11733	13152.86	15781
X 9	元	2519	4686	4656.38	4761

资料来源:根据2012年《恩施州统计年鉴》、2012年《湖北省统计年鉴》整理。

三、数据处理

对原始数据进行标准化处理后,计算相关系数矩阵的特征值、贡献率、累计贡献率,按照特征值大于1、累计贡献率大于85%的原则,提取前3个因子,分别为F1、F2、F3(见表7-3)。

表7-3　主因子的特征值、贡献率和累计贡献率

因子	特征值	贡献率	累计贡献率
F 1	5.096	56.627	56.627
F 2	2.103	23.365	79.993
F 3	1.420	15.775	95.768

由表7-3可以看出,3个主因子的特征值均大于1,并且累计贡献率为95.768%,说明这3个主因子已经基本反映了样本的大部分信息。

四、建立因子载荷矩阵

对提取的 3 个主因子 F 1、F 2、F 3 建立原始载荷矩阵,但此时各因子的典型代表量不是很突出,不便于对因子解释,所以对原始因子载荷矩阵进行方差极大正交旋转,旋转后的矩阵见表7-4。

表7-4 正交旋转因子载荷矩阵

变量	指标名称	F 1	F 2	F 3
X 1	人均 GDP	0.947		-0.303
X 2	人均工业总产值	0.929	-0.129	-0.317
X 3	人均地方财政收入	0.925		-0.368
X 4	人均社会消费品零售总额	0.899	-0.191	0.388
X 5	投资率	0.884	0.379	-0.272
X 6	二产产值占 GDP 比重	0.233	0.971	
X 7	三产产值占 GDP 比重	-0.333	0.892	0.200
X 8	城镇居民人均可支配收入	-0.140		0.936
X 9	农民人均纯收入	-0.359	0.383	0.733

由旋转后的因子载荷矩阵可以看出,F 1在人均 GDP(X 1)、人均工业总产值(X 2)、人均地方财政收入(X 3)、人均社会消费品零售总额(X 4)、投资率(X 5)有较高载荷,因此 F 1反映了经济实力状况。F 2在二产产值占 GDP 比重(X 6)、三产产值占 GDP 比重(X 7)有较高载荷,因此 F 2 反映了产业结构的状况和转换的空间能力。F 3在城镇居民人均可支配收入(X 8)、农民人均纯收入(X 9)上有较高载荷,因此 F 3反映了城乡居民的生活状况。

五、计算各主因子得分值

经计算得到因子得分系数表,并建立因子模型,再将各地区的具体原始数据代入得分模型,便得到各地区的得分值。然后,再以各因子的信息贡献率(等于各因子的方差贡献率与三个主成分的累计贡献率的比值)作为权重,计算各地方的综合测评得分,并根据综合测评得分进行排序(见表7-5)。

表7-5　各地区社会发展状况的因子得分及排序

地区	F1得分	排序	F2得分	排序	F3得分	排序	综合得分	排序
恩施州	0.620623	5	0.540560	1	0.570126	5	0.592765	5
宜昌市	1.497229	1	0.418679	3	0.636969	4	1.092371	2
湖北省	1.285984	3	0.249244	5	0.799967	2	0.952975	3
全国	1.481178	2	0.342313	4	0.900839	1	1.107714	1

六、分析与评价

由综合得分可以看出,恩施州总体得分是0.592765,远低于宜昌市和全国的综合得分,说明恩施州的经济社会发展水平,远不及全国和宜昌市。从其余三个主因子得分结果来看,在第一主因子F1上,恩施州的得分远低于宜昌市、湖北省和全国的得分,说明恩施州的经济实力远不及宜昌市、湖北省和全国的平均水平;在第二主因子F2上,恩施州的得分高于宜昌市、湖北省和全国的得分,说明恩施州的产业结构调整和转换能力很强,强于宜昌市、湖北省和全国的平均水平;在第三主因子F3上,恩施州的得分低于宜昌市、湖北省和全国的得分,说明恩施州城乡居民生活状况不及宜昌市、湖北省和全国的平均水平。

第二节　恩施州与武陵山片区三次产业发展速度的横向比较

武陵山片区地处祖国大陆的腹心地带,具体为长江三峡以南、洞庭湖以西、乌江以东、雪峰山以北。武陵山是褶皱山,长420公里,一般海拔高度1000米以上,最高峰为贵州的凤凰山,海拔2570米。山脉为东西走向,呈岩溶地貌发育,主峰梵净山在贵州的铜仁地区,是我国第二级阶梯向第三级阶梯过渡的地带,自古就是中原文化与西南少数民族文化的交会地,是我国中西结合部、发达地区与欠发达地区的分水岭,是承东启西、西进东出的重要缓冲地带,是全国 18 个贫困片区之一。在这里我们选取了与恩施州具有同根、同源、同脉、同质的黔江地区、湘西地区、张家界地区、怀化地区、铜仁地区,共分为 2 个时段(以 2009—2010 年为第一时段,以 2011—2012 年为第二时段),从 3 个层面进行比较分析。

一、2009—2010 年第一时段三次产业比较分析

(一)产业结构层次低

目前,恩施州三次产业发展速度虽然高于全国、全省及武陵山片区平均水平,但产业结构层次较低,具有典型的资源型、初级化特征。转变发展方式,调优产业结构,推进跨越式发展任务艰巨。从三次产业结构层次看,第一产业比重过大,第二产业"腿短",第三产业滞后。第一产业占 GDP 的比重高出全国 20.5 个百分点,比全省高 17.1 个百分点。烟叶、茶叶、蔬菜、药材、干鲜果、魔芋六大特色农业主导产业种植面积只占农作物总播种面积的 52.6%。畜牧产业中耗粮型比重大,草食型比重小。生猪占主导地位,产值占畜牧业总产值的 86% 以上,而草食大牲畜和羊产值仅占畜牧业总产值的 5%。林业产业自然生态林比重大,用材林、经济林比重小,生态效益与经济效益不协调。农产品加工业发展滞后,加工业产值与农业产值之比仅为 1∶1,而发达地区已达到 3∶1。第二产业占 GDP 的比重比全国低 18.2 个百分点,比全省低 20.4 个百分点,比黔江区低 24.8 个百分点。规模以上工业中,重工业产值占工业总产值的 50.3%,农产品加工业产值占到工业总产值的 44.2%,矿产开采及采选业占工业总产值的 8.5%。第三产业占 GDP 的比重比全国低 2.4 个百分点,比张家界低 21.8 个百分点。传统服务业发展仍占主导地位,旅游业发展刚刚起步,旅游业综合收入只占第三产业增加值的 35.5%(见表 7-6)。

表7-6　2010年恩施州与武陵山片区三次产业发展速度及结构对比

分项	分产业	全国	全省	恩施州	湘西州	张家界	怀化市	黔江区	铜仁
各产业增加值	人均GDP（元）	29748	27339	10327	12040	16017	14379	22500	11017
	第一产业（亿元）	40497	2147.00	107.65	49.37	31.23	97.73	10.66	94.79
	第二产业（亿元）	186481	7764.65	100.92	121.21	60.07	288.90	53.56	77.22
	第三产业（亿元）	171005	5894.44	142.56	132.87	151.19	288.59	35.91	121.61
产业增长幅度(%)	人均GDP	16.3	21.8	22.4	7.7	18.5	19.4	24.4	63.3
	第一产业	4.3	4.6	5.0	4.1	4.1	4.4	6.1	7.0
	第二产业	12.2	21.1	22.7	6.6	19.9	20.9	28.9	18.2
	第三产业	9.5	10.1	14.9	11.0	14.4	12.9	11.2	15.0
占GDP的比重(%)	第一产业	10.2	13.6	30.7	16.3	12.9	14.5	10.6	32.3
	第二产业	46.9	49.1	28.7	39.9	24.8	42.8	53.5	26.3
	第三产业	43.0	37.3	40.6	43.8	62.4	42.7	35.9	41.4

资料来源:根据武陵山片区各地区2010年统计年鉴资料整理。

（二）产业总体规模小

特色产业总体规模较小,产业化、集群化发展水平不高,第一、第二、第三产业中还没有突破100亿元大关的主导产业。从特色农业看,六大特色主导产业基地面积均未达到100万亩,规模养殖比重只占养殖总规模的25%左右。农业产业化经营水平低,农业产业化龙头企业数量少,经营规模小,经济实力弱。从136家州级重点龙头企业来看,平均每个企业资产总额仅2722万元;平均每个企业年销售收入2663万元,过5亿元的企业还没有。最大的龙头企业恩施市九洲牧业公司年销售收入 2.7 亿元，只相当于全省最大企业年销售收入的 7.7%。从特色工业来看，工业基础薄弱，生产集中度低，企业规模小。2010 年恩施州 556 户规模以上工业企业中，产值过 10 亿元的仅有湖北中烟恩施卷烟厂、州电力总公司、水布垭电厂 3 家，产值 1 亿元至 10 亿元的只有 37 家，产值 5000 万元至 1 亿元的只有 38 家，产值 3000 万元至 5000 万元的只有 65 家。产值过亿元的企业占比仅为 7.19%，3000 万元至 1 亿元的企业占比为 18.53%，3000 万元以下的企业占比为 74.28%。从六大特色支柱工业企业数量看，恩施州 556 户规模以上工业企业中，采矿行业 91 家、食品行业 208 家、电力行业 50 家、烟草行业 3 家、建材行业 39 家、药化行业 31 家，产业集群优势尚未形成。从生态文化旅游业来看，虽然近几年发展较快，但由于起步较晚，总体开发层次低，民族文化旅游品牌不够响亮，经营较为粗放，与现代旅游业发展的要求相差较远。这主要表现在：高品位的旅游资源没有转化成高品位的旅游产品，缺乏吸引市场眼球的旅游景区，旅游景点没有串联成精品旅游线路，旅游企业普遍实力不强，缺乏龙头企业和省内知名的大型旅游企业集团；缺乏大规模旅游团队的接待场所，目前恩施州还没有专门接待旅游团队的游客中心或集散中心；旅游人才队伍建设有待进一步加强。

（三）产业关联度低

从三产融合情况看，第一产业仍占较大比重，第二、第三产业发展不快，对第一产业的拉动作用不强。从农业内部看，部分产业产、加、销、储（藏）、保（鲜）、运脱节，没有形成产业链或产业链短小。农产品标准化程度低，生产基地与企业之间连接不紧密，农民与企业之间没有形成稳定的利益共同体。从工业内部看，产业相对零散，企业之间缺乏有效的分工协作，大企业难以发挥规模优势，中小企业专业化协作不强，产业配套能力差，产业集群弱小，集聚效应难以发挥。从旅游业看，产业发展六要素不配套，旅游产业链还没有真正形成。

二、2011—2012 年第二时段三次产业比较分析

根据表 7-7 中的数据,对 2012 年的数据进行比较可以发现:第一,在 GDP 年均增长速度上,恩施州与其他地区比较,包括与全国的比较来看,恩施州是最低的,只有 6.3%,同倒数第二的怀化市相比相差 1 倍(怀化市 GDP 的年均增长速度是 12.6%),与全国相比,也相差 5.1 个百分点,这充分说明了恩施州整体经济实力与周边地区差距还很大;第二,从三次产业(年均增长速度)看,恩施州三次产业的年均增长速度相比其他地区都是最低的,特别是第二产业的增长速度还为负数,这说明恩施州各个产业的发展能力和水平都不及其他地区;第三,从全国平均比值看,除了第一、第三产业略高之外,在第二产业上与全国平均差距较大,这充分说明了恩施州的产业发展任重道远。

表 7-7   2012 年武陵山片区 GDP 及三大产业发展速度对比

分项	分产业	黔江区	恩施州	湘西州	张家界	怀化市	铜仁	全国
年均增长速度(%)	GDP	16	6.3	15.9	14.6	12.6	14	11.4
	第一产业	9.3	4.2	5	5.2	5.2	8.5	3.7
	第二产业	23.3	-0.1	22	13	17	18.6	13.4
	第三产业	13.8	13.0	16	17.8	13.1	17.3	11.4

资料来源:根据武陵山片区各地区 2012 年统计年鉴资料整理。

通过数据(见表 7-8)可以看出:恩施州的三次产业结构比明显不及湘西州、张家界和怀化地区,也就是说,黔江区、恩施州和铜仁地区的产业结构优化任务明显要重于其他地市区。就各地区而言,铜仁地区的第一产业比重最高,恩施州次之,黔江地区位居第三,怀化地区排在第四,湘西州和张家界随后。黔江区和湘西州的第二产业占 GDP 比重达到 40% 左右,怀化地区的比重超过 30%,余下地市区均在 25% 左右。在民族自治地方中,张家界的第三产业占 GDP 的近 6 成,湘西州和怀化市比较接近,都超过了 40%,而黔江区、恩施州和铜仁地区的第三产业急待加速发展。总体来说,无论是恩施州,还是其他民族自治地区,产业结构优化升级迫在眉睫。

表 7-8　武陵山片区 2012 年三次产业占 GDP 比重　　（单位:%）

分产业	黔江区	恩施州	湘西州	张家界	怀化市	铜仁
第一产业	23.98	37.7	18.8	16.8	23.6	39.4
第二产业	40.39	23.6	40.6	23.8	33.2	26.2
第三产业	35.63	38.7	40.6	59.4	43.2	34.4

资料来源:根据武陵山片区各地区 2012 年统计年鉴资料整理。

第三节　恩施州与全国三次产业结构比重横向比较分析

在统计分析中,折线图常用来说明数据随时间的变化趋势、多组数据间的关系。因为在折线图中,数据是递增还是递减、增减的速率、增减的规律(周期性、螺旋性等)、峰值等特征都可以清晰地反映出来。同时,用它来分析多组数据随时间变化的相互作用和相互影响也很方便[①]。为了增强统计分析的科学性,我们扩大了数据的选取范围,选取 1998—2012 年这 15 年(图中横坐标指的是第几年,其中 1998 年是 1,然后依次到 15)的统计数据进行整理分析,得到折线图 7-1、图 7-2。

通过对折线图 7-1 进行观察分析,我们可知 1998—2012 年间我国三次产业比重的发展趋势,一次产业比重在这 15 年间表现为下降的趋势,而二次产业比重在这 15 年间整体小幅波动、稳定发展,三次产业比重在这 15 年间体现的是增长的趋势。

通过对折线图 7-2 进行观察分析,我们可知 1998—2012 年间恩施州三次产业比重的发展趋势,在这 15 年间,虽然 2005 年恩施州一次产业比重相比 2004 年增长了,但整体呈现下降的趋势,而恩施州二次产业比重在这 15 年间呈现整体小幅波动、稳定发展的趋势,虽然 2005 年恩施州三次产业比重相比 2004 年下降了,但整体呈现出增长的趋势。

---

① 邓艳红、李容:《重庆市社会经济发展的实证分析》,《数理统计与管理》2002 年第 11 期。

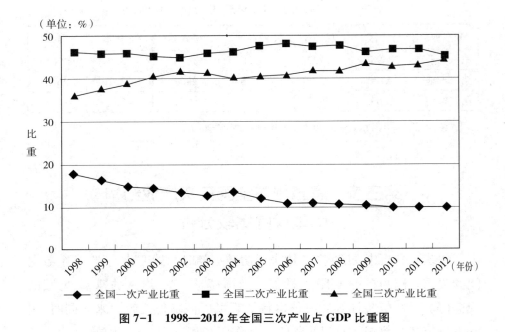

图 7-1　1998—2012 年全国三次产业占 GDP 比重图

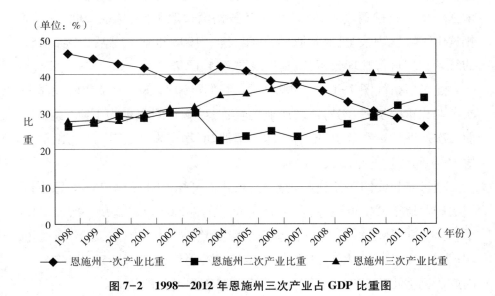

图 7-2　1998—2012 年恩施州三次产业占 GDP 比重图

　　我们根据图 7-1、图 7-2 的数据分析,可知全国第一产业比重呈现逐渐下降的趋势,第二产业稳定发展,第三产业相对而言在稳定发展的同时有所上升。与恩施州进行横向对比分析,可以看出,恩施州第一产业比重整体上呈现持续下降的趋势,从 2008 年开始不再是恩施州的主导产业,但是相对全国的平均水平来说,恩施州第一产业所占的比重仍然较高。恩施州第二产业总体上呈现出稳定增长的趋势,但是增长的速度相对较慢,第二产业的比重仍然不高。恩施州第三产业呈现出加速增长的态势,增长速度远远超过了全国的平均水平,探究其原因,主要是基于近年来恩施州立足生态文化旅游资源,大力推进以生态文化旅游资源开发为主导的第三产业的发展,促进了恩施州第三产业的迅速发展,逐步取代农业成为恩施州的主导产业。

第八章　恩施州产业结构优化升级与绿色转型的 SWOT 分析

第一节　恩施州产业结构优化升级与绿色转型的 S 分析

一、经济总量大幅提升

恩施州生产总值由 1983 年的 9.14 亿元增加到 2012 年的 482.19 亿元,增长了 53 倍;全社会固定资产投资由 1.7 亿元增加到 406 亿元,增长了 239 倍;地方公共财政预算收入由 0.9 亿元增加到 40.4 亿元,增长了 45 倍;社会消费品零售总额由 4.2 亿元增加到 183 亿元,增长了 44 倍。

二、交通基础设施条件根本性改善

随着宜万铁路、沪渝高速公路建成通车,土苗儿女实现了"通铁路、通高速"的百年梦想,渝利铁路、宜巴高速、恩来高速、恩黔高速等一批重大项目的建设,恩施机场二期扩建工程的完工,使恩施州交通基础设施得到根本性改善。2012 年,恩施州公路通车里程达到 18947 公里,是建州时期 4786 公里的 4 倍;国省干线从 1983 年的 1046 公里增加到目前的 3354 公里。

三、人民生活水平显著提高

发展的最终目的是为了让人民群众过上好日子。近年来,恩施州集中精力、财力,加大民生投入,实施了一大批社会发展项目,办成了许多多年想办而没有能力办成的事,解决了一批事关人民群众切身利益的突出问题。农民人均纯收入由 1983 年的 256 元增加到 2012 年的 4571 元,增长了 18 倍;城镇居民人均可支配收入由 675 元增加到 15058 元,增长了 22 倍。

四、教育教学条件连年改善

继恩施民族高中新建之后,清江外国语学校、巴东县一中、恩施市三中等教育基础设施项目相继竣工,恩施州的教育教学条件连年改善。医疗服务水平连年提升,建成了武陵山片区规模最大、设施最优、技术最精的州中心医院,多方筹集资金对恩施州 6 个县级综合医院、2 个县级中医院、8 个县级妇幼保健院、81 个乡镇卫生院、1454 个村卫生室进行了改扩建。社会保障覆盖面连年扩大。目前新型农村合作医疗参合率达到 96%以上;恩施州 8 个县市全部被纳入国家城乡居民社会养老保险试点范围,率先在全省实现县市全覆盖;完成了 2054 个村的整村推进,对 3.1 万户、12.3 万人实施了扶贫搬迁,累计减少贫困人口 83 万人。[1]

五、特色产业体系基本形成

建成了独具特色的农产品生产基地。恩施州特色农业基地达到 500 多万亩,是湖北省最大的烟叶、茶叶、高山蔬菜基地和全国重要的商品药材基地。建成了独具特色的工业体系。湖北中烟恩施卷烟厂、清江水布垭电站、齐岳山风电站等一批重点工业项目相继竣工投产,形成了食品、能源、烟草、药化、建材、矿产六大支柱工业。建成了独具特色的生态文化旅游景点集群。形成了由 1 个 5A 级景区、10 个 4A 级景区组成的高等级旅游景区集群。2012 年恩施州旅游接待人次达到 2200 万人次,实现旅游综合收入 120 亿元。三次产业结构由 1983 年的 57∶21∶22 调整为 2012 年的 26∶34∶40,产业结构更趋合理。[2]

---

① 恩施州统计局:《恩施州统计年鉴 2012》,中国统计出版社 2012 年版。
② 恩施州统计局:《恩施州统计年鉴 2012》,中国统计出版社 2012 年版。

六、生态环境大幅改善

30年来,从建州初期的"以林为主"战略,到后来的"生态恩施"建设,再升级到目前的"生态立州"发展战略,恩施州在经济社会取得快速发展的同时,依然处处绿水青山、蓝天白云,生态文明建设也取得明显成效,森林覆盖率从1983年的39.9%,增长到2012年的60.43%,森林面积达到1600万亩,真正实现了特色开发、绿色繁荣、可持续发展。

七、特色农业成效显著

2012年恩施州农业增加值达到124.91亿元,是1983年15.5亿元的8.06倍;恩施州农民人均纯收入达到4571元,是1983年256元的17.86倍。恩施州特色农业产值占农林牧渔业总产值的86%,占农民家庭经营收入的45%以上,成为农民增收的主要来源。

八、新型低碳工业迅速发展

30年来,恩施州充分发挥比较优势,推进水能资源开发和农产品精深加工,工业经济迅速发展壮大,结构不断优化,形成了食品、能源、烟草、药化、建材等支柱工业,工业经济呈现总量扩大、效益提升的良好势头。

2012年恩施州实现工业增加值133.3亿元,其中306家规模以上工业企业实现增加值100.8亿元,首次突破百亿元大关。恩施州支柱工业增加值达到88亿元,占规模工业增加值的87%。电力生产、烟草制品及农副食品加工3个行业增加值均过10亿元。

恩施州有近400年的烟草种植历史,大规模烟叶种植已有40年之久。20世纪80年代中期,恩施州形成了以烟叶复烤、卷烟工业为龙头的烟草产业链,为新型工业播下了希望的火种。恩施州烟叶年收购量稳定在150万担左右,年产卷烟10万箱以上。2012年,卷烟税收对恩施州财政的贡献达49.2%,卷烟产业已成为恩施州的重要支柱产业。

恩施州在水电项目开发中坚持实施"股份开发、开放开发、流域开发、滚动开发、网源配套开发"的办电方针,抢抓国家实施"还本付息电价政策"的发展机遇,大力吸引外来资金,全面推进电源开发,实现了由中小型向大中型水电开发的历史性跨越。

九、生态旅游蓄势待发

截至 2012 年,恩施州建设重点旅游项目达到 26 个,规划总投资近 35 亿元。恩施大峡谷、腾龙洞、坪坝营、神农溪、野三河、水布垭、巴人河、唐崖河等一批重点景区得到深度开发。目前已形成了以恩施州城为中心,方圆 80 公里内的"1+10"(1 个 5A 景区、10 个 4A 景区)高密度、高 A 级旅游景区集群。随着旅游业的发展壮大,恩施州旅游市场开拓开始立足于大区域、大产品推介,恩施旅游逐步走向全国、走向世界。2011 年,恩施州捆绑 2000 万元用于旅游推介,先后在武汉、重庆等地投放了公交、轻轨和电视广告,还在北京、上海、武汉、台湾等地进行了旅游推介。

2012 年 11 月,恩施州形象片首次在"世界的十字路口"——美国纽约时报广场的中国屏播放,恩施这颗美丽的"绿宝石"呈现在国际舞台。为了促进旅游业的大发展,恩施州不遗余力地改善交通等旅游基础配套设施,大旅游、大发展的格局正在形成。"十二五"期间,恩施州将建成一条连接核心景区的省际生态旅游示范公路(恩施大峡谷绿色旅游公路),连接大峡谷、利川腾龙洞、咸丰坪坝营、清江画廊、巴东神农溪等核心旅游景区,实现 4A 级以上旅游景区全部通二级公路。

第二节 恩施州产业结构优化升级与
绿色转型的 W 分析

一、缺乏有利的政策环境

民族自治地方的外部环境不利于产业的发展,主要表现在:第一,观念和认识滞后。对市场经济的内涵认识不到位,对企业家关怀、支持不够。在市场打造上热衷于工业园区建设,没有在建"市"的基础上建"场"。在社会公众方面,一些人的计划经济观念根深蒂固,在就业选择、投资创业等方面对龙头经济还存在担忧和歧视的现象。第二,政策落实不到位。近几年来,各级党委、政府为鼓励、支持地方经济发展,制定和出台了不少优惠政策,但因地方财政紧张,缺乏配套措施,加上落实优惠政策必然触及部门利益,所以层层受阻,致使不少政策"空调",难以落实到位,甚至经常发生乱收费、乱罚款和乱摊派现象。第三,资金支持力度不够。长期以来,商业银行受体制、管理和观念的影响,对本地企业心存戒备,贷款门槛较高,而担保机构的业务也极不成熟,部分企业由于贷款很难,成本很高,一些已经拿到的订单往往只好放弃,资金匮乏成为民族自治地方特色产业进一步发展的主要瓶颈。

二、政策机制不健全

产业的发展必然要有一定的政策体制作为保障,然而,民族自治地方的产业发展中存在着政策不明、体制不健全等现象,主要表现在:第一,民族自治地方市场经济运行机制严重滞后。民族自治地方的市场经济运行机制发育滞后主要表现在市场发育严重滞后,虽然近几年,民族自治地方的经济发展很快,但竞争局面远远没有形成。供给和需求的双重短缺仍然普遍存在,使得民族自治地方的发展对外部环境依赖非常大。尤其是原材料的加工、运输流通、销售等环节与生产种植脱节,产业的发展受到了严重的影响。第二,民族自治地方的产业经济发展战略实施很不规则。近几年来,民族自治地方政府相继制定了地方性的产业经济发展战略,但在实施过程中,既缺少必要的相关规则,也缺乏针对性,由于战略的无约束性和追求效应的短期性,变换比较频繁。

一是政治体制的障碍。在政治体制上缺乏对农民合法权益的保障机制。在政治体制安排上,没有能够切实维护农民合法权益的政治组织,比如工人有工会,农民则没有农会。农民的政治主体地位不明确,没有在政治上充分肯定农民的国家主体地位。二是经济体制的障碍。在经济体制上,农民的地权与林权没有完整意义上的使用权,国家和政府在涉及土地与林地问题的时候很少能够遵从农民的意愿。同时,家庭联产承包责任制在实际生活当中的变迁,固化了农民的小农地位。在经济政策上,多年来对农民和农村管制的多,支持的少。三是社会管理体制和社会保障体制的障碍。在社会管理体制上,农民的公民地位不完整,城市居民和农村居民的划分,导致农村居民公民权益的不平等。这种城乡二元制的社会管理,实际形成了对农村居民的法律歧视,并使社会形成了分裂,社会居民分裂成了"市民"和"农民",不利于社会的和谐发展。

三、人才培养和储备欠缺

人才是经济发展的重中之重,而民族自治地方在经济发展中也面临着严峻的人才瓶颈,主要表现在:第一,青壮年人才外流。一方面,恩施州经济落后,急需各方面的人才;另一方面,由于与经济发达地区的差距悬殊,民族自治地方有文化的青年劳动力,纷纷外流,造成了"经济不发达—人才外流—人才奇缺—技术落后—经济不发达"的恶性循环。据不完全统计,民族自治地方有近 380 万人民生活在农村,劳动力近 180 万人,其中外出务工人员 68 万余人,占劳动力总人数的 38%,有些地区高达50% 之多。第二,待遇偏低。丰厚的待遇是稳定人才队伍最基本的条件,民族自治地方地处西部,经济落后、思想不够解放、平均主义相对严重,导致高层次人才待遇不高,很难留住人才。第三,对人力资源的投资不足。民族自治地方人力资源投资严重不足,这一点充分体现在教育投资不足上。近年来,教育经费的绝对数有所增加,但地方财政困难,总量投入相对不足,严重影响了民族自治地方教育的发展。

一是文化知识的障碍。文化教育的缺乏,导致农民缺少必要的科学文化知识,而缺少科学文化知识,必然导致农民的愚昧和落后,不少农户想致富,无门路,"夜夜想的千条路,白天依然现门头"。二是思想意识的障碍。受传统思想观念的影响,从总体上讲农民是趋于保守的,"一亩地,两头牛,老婆孩子,热炕头",这是小农思想的典型写照。同时,对新农村建设的理解很多局限于上级给点物资给点钱,思想认识上未跟上去。与全国尤其是东中部省区相比,制约恩施州产业优化升级的还有科技人才和各类应用型人才严重短缺,一方面是由于自身的教育落后,重视不够、投入不力、师资缺乏、设施简陋、体系不健全、机制不灵活,由此形成本土人才匮乏、人才储备不足;另一方面是人才的流失问题,大量高学历、高职称的教育科研人员和专业技能人才纷纷流出本地,一批实用技术人才也相继前往沿海经济发达地区,造成人力资本短缺的现实困境。

四、市场要素体系不健全

市场要素体系是一个不可分割的有机统一体,包含交易对象、交易主体、交易机制等。按产品的自然属性划分,市场可分为商品市场、金融市场、劳动力市场、技术市场、信息市场、房地产市场等。民族自治地方的区域要素市场还不完善,产业发展受到限制,如交易对象的贫乏、交易主体的错位等。政府的管制还比较多,市场机制发展滞后,加大了交易成本。由于产权不明晰,或者产权纠纷,使一些交易无法通过市场来完成,或者在这些领域市场无法形成。当前,民族自治地方发展深层次约束就是产权约束,在房地产市场、金融市场以及企业改制中出现较多问题,重要原因就是在这些领域还没有形成一个有效的产权制度。民族自治地方市场体系的这些发展限制因素,阻碍了生产要素在州内和州外的合理流动,使得民族自治地方地区区域产业结构趋同、恶性竞争,导致区域特色经济难以形成,区域发展能力下降。

五、产业发展筹资渠道狭窄

资本是产业生存和发展的关键因素。然而,民族自治地方自我积累率低,外源性资本的供给不足,筹资渠道相对狭窄,主要表现在:第一,各产业筹资能力极不平衡,并有进一步扩大的趋势。从财政对各个产业的投入构成看,虽然州、县(市)加大了对农业的投入,但无论是经费的基数还是经费的增长速度都低于第二、第三产业投入。第二,产业发展筹资手段单一。民族自治地方筹资的市场化程度低,在民族自治地方产业发展资金来源中,利用市场化手段筹资所占的份额很少。民族自治地方社会资金短缺,产业发展的资金供给的主渠道是政府。通过合理合法的方式向社会和个人集资的极少,并缺乏有效的激励机制。

信贷结构内生于银行对利润目标的追逐,在短期利益的驱动下,银行信贷结构呈现出信贷投放集中的特征。银行对技术创新和高风险行业的惜贷现象普遍,由于引进的信用担保机制的不完善,银行基于信贷风险控制,通常不轻易支持这类行业的资金借贷。恩施州有工、农、建、邮储、农村信用社等主力银行,也引进了几家股份制商业银行,但是银行类金融主体依然比较单一,州域内的产业发展获得资金支持困难,产业结构升级与转型难度较大。特别是农业的信贷支持力度不够,出现了农业信贷资金的非农化,农业信贷资金流向非农产业,导致农业生产缺乏资金的支持。

六、产业间关联度偏低

产业关联度是指产业之间以各种投入品和产出品为纽带的经济技术联系方式,是循环经济发展的前提条件和重要表现。民族自治地方产业关联度低主要表现在:第一,民族自治地方第一、第二、第三产业之间联系不太紧密。比如粮食转化产业发展滞后,农作物精深加工不足是突出表现。在区域经济发展过程中,当农业完成数量扩张,供求之间矛盾的主要方面由供给转向需求之后,农业的进一步发展主要取决于工业或者农产品加工业。然而,民族自治地方工业的发展近几年主要依靠电力、建材、矿产和药化业的发展,与农业发展的关联度不是很高;而且工业的发展对农业发展的促进作用也不是很强,主要靠的是地方自然资源的优势进行工业的发展,因此,农业、工业以及第三产业之间关联度低,致使区域性的第一、第二、第三产业之间出现许多的不协调,甚至有时还会发生冲突。第二,产业内部各行业之间也缺乏关联性。经济要想持续稳定健康的发展,既包括第一、第二、第三产业间协调持续的发展,同时也包括产业内各行业之间协调持续的发展,这是循环经济发展的基本要求。

因此,建立在各产业内生态物质流、能源流、信息流和技术流基础之上的各个产业内部各个行业间的协调与稳定是循环经济发展的重要基础。这说明了产业内部各个行业间关联性越好,其相互之间的协调性越好,则各产业内生态物质流、能源流、信息流和技术流越畅通,循环经济的发展越好。然而,从民族自治地方各产业内发展的基本情况来看,各产业内各个行业间的协调性还很不够。

七、缺乏支柱性龙头企业

恩施州龙头企业无论是在数量上还是在规模上都偏小,实力弱,企业自我积累、自主发展和创新能力不强,技术、装备、营销水平落后。其主要表现在:一是龙头企业规模普遍较小。恩施州只有唯一一个国家级重点龙头企业,仅有10个省级重点龙头企业,100余个州级龙头企业。这些企业中资产总额在1亿元以上的只有2家,5000万—1亿元的仅有7家。二是龙头企业对产业的带动力有限。这100余个州级及以上重点龙头企业带动农户数约54.6万户,仅占农户总数的四分之一,带动农户最多的只有4.3万户,大部分仅在0.4万—0.6万户之间。三是治理结构不完善。绝大部分龙头企业还主要是家族企业,容易出现决策不科学,管理不到位。

恩施州的特色农产品及加工制品,品质很好,但叫得响的品牌不多,尚没有全国著名商标、知名商标和驰名商标,仅有12个湖北省名牌产品和13个湖北省著名商标。名优品牌的欠缺直接导致了恩施州农产品的市场竞争力不强。同时,恩施州产品的品牌存在过多过滥的现象,仅茶叶品牌就有40多个。2012年年底,恩施州注册登记茶叶商标46件,只有5件商标获得湖北省著名商标,1个产品被评为湖北省名牌产品。与外地的名优产品相比,缺乏可比性和竞争性。另外,有一些外地客商从恩施州采购鲜叶、药材以及一些粗加工产品,然后通过精加工包装后,印上他们自己的品牌,价格就要翻上好几番。据调查,恩施州茶叶每亩平均产值仅1000元,比全国平均水平低114元,比浙江省平均水平低1158元。

龙头企业、农民专业合作组织、农业行业协会是发展农业、实现农业产业化的主体和核心。而恩施州的农民专业合作组织、农业行业协会大都处于初级发展阶段,主要表现在:一是规模不大、效益不高、带动力不强。目前恩施州农民专业合作组织自身规模较小,经济实力不强,服务功能较弱,带动力不强,还没有充分发挥提高农民组织化程度、带动农民增收的突出作用。二是内部管理水平不高。一些组织运行机制不很健全,没有实现真正的民主管理,成员联系较松散,章程、制度不规范或约束力不强,组织的规范化程度不高。三是成员素质不高,技术人才缺乏。农民专业合作组织的主体成员绝大多数是农民,文化底子薄,小农意识根深蒂固,新型合作理念和合作意识不强,缺乏搞市场经济必备的知识和经验,自我完善、自我发展、自我服务的能力较弱,驾驭市场风险的能力差,在很大程度上制约了农民专业合作组织的创新和发展。为了降低种植风险和市场风险给农民带来的损失,保障农民的最低保底收入,恩施州推出了独具特色的"企业+基地+农户"的订单农业经营模式。该模式的核心是农村龙头企业与农户签订合同契约,农户在农产品收获后必须按照合同契约规定以确定的价格,将一定数量的农产品出售给合同企业。由于合同企业与农户间的利益连接不紧,并且合同本身缺乏法律效力,再加上农民履行合同的意识较低,因此,常常出现农产品价格好,企业收不到产品,农产品价格不好,合同企业又必须亏本买单的现象,这直接影响了合同企业发展订单农业、办农业基地的积极性。

八、农业产业体系不完善

第一,恩施州许多特色农产品市场潜力大,但因市场问题尤其是国外市场开拓不够,外销量占总量的比重不足 5%。同时,恩施州农产品基地集散市场和专业批发市场建设严重滞后,基本上是以"路边市场""田头市场"为主体,在很大程度上严重制约着恩施州农产品批量外运外销。第二,农村旅游产业水平有待提升。一是农村民族文化产业亟待开发。恩施州是一个以土家族、苗族为主的少数民族自治州,民族文化丰富多样,蕴藏潜力巨大,但由于长期受到"文化搭台,经济唱戏"思想的误导,使得恩施州民族文化产业的发展一直处于被动和辅助地位,并且也没有受到政府的充分重视。二是旅游产业的相关基础设施有待完善。由于恩施州属典型的山区地形,景点分布相对分散,如何形成有效的旅游局域网络,需要完善相应的基础设施。第三,农业技术服务体系不健全。近年来,随着乡镇综合配套改革,农技服务中心人员的管理有了变化,这种变化不利于为农业以及农产品加工企业提供及时到位的技术服务。同时,民办技术服务体系发展滞后,而多元化的技术服务体系未形成,农业技术推广难落实。再加上为数不多的农技人员知识结构和技术水平比较弱,缺乏知识技能的及时更新,因此,发挥的作用非常有限。第四,农村融资渠道不畅。近年来,恩施州政策性银行、商业银行收缩了农村服务网点,而农村信用合作社的农村服务网点虽然数量众多,但其产权不明,实力不强,贷款额度有限,服务农业能力弱,使得农村资金外流严重。第五,农产品质量品牌意识不强,产业效益低。一是生产上大多没有按生产技术规程操作,标准化种植水平较低,导致产品质量差。二是不重视品牌建设,品牌效益低下。恩施州特色农产品商标品牌较多,但在国内外市场"叫得响"的极少。此外,大多未通过相关认证的产品包装上还标有"富硒""无公害""绿色"和"有机"等字样,以次充好,严重影响了恩施州特色农产品在市场上的声誉。第六,农产品检测体系不够完善,安全存在隐患。恩施州的农产品检测体系不够完善,主要表现在:一是检测经费缺乏,农产品的检测工作难以全面铺开;二是检测手段、技术落后,无法完全准确地检测农残;三是农产品质量安全存在多头或交叉管理的职能不明确现象,导致管理上的不协调;四是基地农户安全意识不强,大多种植户只管产量和效益,不管自己所生产的农产品质量是否安全。第七,畜牧业生产结构比较单一。恩施州发展草食牲畜具有得天独厚的条件,但长期以来,以千家万户散养为主的家庭养殖模式与市场联系不紧,并且存在诸多矛盾:一方面,恩施州畜禽养殖业中的90%以上是千家万户分散饲养,小生产与大市场的矛盾凸显,面对国内、国际两个市场的竞争,单个农户处于十分不利的位置;另一方面,畜牧业生产结构不尽合理,养猪业占据主导地位,其产值占牧业产值的85%以上,草食牧业和养禽业产值仅分别占10%和5%。第八,农产品特色板块基地缺乏规模优势。恩施州农产品特色产业化基地布局仍然较为分散,区域化、板块化、专业化格局尚未真正的形成,各板块基地产品呈现"多而全"的特征,缺乏导向性,主导产业的优势未得以充分发挥。同时,农业板块基地建设离不开资金的投入,基地规模的扩大、技术及装备水平的提高、配套基础设施建设、适用技术的推广,无一不需要资金的投入。而农村发展产业的资金基础大多比较薄弱,资金瓶颈成为制约农业特色板块基地发展壮大的关键因素。

第三节　恩施州产业结构优化升级与绿色转型的 O 分析

一、建设生态文明机遇

党的十八大明确提出全面建设生态文明社会、牢固建设树立生态观念的精神，国家生态建设示范县的实践，为恩施州带来了前所未有的崭新机遇。恩施州地处我国中西部结合地带，兼具生态敏感区和生态涵养区性质，生态地位极其重要，其"生态屏障和生态服务功能"将得到国家、省政府和长江中下游生态市场的高度重视。在全球气候变化和国家主体功能区划背景下，恩施州具有实施生态化发展战略、实现民族地区经济社会全面绿色转型的各种客观条件，率先探索民族地区的生态文明社会建设的道路和模式具有重要的理论意义和突出的示范作用。

二、产业转移机遇

经济全球化和区域经济一体化有利于资源与生产要素在空间上的合理配置，国土主体功能区的划分有利于产业在区域间的转移。在新一轮产业梯度转移过程中，随着恩施州交通基础设施的完善和信息化战略的实施，凭借其强大的生态优势、理想的气候条件、适宜的人居环境和独特的文化环境，完全有可能成为承接周边大都市劳动密集型产业的适宜地区，通过生态产业的聚集逐步形成武陵山片区的"绿色经济高地"。

三、市场需求机遇

国际金融危机将深刻改变世界经济格局和国际市场需求结构，"扩大内需调整产业结构"也将在很大程度上改变我国长期以来的产品供给和居民消费格局，国际国内市场需求将发生重大的结构性改变。有机食品、绿色食品、无公害食品备受消费者青睐,生态产品和生态服务消费成为未来消费主流,欧盟、东南亚等国际市场和武汉、重庆、长沙等周边市场对恩施州生态产品的需求必然呈倍增趋势,湖北省乃至全国绿色农业基地、低碳农业基地决定了恩施州突出的生态产品市场地位和巨大的生态经济效益份额。

四、政策集聚机遇

恩施州独享民族区域自治政策、西部大开发政策、促进中部崛起政策、新一轮扶贫政策,是全国少有的几大国策集中实施区域,是国家级政策试验创新的理想平台。民族地区农业政策试验创新基地的设立为恩施政策试验创新提供了制度平台,武陵山经济协作区为恩施政策试验创新提供了更大的地域空间,鄂西生态文化旅游圈战略的实施为恩施政策试验创新创造了优越的外部环境,湖北恩施经济开发区的设立为恩施政策试验创新注入强劲动力。

从政策支持层面看,主要有:国家深入推进西部大开发,实施新一轮扶贫开发,武陵山经济社会发展协作区建设上升为国家战略;省委、省政府支持恩施州建设全国先进自治州、湖北武陵山少数民族经济社会发展试验区建设、深入实施"616"对口支援工程。这些政策叠加机遇给恩施州经济社会发展注入了新的动力。

五、基础设施不断改善

由于恩施处在江汉平原与四川盆地之间和长江三峡库区,是长江中上游重要的生态屏障。恩施机场已开通波音737客机,具备全天候起降能力;长江黄金水道、沪渝高速公路、宜万铁路横贯境内,随着恩黔高速、恩来高速、安吉高速、利万高速和安恩张铁路、黔张常铁路等重大交通项目的实施,恩施将成为贯通我国中西部的重要通道。制约恩施州经济发展的交通瓶颈逐步得到改善,必将促进区域经济发展向高层次、宽领域、全方位整体推进。

第四节　恩施州产业结构优化升级与绿色转型的 T 分析

一、后危机时代经济结构调整与绿色转型的挑战

改革开放三十多年来,恩施州的经济发展成绩斐然,但在增长方式、产业结构方面也累积了大量矛盾。国际金融危机给我国经济带来前所未有的挑战,也使经济结构长期以来存在的深层次问题进一步显现。后危机时代应以"结构调整"为重点。危机冲击成为我国产业结构调整的一次良机,只有把握主流趋势,明确调整方向,把政府资源投放到关键环节,把社会资源引导到重点领域,才能实现结构调整的重大战略转折。

二、全球气候变化背景下节能减排与经济发展的挑战

随着经济的进一步发展,尤其是发展中国家经济发展水平的提高,温室气体的排放还可能会进一步增加。恩施州作为经济发展水平相对落后的地区,其能源利用效率明显低于发达地区的水平,因此在全球气候变化这个大背景下要驾驭好低碳经济的发展是个不小的挑战。在这个过程中,要处理好经济发展与气候变化的关系,做到健康发展。

三、生态文明建设进程中环境保护与资源开发的挑战

资源与环境是密不可分的整体,相互影响、相互制约,资源寓于环境之中。生态文明社会建设过程中必须把资源、环境作为一个统一体进行整体谋划、统一安排。以生态文明建设统领资源开发与环境保护,充分发挥区域资源环境优势,健全利益分配机制,推进科技创新和差别化管理,促进区域协调发展。优化资源配置要求,建立环境产权制度,形成生态补偿和环境有偿使用机制,改革完善有关资源环境配置相关利益分配政策,协调中央、地方和企业的利益关系。

四、经济发展过程中"三农"问题与统筹城乡发展的挑战

"三农"问题的核心是农民收入增长缓慢,与城镇居民可支配收入增长差距不断拉大。造成农民收入增长缓慢、城乡收入差距过大的原因是什么? 笔者认为城乡二元结构是其根本的制度性原因。它是以二元户籍制度为核心,包括二元就业制度、二元福利保障制度、二元教育制度、二元公共事业投入制度在内的一系列制度体系。二元结构使中国城乡形成巨大的反差。因此,取消城乡隔离政策和给予农民以公平的待遇,是解决目前"三农"问题的关键所在,而最根本的路径选择是统筹城乡发展。统筹城乡发展,实质就是把城市和农村的经济和社会发展作为整体统一规划,通盘考虑;把城市和农村存在的问题及相互关系综合起来研究,统筹加以解决。这是消除我国城乡二元结构,实现城乡互动互促互进,推进城乡协调发展的根本途径。

总体来看,恩施州发展面临的机遇大于挑战,必须牢牢把握机遇,积极妥善应对挑战,采取切实有效的政策措施,实施产业结构优化升级,促进经济社会又好又快发展。

第九章　恩施州产业结构优化升级与绿色转型综合评价

第一节　评价指标选取原则

对民族自治地方产业结构优化升级与绿色转型进行系统评价,建立科学系统的评价指标体系,必须遵循以下原则。

一、全局性原则

系统本来就是一个具有整体性含义的概念。民族自治地方产业结构优化升级是一个巨大的动态系统,由系统内众多的子系统要素按照一定比例、顺序进行有序的排列。民族自治地方产业结构优化升级的评价指标是对该系统进行全面、多层次、多角度的评价,必须把对产业结构优化升级的总体性评价放到首位。

二、客观性原则

产业结构优化升级所处环境不同,对应的其衡量标准理应有所不同。在市场经济条件下,如果要想客观真实地反映和监测产业结构优化升级过程,在选取评价指标的过程中一定要做到客观、公正,不能因为个人主观的东西影响了评价结果的真实可靠性。所以,具有客观数据支撑的指标是我们主要的选择对象。另外,如果能通过相应的计算,间接获得的指标数据也可以被采纳,要尽可能地去掉那些不可量化的指标。

三、优势性原则

产业结构优化升级过程中比较优势和竞争优势发挥的程度,决定了民族自治地方产业结构优化升级的力度和后劲。比较优势涉及的主要是区域间不同产业(或产品)的资源禀赋关系,而竞争优势则涉及同一产业(或产品)的市场竞争关系。比较优势强调区域间产业发展潜能,竞争优势强调产业发展的现实态势,因此产业结构优化升级的系统评价指标体系也要充分考虑这两种不同的优势效应。

四、可比性原则

现阶段我国的产业结构优化升级是指一定时期内,在一定的社会分工和社会需求基础上,产业技术密集度和知识含量的市场化实现程度不断提高的动态化过程。因此,民族自治地方产业结构优化升级要具有同一区域内不同时序的可比性以及不同区域内在同一时间横截面的可比性。这要求不同区域内相同产业衡量指标的计算口径具有一致性。

五、动态性原则

产业结构优化升级是协调化基础上的高度转换能力以及高度化过程中的协调化能力的实现过程,这种能力越强,说明产业结构优化升级效果越好。因此,产业结构优化升级表现出强烈的动态特征。产业结构优化升级的系统评价也要充分考虑到这种动态性特征,将同一指标在不同时段的变动作为衡量转换强度的评价指标。

六、导向性原则

产业结构优化升级过程不仅受市场经济体制的影响,而且受政府各种经济政策的影响,尤其是在政府主导经济力度较大的国家和区域,产业结构优化升级就更不能忽视政府的经济发展战略和产业发展政策。因此,产业结构优化升级系统评价指标的选取,要与国家、区域、部门等在不同时期内的主要战略方针和战略目标高度相关。[①]

第二节　评价指标选取方法

一、条件广义方差极小法

从统计分析的角度看,给定 P 个指标 $X_1,X_2,\cdots,X_p$ 的 n 组观察数据,就称为给了 n 个样本,相应的全部数据用 X 表示,即每一行代表一个样本的观察值,X 是 $n \times p$ 矩阵,利用 X 的数据,可以算出变量 x_i 的均值、方差与 X_i、X_j 之间的协方差,相应的表达式是:由 S_{ij} 形成的矩阵 $S = n \times p$ 称为 $X_1,\cdots,X_p$ 这些指标的方差、协方差矩阵,或简称为样本的协差阵。用 S 的行列式值反映这 P 个指标变化的状况,称它为广义方差,当 $p = 1$ 时,有 $S = S_{1i} = (x_i - \bar{x})^2$,所以它可以看成是方差的推广。可以证明,当 X_1,$X_2,\cdots,X_p$ 相互独立,广义方差 S 达到最大值;当 $X_1,X_2,\cdots,X_p$ 线性相关时,广义方差 S 的值是 0。因此,当 $X_1,X_2,\cdots,X_p$ 既不相互独立又不线性相关时,广义方差 S 的大小反映了它们内部的相关性。下面来考虑条件广义方差,将 $n \times p$ 矩阵式分块表示,也就是将 $X_1,X_2,\cdots,X_p$ 这 P 个指标分成两部分的和,分别记为 $X_{(1)}$ 与 $X_{(2)}$,S_{11}、S_{12} 表示 $X_{(1)}$ 与 $X_{(2)}$ 的协差阵。给定 $X_{(1)}$ 之后,$X_{(1)}$ 对 $X_{(2)}$ 的条件协差阵,从数学上可以推导得到 $S[X_{(1)}/X_{(2)}] = S_{22} - S_{21}S_{11}{}^{-1}S_{12}$ 式表示当已知 $X_{(1)}$ 时,$X_{(2)}$ 的变化状况。可以想到,若已知 X 后,$X_{(2)}$ 的变化很小,那么 $X_{(2)}$ 这部分指标就可以删去,即 $X_{(1)}$ 所能反映的,在 $X_{(2)}$ 中几乎都可得到,因此就产生了条件广义方差最小的删去方法。

---

① 陈胜:《民族自治地方产业结构优化升级评价指标体系研究》,湖北民族学院硕士学位论文,2013 年,第 33 页。

二、典型指标选取法

如果开始考虑的指标过多,可以将这些指标先进行聚类,然后在每一类中选取若干典型指标。典型指标的选取方法计算量比较大,用单相关系数选取典型指标计算简单,在实际中可依据具体情况选用。假设聚为同一类的指标有 N 个,分别为 $a_1, a_2, a_3, \cdots$。第一步计算 N 个指标之间的相关系数矩阵 R。第二步计算每一指标与其他 $n-1$ 个指标的相关系数的平方 r_i,则 $r_i - 2$ 粗略地反映了 a_i 与其他 $n-1$ 个指标的相关程度。第三步比较 $r_i - 2$ 的大小,若有 $(r_k - 2)_{max} \leq i \leq n(r_i - 2)$ 则可选取 a_k 作为 $a_1, a_2, \cdots, a_k$ 的典型指标。

三、定性指标的量化方法

在综合评价时,会遇到一些定性指标,通常总希望能给予量化,使量化后的指标可与其他定量指标一起使用。定性指标有两类:名义指标和顺序指标。名义指标实际上只是一种分类的表示,这类指标只能有代码,无法真正量化。而顺序指标可以量化,所以,本段只考虑顺序指标的量化。如果已将全部对象按某一种性质排出了顺序,我们用 ab 表示 a 优于 b,a 排在 b 的前面。全部对象共有 n 个,用 $a_1, a_2, \cdots, a_n$ 表示,现在的问题是,如何对每一个 a_i 赋予一个数值 x_i,x_i 能反映这一前后顺序。设想这个顺序是反映了某一个难以测量的量,例如一个人感觉到的疼痛程度,从无感觉的痛到有一点痛,到中等痛,一直到痛得受不了,比如分成 n 种,记为 $a_1, a_2, \cdots, a_n$。这个疼痛的量是无法测量的,只能比较而排出顺序。设想这个量 X 是客观存在的,可认为它遵从正态分布 N,于是 $a_1, a_2, \cdots, a_n$ 分别反映了 X 在不同范围内的感觉,设 x_i 是相应于 a_i 的值,由于 a_i 在全体 n 个对象中占第 i 位,即小于等于它的成员有 i/n,因此可以想到,若取 Y_i 为正态 N 的 i/n 分位数,即 $p = i/n, i = 1,2,3,\cdots,n-1$,那么,$y_1, y_2, \cdots, y_{n-1}$ 将分成 n 段。显然 a_i 表示它相应的 x_i 值应在这个区间之间,在内选哪一个比较好,自然要考虑概率分布,比较简便可以操作的方法就是选中位数,即 x_i 满足其中 X 服从 N 分布。于是,利用正态分布表可查出相应的

各个 X,这样就把顺序变量定量化了。[①]

第三节 评价指标体系设计

一、指标汇总表

产业结构优化升级系统评价是以系统思想为指导,统筹兼顾各产业子系统的局部性要求,从产业系统的整体性出发,对系统结构的升级能力和升级效果进行全面衡量。综合考虑评价指标建立的原则、筛选方法,在前人研究的基础上,将民族自治地方产业结构优化升级评价指标体系分为宏观和微观两个层次。其中,宏观层次指标对民族地区整个产业发展状况进行评价,主要包括产业结构合理化评价指标体系、产业结构高度化评价指标体系、产业结构绿色化评价指标体系。微观层次主要是对民族地区产业内部运行进行评价,主要包括反映产业运行状况的资源投入评价指标、资本运营评价指标、经营效益评价指标等(详见表9-1)。

表9-1 民族自治地方产业结构优化升级评价指标体系

一级指标	二级指标	三级指标	变量
产业结构合理化	三次产业结构比例		H_1
	产业结构有序度		H_2
	产业结构协调化		H_3
	产业关联度		H_4
	居民消费价格指数变化率		H_5

---

① 陈胜:《民族自治地方产业结构优化升级评价指标体系研究》,湖北民族学院硕士学位论文,2013年,第35页。

一级指标	二级指标	三级指标	变量
产业结构高度化	霍夫曼比例		G_1
	基础产业超前系数		G_2
	信息产业产值比		G_3
	金融业增长速度		G_4
	新兴产业产值比		G_5
	地区产业竞争力		G_6
	资源投入创新能力	研究开发投入强度	G_7
		非研究开发投入	G_8
	组织管理创新能力	获得创新资源能力	G_9
		战略创新能力	G_{10}
		机制创新能力	G_{11}
	技术创新研发能力	技术先进性指标	G_{12}
		新产品占比	G_{13}
	产品创新制造能力	技术装备先进性	G_{14}
		技术人员适应性	G_{15}
		标准化程度	G_{16}
	创新产品营销能力	创新产品销售增长率	G_{17}
		创新产品相对市场占有率	G_{18}
		创新产品市场控制能力	G_{19}

续表

一级指标	二级指标	三级指标	变量
产业结构绿色化	能源产出率		L_1
	单位生产总值能耗		L_2
	单位工业增加值能耗		L_3
	单位地区生产总值取水量		L_4
	单位工业增加值用水量		L_5
	农业灌溉水占比系数		L_6
	工业废水循环利用率		L_7
	城市生活垃圾资源化率		L_8
	工业固体废物综合利用率		L_9
	工业固体废物处置量		L_{10}
	二氧化硫排放量		L_{11}
	COD 排放量		L_{12}
产业系统日常运行评价	资源投入评价指标	资产技术构成系数	C_1
		劳动力技术装备系数	C_2
		固定资产新度系数	C_3
		固定资产改造系数	C_4
		资产周转率	C_5
	资本运营评价指标	资本周转率	C_6
		固定资产周转率	C_7
		存货周转率	C_8
		应收账款周转率	C_9
		资产负债率	C_{10}
		产权比率	C_{11}
		流动比率和速动比率	C_{12}
	经营效益评价指标	资产报酬率	C_{13}
		净资产收益率	C_{14}
		资本保值增值率	C_{15}
		全员劳动生产率	C_{16}
		人均销售额和人均利润额	C_{17}
		销售利润率	C_{18}

二、指标量化

为更好地对上面所描述的指标进行核实,现将上述指标按层次属性区分的四大类作为评价指标体系的第一个层级,并纳入到模糊集合中。假设评价的预测目标为 m,实际结果为 M,四大类指标分别为 H、G、L、C,则有集合的思想 $M = f(H, G, L, C)$,如果设定四大类指标权重分别为 q_1、q_2、q_3、q_4,那么 $q_1 + q_2 + q_3 + q_4 = 1$。其中,由于 q_1、q_2、q_3、q_4 不易确定,故笔者将模糊数学法和产业结构定性分类相结合来大致估算。产业分类种类繁多,本书中笔者用资源投入密集程度分类法,即将产业结构分为劳动密集型、资本密集型、知识技术密集型三大产业结构。

传统上,在核算评价指标体系权重时一般会选择层次分析法(AHP)。这一方法符合决策思维分解、判断、综合的思维特征,将复杂的问题按照一定的逻辑层次展开,分解为具有层次性的不同元素,从准则开始向下在同一层次所有元素间构建两两比较的判断矩阵,用来判断该层次中元素的重要程度,最后通过合成核算各元素对整体评价体系的重要性进行排序。由于人们主观判断的差异性使得判断矩阵 人均产值密度变异系数 = 地区人均产值 − 我国人均产值 中,常常出现 $a_{ij} = a_{ik} \times a_{kj}$ 不一致的情况,目前,普遍采用一致性指标 $C.R. = C.I. / R.I.$ 作为判断指标。当 $C.R. < 0.1$ 时,认为一致性在可接受的范围内。一方面,这一做法缺乏很好的理论支撑,而且阶数越高的判断矩阵,越难满足这一要求,需要不断重复调整;另一方面,AHP 原理要依据因素 i 对 j 的重要程度求判断值 a_{ij},但 1 到 9 的标度给出的是元素 i 和 j 的差值,会造成权重的失真。此外,当被比较的元素少于 3 个时,1 到 9 的标度显得比较粗糙,使得因素与标度的排序值与真实结果存有较大误差,特别是被比较的因素重要程度差不多时,就必须对标度做进一步细化。

邱菀华教授提出的群组决策特征根法(GEM),完全解决了 AHP 法的不一致性的问题。GEM 提出寻找理想专家的思路,即能找到一个与群组专家评分向量 $(S_1, S_2, \cdots, S_n)$ 具有最小夹角的理想的评分的向量 S^* 作为系统决策评价的最优方案。

具体而言,假设有 S_m 个专家对 B_n 个目标打分,第 i 个专家对第 j 个目标的评价分数为 $x_{ij} \in [I, J]$($i=1, 2, \cdots, m; j=1, 2, \cdots, n$),如果 x_{ij} 越大,那么目标越优。S_i 组成的决策群组构成的 n 维列向量和 $m×n$ 的决策矩阵分别为:

$$x(x_{ij})_{n×m} = \begin{bmatrix} x_1 & \cdots & x_{1m} \\ \cdots & \cdots & \cdots \\ x_{n1} & \cdots & x_{nm} \end{bmatrix}$$

GEM 法已证明了理想专家的向量 S^* 为矩阵 $F = XTX$ 最大特征根对应的特征向量[i]。虽然 GEM 法克服了 AHP 法的不一致性和 1 到 9 标度带来的诸多弊端,但并不是说 GEM 就是完美无瑕的,GEM 在判断问题过程中过于笼统,逻辑层次结构简单。避二者之短,合二者之长构造 AHP-GEM 综合分析法[ii],具体操作步骤如下:

第一,按照 AHP 分析法细分问题的层次结构,构造层次结构图。

第二,从上层依次向下,让专家对各层次元素 $u_1, u_2, \cdots, u_n$,直接打分,获得各层次的专家评分矩阵。

第三,按照 GEM 法计算各层次专家评分矩阵最大特征根对应的特征向量,归一化处理后获得各层元素在该层次下的权重,可利用 MATLAB 软件快速实现这一过程。

通过此方法核算的恩施州产业结构中 q_1、q_2、q_3、q_4 的权重值分别为 0.15、0.25、0.4、0.2,通过对比分析就知道恩施州产业结构存在的不足以及今后一段时间应该努力的方向。

在对二级指标和三级指标评价过程中,涉及的指标过多不可能计算出每个指标对总体目标的影响程度。为了计算的方便统一,将所有指标按优劣势等级把某个指标评价结果分成"好""较好""一般""较差"和"差"5 个评分等级,并且赋予其相应的数值分别为"9""7""5""3""1"。这样就将二级、三级指标的口径统一起来。①

---

① 陈胜:《民族自治地方产业结构优化升级评价指标体系研究》,湖北民族学院硕士学位论文,2013 年,第 36、37 页。

第四节　评价指标体系分类

一、产业结构合理化评价指标体系

产业结构合理化评价指标主要指资源在产业间合理有序的配置,所以能否合理有序地利用好资源,并将其有序分配到各个产业间是判断产业结构是否合理化的主要标准。其主要指标有三次产业结构比例、产业结构有序度指标、产业结构协调化指标、产业关联度指标、居民消费价格指数变化率等。

(一)三次产业结构比例

它是反映产业结构是否合理的最基本标准,同时也在一定程度上反映了地区产业结构高度化水平。

(二)产业结构有序度指标

产业结构有序度是用来衡量一个地区产业结构对于其希望达到的目标产业结构的接近程度。可以用产业结构有序度来测量一个地区的产业结构合理化水平。

$$产业结构有序度 = \frac{该地区产业结构实际水平}{该地区产业结构目标水平}$$

(三)产业结构协调化指标

产业结构协调化是指各种经济要素在各个产业之间进行合理配置,并且能使产业之间具有相互转换能力,它的目标是产业结构趋于合理化。其中,评价指标主要包括区域产值比重指标、区域产量密度比例指标、产值密度变异系数、人均产值密度变异系数等。就民族自治地方而言,区域内地广人稀,区域产值比重、区域产量密度比例对该地区不适合,故选择人均产值密度变异系数、产值密度变异系数两个指标,并且以我国人均产值和地区人均产值做参考。其计算公式如下:

人均产值密度变异系数 = 地区人均产值 - 我国人均产值

（四）产业关联度指标

产业关联度即依据产业与产业之间的联系程度来衡量地区产业的战略重点。产业关联度是指产业与产业之间通过产品供需而形成的互相关联、互为存在前提条件的内在联系。这种联系主要表现在两个方面：在产品的供需方面，任何一个行业的生产以及任何一种产品，都会以其他行业的生产作为其生产的投入要素（除最终消费品的生产外）；在产业的技术供给方面，一个产业的生产，需要其他产业为其提供技术水平层次相当的生产手段，同时，它的发展也推动了其他关联产业的技术进步，从而使整个产业的技术水平不断向更高层次推进。

（五）居民消费价格指数变化率

居民消费价格指数，英文缩写为 CPI，是根据与居民生活有关的产品及劳务价格统计出来的物价变动指标，通常作为观察通货膨胀水平的重要指标，还有一个重要的作用就是反映了资金的流向，更深层次反映了资源的配置问题。

二、产业结构高度化评价指标体系

当今世界，经济全球化趋势不可逆转。民族自治地方产业如何立足于地区本土并向外延发展，首当其冲要讲产业的创新能力，特别是自主创新能力，这是当今产业生存和发展的大计。

（一）霍夫曼比例

根据霍夫曼比例的变化，工业化分为四阶段：第一阶段，$H=（6—4）$，消费品在制造业中占统治地位，如印度；第二阶段，$H=（3.5—1.5）$，资本品生产迅猛发展，但仍低于消费品生产，如日本、荷兰、加拿大、澳大利亚；第三阶段，$H=（1.5—0.5）$，资本品和消费品基本相当，如美国、法国、德国；第四阶段，H 在 1 以下，资本品的规模大于消费品的规模，还没有出现这样的国家。其计算公式如下：

$$霍夫曼比例 = \frac{消费资料工业净产值}{资本资料工业净产值} \times 100\%$$

我国目前没有按照消费资料和资本资料划分的数据统计，在实践中一般采用轻重工业产值比来计算。

（二）基础产业超前系数

基础产业是指在一个地区经济发展中处于基础地位,对其他产业的发展起着制约和决定作用,决定其他产业发展水平的产业群,它的产品通常要成为后续产业部门加工、再加工及生产过程中缺一不可的投入品或消耗品,通常具有不可再生性质。该地区的基础产业越发达,其发展后劲越足,经济的运行就越有效,人民的生活就越便利,生活质量也就越高。因此,一国要使其国民经济保持长期、快速、协调和有效地发展,就必须保证基础产业的超前发展。其计算公式如下:

$$基础产业超前系数 = \frac{基础产业产值增长率}{地区生产总值增长率} \times 100\% - 1$$

（三）信息产业产值比

不管是走新型工业化道路的沿海大中型城市,还是进行特色化、绿色化产业结构转型升级的民族自治地方都需要以信息产业带动其他产业的迅速发展,再以其他产业反哺信息产业。信息产业主要包括新兴电子设备制造和信息技术在传统产业中的运用两个部分。所以设立以下指标:

$$信息产业产值比 = \frac{地区信息产值}{地区生产总值} \times 100\%$$

（四）金融业增长速度

之所以把金融保险业归在高度化指标体系中,主要是由其在当今社会中的特殊地位和作用所决定的,人们习惯把金融称为一个地区经济社会发展的血液,保险则是一个地区经济发展的保姆,对整个地区经济发展的影响十分明显,是制约民族自治地方产业结构优化升级的关键性要素之一。该数据在统计年鉴或者是统计公报很容易获得,为了计算方便,选择用狭义的货币量来计算。

（五）新兴产业产值比

为更好地适应知识经济时代,民族地区也应该大力发展生物工程、电子信息、新材料、新能源、航空航天和环境保护等新兴产业。由此,设立了新兴产业产值比指标,由于上面有专门核算信息产业的指标,因此在该指标计算中除掉信息产业。其计算公式如下：

$$新兴产业产值比 = \frac{新兴产业产值}{国内生产总值} \times 100\%$$

（六）地区产业竞争力指标

地区产业竞争力的提升，依赖于整个地区产业开发的程度。经济全球化背景下，民族地区产业结构优化升级必须把该地区产业结构的外向型特征纳入到该评价系统中。其计算公式如下：

$$地区产业竞争力指数 = \frac{地区产业出口总值 - 地区产业进口总值}{地区产业出口总值 + 地区产业进口总值}$$

地区产业竞争力指数在 +1 和 -1 之间，指数大于 0 说明该地区产业对外具有竞争力优势，反之，则具有劣势。

（七）资源投入创新能力指标

按照国际通行的惯例，其分为研究开发投入和非研究开发投入。

$$研究开发投入强度 = \frac{投入产出效率 \times 经费支出}{产品销售收入}$$

其中投入产出效率可以采用单位研究开发的投入所能产生的重大技术创新项目数（项）以及该项目数（项）的投产量来综合计算。经费主要指人员和设备的投资。非研究开发投入是指在技术创新中除用于研究性开发经费以外的其余部分投入。

（八）组织管理创新能力评价指标体系

组织管理创新能力是指产业系统以战略高度来组织和实施技术的能力，主要从获得创新资源能力、战略创新能力、机制创新能力等来测度。产业系统创新战略必须服从经营战略，主要侧重于如何增强自身技术实力和技术竞争能力等。获得创新资源能力是指产业系统有效利用部门外部技术力量的能力，实现产业系统与科研院所的合作，它可用产、学、研相结合创新基地数（个）来衡量。战略创新能力是产业系统新产品制造生产能力、产业化前景和市场化效应的综合评估。机制创新能力是使技术资源得到合理配置和利用的能力，这要求产业系统研发、生产等众多方面综合管理和合理衔接。

（九）技术创新研发能力评价指标体系

1.技术先进性指标

该指标可由新产品技术含量的增量加以衡量,可由新产品技术要素的贡献强度(技术含量系数)和新产品的附加值之积衡量。

产业新产品技术增加量 = 技术含量系数(J_s) × 新产品附加值

一项成果的技术含量系数越接近于 1,说明该技术越先进,反之,则落后。如果接近于 0,说明该技术和原有技术基本相同。

2.新产品占比

其计算公式为:

$$新产品占比 = \frac{新产品销售额}{销售总额} × 100\%$$

（十）产品创新制造能力评价指标体系

1.技术装备先进性评价指标

这主要由制造装备的技术含量和人力资源技术能力综合构成,前者可以用微电子控制技术原值占比和装备技术含量原值加总求得,后者用操作人员技术等级平均值计算。

2.技术人员适应性评价指标

该指标衡量员工对新技术的适应程度,可以采用在产业系统新技术推广和应用过程中对各类生产技术人员的技术培训投入来衡量。

$$新产品培训投入占比 = \frac{新产品培训投入}{产业系统全部培训投入} × 100\%$$

3.标准化程度

这是对新产品生产过程中标准化程度进行的衡量,其计算公式如下:

$$产业标准化程度 = \frac{产业中行业标准化程度技术含量}{整个行业技术含量} × 100\%$$

（十一）创新产品营销能力评价指标体系

1.创新产品销售增长率

创新产品销售增长率指标体系一般可由创新产品销售率和专职销售人员比重来综合衡量。其中,$新产品销售率 = \frac{创新产品销售收入}{创新产品产值} ×$

100% ，而专职销售人员占比 $= \dfrac{\text{专职销售人员}}{\text{产业系统总人数}} \times 100\%$ 。

2.创新产品相对市场占有率

该指标反映市场对新产品的认可程度,其计算公式如下:

创新产品相对市场占有率 $= \dfrac{\text{创新产品市场占有率增长率}}{\text{同类产品市场占有率增长率}} \times 100\%$

3.创新产品市场控制能力

该指标可由资产增值能力、产业系统原有的产品市场占有率、产品形象、产业系统规模、市场开发能力和原材料控制等来综合衡量。

三、产业结构绿色化评价指标体系

产业结构绿色化评价指标体系是相对于过去产业结构黑色化提出的产业发展要求,主要强调发展绿色产业和循环产业等。其评价指标主要从产业的循环程度和产业污染程度来考评产业结构。民族自治地方以其特有的生态资源而立足,生态绿色化是民族自治地方考核的核心指标。

(一)能源产出率

该指标是指一定范围内生产总值与能源消耗量的比值,反映单位能源内的产出情况。指标越大,表明能源利用效率越高。能源主要包括原煤、原油、天然气等一次能源。计算公式为:

能源产出率 $= \dfrac{\text{生产总值(万元)}}{\text{总能耗(吨标煤)}}$

(二)单位生产总值能耗

该指标用能源消耗总量与地区生产总值的比值来衡量,比值越低,说明能源利用率越高。计算公式为:

单位生产总值能耗 $= \dfrac{\text{能源消耗总量(吨标准煤)}}{\text{地区生产总值(万元,不变价)}}$

(三)单位工业增加值能耗

该指标用工业能源消耗总量与工业增加值的比值来衡量,比值越低,说明能源利用率越高。计算公式为:

$$单位工业增加值能耗 = \frac{工业能源消耗总量(吨标准煤)}{工业增加值(万元,不变价)}$$

（四）单位地区生产总值取水量

该指标是指每产出万元地区生产总值所消耗的水资源量。该指标越低,说明水资源使用效率越好。计算公式为：

$$单位地区生产总值取水量 = \frac{取水总量(亿立方米)}{国内生产总值(万元)}$$

（五）单位工业增加值用水量

该指标是指地区工业产业中每产生万元增加值所消耗的水资源量。该项指标越低,表明工业水资源利用效率越好。计算公式为：

$$单位工业增加值用水量 = \frac{工业取水总量(亿立方米)}{工业增加值(万元)}$$

（六）农业灌溉水占比系数

该项指标越大,表明农业用水效益越低。计算公式为：

$$农业灌溉水占比系数 = \frac{农业灌溉用水(亿立方米)}{地区用水总量(亿立方米)} \times 100\%$$

（七）工业废水循环利用率

该指标是指工业生产所产生的废水被重复利用的量占工业用水总量的比值。该项指标越高,表明工业用水综合利用率越高,水循环利用程度自然也越高。计算公式为：

$$工业废水循环利用率 = \frac{工业废水重复用水量}{工业用水总量} \times 100\%$$

（八）城市生活垃圾资源化率

该指标主要是指城市生活垃圾中进行资源化处理量占整个城市生活垃圾清运量的比率。计算公式为：

$$城市生活垃圾资源化率 = \frac{城市生活垃圾资源化量}{城市生活垃圾清运量} \times 100\%$$

（九）工业固体废物综合利用率

该指标是指工业生产中所产生的固体废物量被重复利用的那部分占总量的比例。该项指标越高,表明工业固体废物综合利用程度越高。计

算公式为:

$$工业固体废物综合利用率 = \frac{工业固体废物综合利用量}{工业固体废物产生量} \times 100\%$$

(十)工业固体废物处置量

该指标是指报告期内企业将工业固体废物最终置于符合环境保护规定要求的处置量占应处理固体废物量的比例。不管是企业,还是政府,为了自身利益对该指标的披露都会有一定隐瞒,故该指标作用不是很大。

(十一)二氧化硫排放量

二氧化硫排放量是指报告期内二氧化硫的最终排放量。

(十二)COD 排放量

本章所涉及的 COD 排放量主要是指报告期内 COD 的最终排放量。

四、产业系统日常运行评价指标体系

产业结构的高度化、合理化与绿色化主要是从宏观角度来评价产业结构优化升级效果,无法从根本上反映产业内部结构变化、日常运行状况,特别是系统运行的风险程度。为了能更好地说明这些问题,笔者从产业系统日常运行出发,分别从资源投入评价指标、资本运营评价指标、经营效益评价指标等几个方面来探讨产业结构优化升级问题中反映产业系统日常运行的相关指标。

(一)资源投入评价指标

要素投入是产业结构能否实现优化升级的物质、技术基础,且资源要素在产业系统中的作用越来越明显。该指标以劳动者(数量、素质、工作量)、劳动对象和生产资料等要素投入的质与量作为衡量的主要依据,同时兼顾知识进展、科技教育等渗透性元素的作用和功能。

1. 资产技术构成系数

劳动力数量和质量是产业最核心的要素,其获得靠购买,特别是在产业变动资本投入中占比最大,这里采用产业系统劳动力投入资本占产业变动资本的比例来衡量,它反映产业资产技术构成和生产集约化程度。

$$资产技术构成系数 = \frac{劳动力投入资本}{产业变动资本} \times 100\%$$

2. 劳动力技术装备系数

该指标反映固定资产对劳动力的吸纳程度。一般采用产业劳动力投入占用产业固定资产总额的数量来衡量。

$$劳动力技术装备系数 = \frac{产业劳动力投入}{产业固定资产数量} \times 100\%$$

3. 固定资产新度系数

该指标大致反映了固定资产新旧程度,其计算方法是用产业系统固定资产净值年平均余额去除以固定资产原值。

$$固定资产新度系数 = \frac{固定资产净值年平均余额}{固定资产原值} \times 100\%$$

4. 固定资产改造系数

该指标是对产业系统内技术先进性进行评价,该指标通常需要有一个固定期限,一般情况下我们采用一年期来核算。其计算方式如下:

$$固定资产改造系数 = \frac{期限内固定资产改造投资}{产业系统固定资产投资总额} \times 100\%$$

5. 资产周转率

该指标是用来衡量产业对已经获得的资源能否充分利用。其计算公式:

$$总资产周转率 = \frac{销售收入}{资产总额} \times 100\%$$

另外,还有劳动力素质指数、人才密集度指数等,由于核算有很大难度,且对资源投资指标影响较小,故舍弃。

(二)资本运营评价指标

产业结构优化升级过程中,产业系统面临着各种风险,但最主要的风险还是财务风险。如果必须正视产业升级所面临的风险,我们需要通过多方面分析,找到这些风险存在的区位,寻求解决、规避风险的途径和方法。

1. 资本周转率

该指标旨在衡量产业自有(经营)资本的运用程度,也是衡量企业资产管理效率的重要财务比率。该指标反映资产运营效率的高低,通常是

指某产业一定时期内(通常为一年)所有资产的增值效果。其计算公式
如下:

$$资本周转率 = \frac{销售收入}{产业自有资本平均余额} \times 100\%$$

2. 固定资产周转率

固定资产周转率指标主要用来衡量像设备、厂房等这样的固定资产
的使用效率情况,比率越高,表明管理水平越好,自然利用率就高。其计
算公式如下:

$$固定资产周转率 = \frac{销售收入}{固定资产平均净值} \times 100\%$$

3. 存货周转率

存货周转率是用来衡量企业日常营运能力的重要指标之一。其计算
公式:

$$存货周转率 = \frac{销售成本}{产业存货平均余额} \times 100\%$$

4. 应收账款周转率

该指标是用来反映其产业一定时期内(通常用一年来计算)应收账
款占产业销售收入的比例,其计算公式:

$$应收账款周转率 = \frac{固定时间内产业应收账款}{固定时间内产业销售收入} \times 100\%$$

5. 资产负债率

该指标通常用一定时期内(通常为一年)总负债在总资产中的百分
比来衡量。其计算公式:

$$资产负债率 = \frac{负债总额}{资产总额} \times 100\%$$

6. 产权比率

这一比率是衡量企业长期偿债能力的重要指标之一。其计算公式:

$$产权比率 = \frac{产业负债}{产业中股东权益} \times 100\%$$

7. 流动比率和速动比率

流动比率是流动资产对流动负债的比率,用来衡量企业流动资产在短期债务到期以前,可以变为现金用于偿还负债的能力。其计算公式:

$$流动比率 = \frac{流动资产合计}{流动负债合计} \times 100\%$$

而速动比率则是速动资产与流动负债之间的比率。所谓速动资产就是流动资产中除去存货等的短期无法变现的那部分资产,主要包括现金、应收票据、短期应收款、短期投资等可在较短时间内变现的资产。通常计算公式:

$$速动比率 = \frac{流动资产 - 存货}{流动负债} \times 100\%$$

(三)经营效益评价指标

1. 资产报酬率

资产报酬率又称资产利润率、资产回报率、资产总额利润率,是指企业一定时期内(通常为一年)息税前利润与年资产平均总额的比率。计算公式:

$$资产报酬率 = \frac{净利润 + 利息费用 + 所得税}{年平均资产总额} \times 100\%$$

2. 净资产收益率

该指标值越高,说明投资带来的收益越高。计算公式:

$$净资产收益率 = \frac{净利润}{平均净资产} \times 100\%$$

3. 资本保值增值率

该指标是财政部制定的评价产业经济效益的十大指标之一,反映了企业资本的运营效益与安全状况。其计算公式:

$$资本保值增值率 = \frac{年末所有者权益}{年初所有者权益} \times 100\%$$

或

$$资本保值增值率 = \frac{年初所有者权益 + 年末利润}{年初所有者权益} \times 100\%$$

4. 全员劳动生产率

就目前，全员劳动生产率是用产业企业的工业增加值除以该时期从业人员的平均人数，其计算公式如下：

$$全员劳动生产率 = \frac{产业增加值}{从业人员平均人数} \times 100\%$$

5. 人均销售额和人均利润额

人均销售额指标是产业系统一定时期内（通常为一年）单位劳动力所创造出的全部销售收入。计算公式如下：

$$产业人均销售额 = \frac{产业销售收入}{产业劳动力} \times 100\%$$

人均利润额指标是产业系统一定时期内（通常为一年）单位劳动力所创造出的全部纯收入，计算公式如下：

$$产业人均利润额 = \frac{产业利润总额}{产业劳动力} \times 100\%$$

6. 销售利润率

销售利润率是衡量企业销售收入的收益水平的指标，属于赢利能力指标。其计算公式：

$$销售利润率 = \frac{销售利润}{销售收入} \times 100\% \ [1]$$

第五节　恩施州综合指标体系评价分析

"十一五"期间，恩施州经济社会发展取得了可喜的成果，"十二五"时期恩施州抓住机遇，加快发展步伐，实现跨越式发展的目标。经济发展离不开产业的发展，产业发展的关键在于实现产业结构优化升级与绿色转型。对恩施州产业结构进行系统性分析和评价，找出其中存在的缺点和不足，并提出建设性意见，努力实现其绿色转型的目标，是实现恩施州

---

[1]　陈胜：《民族自治地方产业结构优化升级评价指标体系研究》，湖北民族学院硕士学位论文，2013 年，第 38、39、40 页。

经济可持续发展的需要。

一、恩施州产业结构合理化指标量化分析

（一）恩施州三次产业结构比例

通过前面的横向与纵向比较分析，可以清楚地看到恩施州三次产业结构远远低于全国平均比值。和湖北省相比也存在很大差距。如果把全国平均值作为三次产业结构的一般等级，那么毫无疑问恩施州三次产业结构比例这一指标是最差等级，故评定为差，获得 1 分。

（二）恩施州产业结构有序度

2012 年，湖北省完成地区生产总值 15806.9 亿元，按照产业结构有序度计算公式，湖北省产业结构有序度为 1.6。就恩施州而言，2012 年恩施州主要预期目标是实现生产总值增长 11%。2011 年恩施州实现生产总值 294.26 亿元，那么增长 11% 的预期值为 326.63 亿元。2012 年恩施州实际生产总值为 351.13 亿元。所以，恩施州产业结构有序度为 1.1。如果以湖北省有序度为参考对象，那么恩施州产业结构有序度等级可评为较差，得分为 3 分。

（三）恩施州产业结构协调化

湖北省 2012 年度生产总值 15806.09 亿元，年末常住总人口 5724 万人，湖北省人均产值密度变异系数 -0.21 万元。同理算得恩施州产业结构协调化率是 -1.68 万元。若以湖北省为基准，依据数据可以看出恩施州产业结构协调化度应该属于差类，故只能获得 1 分。

（四）恩施州产业结构关联度

恩施州 2012 年三次产业结构与生产总值的灰色关联度分别为 $R_1 = 0.93007$，$R_2 = 0.58183$，$R_3 = 0.87185$，故 $R_1 > R_3 > R_2$。就全国来说，2012 年三次产业结构与国内生产总值灰色关联度为 $R_1 = 0.8328$，$R_2 = 0.9718$，$R_3 = 0.8991$，故 $R_2 > R_3 > R_1$。从比值和结构上来看，恩施州与全国存在很大差距。故该项指标只能评为较差等级，获得 3 分。

（五）恩施州居民消费价格指数变化率

2012 年我国居民消费价格指数上涨 3.3%，其中，食品价格上涨

7.2%,固定资产投资价格上涨 3.6%,工业品出厂价格上涨 5.5%,原材料、燃料等购进价格上涨 9.6%,农产品生产价格上涨 10.9%。恩施州2010 年居民消费价格上涨 3.9%,其中,食品价格上涨 7.5%,工业品出厂价格上涨 3.8%,原材料、燃料等购进价格上涨 6.4%,农产品生产价格上涨 4.0%。总体看来,恩施州居民消费价格指数高于全国,最主要矛头集中在食物,这也很容易看出问题所在,其他一些指标相对于全国水平来说大多还略占优势。所以,就居民消费价格指数来说,恩施州应该在一般水平等级,给予 5 分。

二、恩施州产业结构高度化指标量化分析

恩施州地处老少边穷地区,就资源投入创新能力指标而言,资源投入十分薄弱,只是在 2009 年以后铁路、高速公路的开通才使得恩施州的投资有了一定起色,自然谈不上什么创新,就该指标而言应该评定为差,得分为 1 分。

2012 年度面对国内外复杂多变的经济形势,恩施州深入贯彻落实科学发展观,按照全面落实"三州战略",推进绿色繁荣的总体要求,努力抓好产业建设项目,使得地区经济以 13.8%的速度高速增长,社会各项事业均取得了全面进步。恩施州地区组织管理创新能力相对于全国而言,不是很差,但有待提高,故给予一般等级评价,得分为 5 分(见表9-2)。

表 9-2　2012 年恩施州产业结构高度化核算　　　(单位:%)

指标等级与指标类型	全国平均标准	恩施州	差值	差值比	等级	获得分数
霍夫曼比例	7.18	10.18	3	41.78	差	1
基础产业超前系数	-17.25	-8.21	9.04	-52.41	差	1
信息产业产值比	19.54	11.32	-8.22	-42.07	差	1
金融业增长速度	21.2	17.8	-3.4	-16.04	较差	3
新兴产业产值比	26.3	18.7	-7.6	-28.9	较差	3
地区产业竞争力	30.65	72.23	41.58	135.66	好	9

就技术创新研发能力而言,恩施州属于后开发地区,整个产业链尚未完全形成,整个地区经济主要以农业和旅游业为支撑,技术创新研发能力很贫乏,故给予其差等级,得分为 1 分。

同样,恩施州由于没有技术的创新研发能力,产品创新制造能力和营销能力也十分缺乏,给予这两项指标差等级,并分别获得 1 分。

三、恩施州产业结构绿色化指标量化分析

恩施州由于特殊的地理位置、良好的生态环境,加上化学污染物的排放量在 1.6 万吨,化学污染物排放量评分等级理应为好,得分为 9 分。对清江、广润河、忠建河、酉水、溇水、唐岩河、南河 7 条河流进行监测并依据国家《地表水环境质量标准》(GB3838—2002)采用单指标法对其进行评价,评价河长 603km。其中,I 类水 438km,占评价河长的 72.6%;II 类水 158.5km,占 26.3%;III 类水 6.5km,占 1.1%;无劣于 III 类水质。所以,COD 指标自然也应该评为好等级,得分为 9 分(见表9-3)。①

表9-3　恩施州产业结构绿色化评价指标体系衡量

指标等级与指标类型	全国平均标准	恩施州	差值	差值比	等级	得分
能源产出率(亿元/万吨标准煤)	1.53	1.43	-0.10	-6.54%	一般	5
单位生产总值能耗(吨标准煤/万元)	10458.36	10046	-412.36	-3.90%	一般	5
单位工业增加值能耗(吨标准煤/万元)	15452	13254	-2198	-14.23%	一般	5
单位地区生产总值取水量(亿立方米/万元)	105.36	98.25	-7.11	-6.75%	一般	5
单位工业增加值用水量(亿立方米/万元)	26.75	28.30	1.55	5.00%	一般	5
农业灌溉水占比系数	0.58%	0.45%	0.30%	-22.41%	较差	3

---

①　陈胜:《民族自治地方产业结构优化升级评价指标体系研究》,湖北民族学院硕士学位论文,2013 年,第 53、54、55 页。

续表

指标等级与指标类型	全国平均标准	恩施州	差值	差值比	等级	得分
工业废水循环利用率	52.34%	78.60%	26.26%	50.17%	好	9
工业固体废物综合利用率	76.36%	85.23%	8.87%	11.61%	较好	7
城市生活垃圾资源化率	78.86%	80.20%	1.34%	1.69%	一般	5

四、恩施州产业系统日常运行指标量化分析(见表9-4)

表9-4　恩施州产业系统日常运行评价指标核算　　　（单位:%）

指标等级与指标类型		全国平均标准	恩施州	差值	差值比	等级	得分
资源投入评价指标	资产技术构成系数	27.2	32.36	5.16	18.97	较好	7
	劳动力技术装备系数	37.58	18.36	−19.22	−51.14	较差	3
	固定资产新度系数	9.32	12.3	2.98	31.97	较好	7
	固定资产改造系数	11.7	25.62	13.92	118.97	好	9
	资产周转率	17.58	25.36	7.78	44.25	较好	7
资本运营评价指标	资本周转率	32.6	52.6	20	61.35	好	9
	固定资产周转率	16.3	23.6	7.3	44.79	较好	7
	存货周转率	13.2	25.3	12.1	91.67	好	9
	应收账款周转率	33.6	20.3	−13.3	−39.6	差	1
	资产负债率	23.6	25.3	1.7	7.2	一般	5
	产权比率	25.6	52.3	26.7	104.3	好	9
	流动比率和速动比率	25.6	28.6	3	11.72	一般	5
经营效益评价指标	资产报酬率	15.7	19.6	3.9	24.84	一般	5
	净资产收益率	11.2	15.7	4.5	40.18	较好	7
	资本保值增值率	25.7	52.8	27.1	105.5	好	9
	人均销售额和人均利润额	26.3	29.8	3.5	13.31	一般	5
	销售利润率	18.9	31.2	12.3	65.08	较好	7

第六节　恩施州综合指标体系评价总结

通过汇总可知,恩施州产业结构合理化得分占该项指标总分的31%,产业结构高度化占该项指标总分的30%,日常运行指标占该项指标总分的72%,产业结构绿色化占该项指标总分的62%。恩施州产业结构合理化指标体系中三次产业比例已经形成了三、一、二的态势,但具体来看,第三产业占比与全国乃至全省相比显得严重不足。另外,三次产业结构灰色关联度很低,说明恩施州的三次产业结构还没形成一个整体的系统,在很大程度上还处于各自为营的发展状况中。产业结构有序度严重不足,协调化程度较差,居民消费价格指数增长略高于全国水平,这些表明恩施州产业结构合理化程度不足。在高度化指标体系中除了地区产业竞争力和地区组织创新能力外,其他指标均与全国平均值存在着很大的差异,表明恩施州产业结构高度化水平不足。绿色化评价指标体系中各项指标评价等级均高于或者等于全国水平,说明恩施州产业结构绿色化水平比较理想。就日常运行指标体系来看,资源投入指标中,除劳动力技术装备系数等级低于全国水平外,其余各项指标均高于全国指标;资本运营指标体系中,除应收账款周转率等级低于全国平均值外,其他各项指标评级均高于或者等于全国水平;经营效益指标体系中,各项指标等级均高于全国平均水平。可以看出恩施州产业结构合理化、高度化严重不足,日常运行控制一般,绿色化程度相对较好,故恩施州"十二五"时期的工作重心在于大力提高产业结构合理化、高度化水平。①

---

① 陈胜:《民族自治地方产业结构优化升级评价指标体系研究》,湖北民族学院硕士学位论文,2013年,第56页。

第十章　恩施州产业结构优化升级与绿色转型战略布局

第一节　恩施州产业结构优化升级与绿色转型的战略思想

一、战略思想

坚持以党的十八大精神为指导,以社会主义生态文明建设为契机,坚定不移地实施非均衡发展、可持续发展和一体化发展战略,始终围绕绿色转型、生态文明、低碳发展三大主题,以生态农业和特色产业为先导,以构建旅游产业集群为载体,以扶贫攻坚为契机,以增加农民收入、全面提高城乡居民生活水平、提升生活质量为根本,立足已有优势上档次,着眼后发优势促发展,把产业结构优化升级作为实现绿色转型的有效途径,按照市场运作、政府推动的模式,着力加强区域间全方位的合作交流,以点带面、重点突破、分步实施、整体推进,加快推进产业结构优化升级与绿色转型提质,在确保经济社会持续、快速、协调、健康发展的同时,努力实现全面推进经济、社会、文化的绿色转型目标,努力走出一条民族自治地方的生态文明发展道路。

二、战略布局原则

(一)整体性原则

整体性原则主要是指地区产业结构变迁过程中,一方面,产业结构系统中各子系统都必须循序渐进地稳步发展,不能仅靠产业内部局部产业要素的发展来带动整个产业系统的发展,如现在很多地区只重视第三产业发展而忽略农业发展;另一方面,产业结构优化升级整体性原则并不是说产业结构内部子系统必须齐头并进地发展,为了保证产业结构优化升级的速度是可以优先选择那些对产业结构具有决定作用的产业优先投资大力发展。

(二)层级性原则

任何系统都有层级性。现代产业系统更是由多层级组成的结构复杂的巨系统,也是整个国民经济大系统中的一个子系统。产业系统本身,又包括许多不同层次的子系统,如农业、工业和服务业子系统。农业系统又包括种植业、养殖业、林业和渔业等子系统,这些子系统又可以进一步划分成更细的子系统。工业系统中又包括一系列的子系统,如采选业、原料工业和加工工业等。服务业又包括商业、邮电通讯、运输业、金融保险业和旅游业等子系统。各子系统中的要素组成比例,如就业比重、资金比重、产值比重、利润比重等,构成了相应的结构子系统,由此形成了产业结构的层级体系。

(三)开放性原则

所谓系统的开放性特征,是指一个远离平衡状态的开放系统,在它同外界进行能量的交换过程中,会引起系统内部要素结构的变化,并导致要素间的关联关系重新组合。系统要素的这种变动程度是不对等的,某要素的变动,使决定系统行为的某一参变量变化达到一定"阈值"(即临界值)而发生突变时,整个系统就由原来的较无序状态,走向新的有序状态。这种新的有序结构一旦形成,还需要增加同外界物质和能量的交换才能维持,并逐步形成一种排除外界干扰的"抗干扰力",从而保持一定的稳定性。

(四)灰色性原则

经济全球化背景下的产业系统是一个复杂的巨系统,具有灰色特征。一方面,产业系统处于国民经济大系统中,与国民经济系统有着密切的联系;另一方面,产业系统内部存在着无数的子系统,并且子系统与产业系统间、内部子系统间也存在着十分密切的关系。如果我们想更好地了解产业系统的结构和功能,搞清楚各子系统对整个产业系统的重要程度以及各子系统间相互影响的程度,就有必要引入灰色关联度来测度产业结构中要素对整个系统的重要程度。如果经过测试发现某一子系统对产业结构灰色关联度大,那么其对产业结构系统的影响程度就大,其在产业系统中的作用也重要,需要更重视这类要素;反之,可以忽略不计。

第二节　恩施州产业结构优化升级与绿色转型的战略目标

一、战略要求

恩施州产业结构优化升级与绿色转型的战略,总体上是要实现产业结构的合理化、高度化和特色化,最终才能实现经济社会的绿色转型,推动生态文明建设。恩施州与其他民族自治州地方相比,主要经济指标仍处于第 10 位到 20 位之间,人均指标更靠后;整体经济质量偏低,经济外向度不高,发展速度不快,特色产业优势不明显,产业结构层次低等。因此,要实现恩施州经济又好又快发展,就必须做到产业结构优化升级,真正实现产业结构合理化、高度化和绿色化转型。

二、总体目标

恩施州产业结构优化升级与绿色转型的总体目标是满足社会需要,使恩施州产业结构不断优化,经济运行质量和效益显著提高,形成市场化、外向化、生态化运行的产业增长机制,产业集聚优势和经济竞争力显著增强,确保与全省平均水平不再拉大并有所改善。社会保障体系更加完善,就业与再就业率明显提高,人民生活明显改善,文化事业蓬勃发展,社会更加和谐。努力实现全面推进州域经济、社会、文化绿色转型的目标,努力走出一条民族地区生态文明发展的道路。

三、具体目标

恩施州产业结构优化升级与绿色转型的具体目标是实现整体经济效

益最大。在保持第一产业稳定增长的前提下,加快发展第二、第三产业,尤其借助"鄂西生态文化旅游圈"建设的契机,大力发展第三产业,力争第三产业增加值占恩施州国内生产总值比重和就业人员占社会总就业人员比重提高4—5个百分点。产业布局、组织结构日趋合理,企业自主创新能力显著增强,研究和实验发展经费支出占恩施州国内生产总值比重明显提高,形成一批拥有自主知识产权的民族特色知名品牌。

第三节 恩施州产业结构优化升级与
绿色转型的战略布局

恩施州产业结构优化升级与绿色转型战略布局,始终围绕绿色转型、生态文明、低碳发展三大主题,坚持实施具有恩施州特色的"三部曲战略",具体是:"大力发展循环农业,积极倡导低碳工业,稳步推进生态文化旅游业",逐步实现恩施州产业结构的全面优化升级,多层次推进恩施州域经济、产业、社会、文化、金融等方面的绿色转型,努力走出一条民族自治地区生态文明发展的道路。

一、大力发展循环农业

大力发展循环农业是恩施州产业结构优化升级与绿色转型的重要手段。大力发展循环农业,延长农业及相关产业的产业链,通过正确处理人口、资源与环境及生产与生态之间的关系,建立合理优化的产业循环结构,使资源得到合理利用、永续利用,促进农村经济的健康持续发展并获取经济效益,有效增加农民收入,提升农民生活质量。长期以来,恩施州农业发展走的是一条传统的粗放型增长道路,资源消耗高、浪费大、污染重,土地、淡水、人口、能源、矿产资源和环境状况尤其是农业面源污染,对经济发展已构成严重制约。循环农业可以大幅度减少资源消耗、合理使用化学农药化学肥料等投入品、降低废物排放、提高资源生产率,以尽可能少的资源消耗和环境成本,实现经济社会可持续发展,使社会经济系统和自然生态系统相和谐,是建设资源节约型、环境友好型社会和实现产业结构优化升级与绿色转型的重要途径。在人多地少、能源十分缺乏的武陵山地区,发展循环农业更是一项迫在眉睫的现实任务。

二、积极倡导低碳工业

积极倡导低碳工业是恩施州产业结构优化升级与绿色转型的重要举措,具体要求:一要加强恩施州工业污染治理。要切实加大工业污染源治理力度,完善污染行业新开工项目报告制度,健全新开工项目管理部门联动机制,严格执行环境影响评价制度和项目核准程序。二要抓好企业节能降耗。坚持"控制增量、调整存量、上大压小、淘汰落后"方针,以建材、化工、轻工等行业为重点,指导和督促企业加强节能基础管理,推广运用节能设备,完善能源管理体系。三要开展资源综合利用。按照"减量化、再利用、资源化"原则,落实相关优惠政策,支持企业大力实施煤渣综合利用、循环用水、水蒸气回收利用、工业"三废"无害化、资源化再生利用等一批资源综合利用并有利于环境保护的示范项目,不断提高资源综合利用效率。四要有序淘汰落后产能。对生产规模小、资源消耗大、污染物排放重的企业和能源浪费严重、效益低、高污染的企业坚决予以关闭。

三、稳步推进生态文化旅游业

以生态文明建设为统领,以发展"生态文化旅游"为切入点,贯彻落实湖北省省委省政府建设"鄂西生态文化旅游圈"的重大战略决策,实施"三州"战略,推进绿色转型,不断增强恩施州生态文化功能,促进恩施州传统经济向生态文化旅游经济、循环型绿色生态经济和规模型特色文化经济转型,铸造恩施州生态文化旅游品牌,发展恩施州生态文化旅游产业,实现"绿色恩施、生态恩施、文化恩施",力争把恩施州建设成为国家级生态文化旅游示范区和国内一流、国际知名的生态文化旅游目的地。

另外,运用现代化经营方式和服务技术对恩施州传统服务业进行改造,大力发展适合恩施州实际的信息服务、金融保险、资讯等现代服务业,不断提高服务水平和技术含量,以此带动服务业整体水平的提高;加快服务业市场化步伐,打破行业垄断,放宽市场准入,引进竞争机制,鼓励恩施州企业优化重组;对于有可能带来环境污染的产业,应当通过产权制度改革、外部成本内部化、财政税收政策等加以调整,通过严格执行环境保护法,规范相关产业和企业的行为。

第十一章　产业结构优化升级与绿色转型三部曲战略之一

——大力发展循环农业

随着民族自治地方工业化进程的加快以及人口的急剧增多，不可避免地会给农业生态环境带来较大的压力。加上受传统经济观念的影响，对农业资源采取的掠夺性开发模式，导致大量污染物产生并排放到自然环境中，造成农业生态环境不断恶化，给民族自治地方农业的可持续发展带来严峻的挑战。民族自治地方如何在不破坏农业生态环境的前提下实现农业的可持续健康发展，这已经成为当前民族自治地方农业发展所面临的关键性问题，也是当今中国生态文明建设的重中之重。作为以农业生产为主的恩施州，应该按照生态文明建设的要求，遵循自然经济规律和生态规律，利用农业科技手段构建符合生态文明建设要求的循环农业模式，实现区域内农业资源的可持续利用，促进恩施州农业的可持续发展。

第一节　循环农业的基本含义和特征

一、基本含义

循环农业是指按照生态系统内部物种共生、物质循环、能量多层次利用的生物链原理，构建农业生产内部的物质和能量闭路循环系统，提高生物能源的利用率和有机废弃物的再利用与再循环，实现农业经济效益和生态环境效益双赢的一种经济发展模式。其基本内涵主要包括三个层面：一是循环农业的本质是一种生态经济，它是以循环经济理论为基础，按照生态规律进行的设计,并且努力寻求发展农业生产与保护生态环境之间的和谐;二是循环农业以"4R"为原则,以"资源—产品—再生资源"的再生闭路循环利用为主要特征,以实现农业生产效益和生态环境效益的双赢为目的;三是循环农业以现代农业产业化组织体系为载体,以现代农业科学技术为支撑。从循环农业的含义可以看出,它符合我国农业可持续发展的基本要求。

二、特征

循环农业作为一种全新的生态农业发展模式,与传统农业模式相比具有其突出的特点,具体表现在以下四个方面。

(一)人与自然的协调性

循环农业理论认为人是自然的一部分,人们从事的农业生产经营活动应该以人与自然的和谐共存作为最高的准则。虽然人们可以改造自然来不断提高农业生产率,但是必须以遵循自然生态规律为前提,在保护中进行资源的有序开发利用,绝不能以牺牲资源和环境为代价来换取农业经济的短暂发展。

(二)农业发展的持续性

循环农业强调要重视保护和合理开发利用农业赖以生存和发展的自然资源,如土地资源、水资源、森林资源、物种资源等。努力使农业资源保持在一个相对稳定的水平,不断改善农业生态环境,防治污染,维护农业生态平衡,提高农产品的安全性,将农业常规发展模式转变为可持续发展模式,不断提高农业生态系统的稳定性和持续性。

(三)系统功能的综合性

循环农业强调发挥农业生态系统的整体功能,以大农业为出发点,按"4R"原则对农业进行全面规划,不断调整和优化农业产业结构,促进农村"第一、第二、第三产业"综合协调发展,形成以农业为主导的区域产业集群,通过对产业集群区域内部产业结构进行优化升级,打造农业生态产业链中的主导链,并以此为基础将其他类别的产业与之相连接,组成农业生态产业网络系统。

（四）资源利用的高效性

循环农业强调在农业生产活动之初尽可能减少自然资源的投入,在农业生产活动之中尽可能减少物质能源消耗,在农业生产活动之末尽可能减少废弃物排放,不断提高资源的循环利用效率,实现农业经济发展与生态环境保护的双赢,促进传统的线性农业增长模式向生态循环型农业模式转变,为农业的可持续发展奠定坚实的基础。[①]

第二节　循环农业的 4R 原则及层次划分

一、循环农业的 4R 原则

（一）减量化

减量化原则以不断提高资源和能源的利用率为目标,在农业生产全程乃至农产品生命周期中最大限度地减少稀缺或不可再生资源、物质的投入量和废弃物的产生量,尽可能多地开发利用替代性可再生资源。在农业方面主要通过科学使用化肥、农药等生产资料,或是用生态型生产资料替代常规的生产资料,达到减少物质投入和污染排放的目的,从而促进生态环境的保护。

（二）再利用

再利用原则以废弃物的利用最大化为目标。该原则要求尽可能延长资源或产品的使用周期,以其本来的形式被多次利用。在农业生产中,再利用原则可以解析成两个方面,一方面是能源的再利用,另一方面是副产品的再利用。比如,在农业生产中,通过发展以沼气为核心的生态能源工程建设,可将农作物秸秆等副产品和畜禽养殖粪便能源化、肥料化,为农户提供清洁的生产、生活能源以及生态环保的有机肥料。

（三）再循环

再循环原则是指对生产或消费过程中产生的废弃物进行循环利用,

---

① 曹骞:《少数民族地区农业循环经济发展研究》,湖北民族学院硕士学位论文,2010 年,第 7 页。

使生产出来的物品在完成其使用功能后重新变为可以利用的资源,而不是无用的垃圾。如:目前广泛推广的"白色农业"(也称微生物农业),即在农村进行沼气池建设,将人与畜禽粪便、农业废弃物通过微生物发酵技术产生沼气、沼液、沼渣。沼气作为农户的生产生活能源,沼液可以肥田,沼渣一部分用作畜禽养殖饲料,另一部分用来肥田。

(四)再思考

再思考原则的本质就是要着力经营生态环境,开发安全优质农产品。发展循环农业,除了坚持"减量化、再利用、再循环"这三大原则外,还必须不断深入思考在生产过程中如何有效地减少和避免废弃物,最大限度地提高资源利用率,实现废弃物循环利用最大化以及污染物排放最小化。通过不断创新、不断发展,追求以最少资源消耗、最低环境污染来达到经济效益的最大化。

二、循环农业的层次划分

(一)农产品生产层次

农产品生产层次即清洁生产。清洁生产是指既可以满足农业生产的需要,又可以合理利用资源并保护生态环境的实用农业生产技术。它是实现农业可持续发展的一种有效途径。清洁生产的内容主要包括清洁的投入(清洁的原料、清洁的能源)、清洁的产出(生态、环保、绿色、健康的产品)、清洁的生产过程(使用无毒无害无污染的化肥、农药等农用化学品)三个方面。如沼气生态农业模式,该模式中的农业生产就充分体现了清洁生产的特点。

(二)农业产业间层次

农业产业间层次即物质互换与废弃物资源化。农业产业间物能的相互交换,互惠互利,使废弃物得以资源化循环利用,实现废弃物排放最小化。如种养结合的稻田养鱼模式,该模式中稻田为鱼提供充足的食物来源和栖息之地,而鱼吃稻田里面的杂草、害虫,同时,鱼粪又可以肥田,可减少稻田里化肥、农药的使用量,从源头上控制农业污染,实现生态环保效益与农业经济效益的双赢。

（三）农产品消费过程层次

农产品消费过程层次即物质和能量的循环。该层次的循环超越了生产本身，扩展到消费领域，它包括农产品的消费过程中和消费过程后的物质和能量的循环。这是一种良性的生态循环系统，它将循环农业纳入到社会整体循环的维度加以考虑，一个生产环节的产出成为另一环节的投入，使得系统中的废弃物得到多次循环利用，从而获得较高的资源利用率。如南方的水陆生态种养循环系统——桑基鱼塘模式，它充分体现了农产品消费过程层次的物质和能量的循环。①

第三节　循环农业的典型发展模式

目前，我国民族自治地方循环农业发展相对于发达国家以及我国东部发达地区来说，还处于起步和探索阶段。美国、日本、瑞典等发达国家从 20 世纪 80 年代就开始把发展生态农业看作是实施农业可持续发展战略的重要途径和实现形式，并在实践中取得了较好的成效和经验。我国东部发达地区在探索循环农业发展道路的过程中也涌现出一批典型的农业发展模式，取得了较好的经济、生态和社会效益。学习和借鉴它们的成功经验，对探索符合我国民族自治地方农业发展实际的循环农业发展模式具有重要意义。

一、国外循环农业发展模式述评

在国外，很多国家很早已开始了循环农业的实践，不过它们一般称其为生态农业。无论是生态农业，还是循环农业，它们都具有同一个目的：协调农业生态环境与经济发展之间的矛盾，实现农业的可持续发展。

（一）瑞典——轮作型生态农业模式

在瑞典的农业生产中主要采用的是 4 年轮作种植方法，即轮种牧草、

---

① 曹骞：《少数民族地区农业循环经济发展研究》，湖北民族学院硕士学位论文，2010 年，第 8 页。

小麦、豆类、燕麦等,来保持土壤肥力,减少病虫害。同时,施用天然肥料(人、畜禽的粪便),进行人工除草等,以保证农作物的生态化。另外,瑞典还采用了室外放养、生态饲料喂养等生态饲养禽畜的方法。采用生态方式代替药物来对禽畜传染病进行预防。如果禽畜用过抗菌类的药,那么需要满1年后才能出售,以保证禽畜体内不残留任何对人不利的成分。虽然瑞典通过生态农业模式生产的农作物产量比普通模式生产的农作物产量要低约16%—21%,但其售价要比普通农作物高出近100%。到目前为止,瑞典经营生态农业的农户已超过6%,且这个比例还在迅速扩大,已有四百多家工厂加工生产各类生态食品,但生态食品仍然供不应求。瑞典政府已作出决定,在最近几年要加大力度继续推广轮作型生态农业模式,争取达到20%的比例。①

瑞典轮作型生态农业模式因为兴起较早且得到迅速的推广和应用,因此,现在已处于世界领先地位。该模式突出的特点就是在农业生产过程中采用了4年轮作模式与生态饲养模式相结合,最大限度地减少了农业污染以保证农产品的生态化、环保化。

(二)菲律宾——玛雅农场模式

玛雅农场是一家集生态种植、生态养殖、农产品加工于一体的综合性农场。到目前为止,该农场已拥有50公顷的稻田和经济林,并且饲养了9.5万头猪、120头牛和2万只鸭。为了控制畜禽养殖中产生的粪肥对空气和环境的污染,该农场引入了以沼气为纽带的循环型生态农业模式,在农场内陆续建立起几十个沼气发酵池,每天可以生产沼气约三十万立方米,为农场农户提供生活燃料和照明能源。另外,将沼气发酵后的沼渣进行回收利用,其中一部分用作畜禽饲料,其余部分用作有机肥料。同时,将产气后的沼液氧化处理后,送入农场的水塘养鱼、养鸭,最后再取塘水、塘泥去肥田,而农田生产的粮食送面粉厂加工,进入下一次循环。在这样一个大规模的农工联合生产农场里面,基本上不用从外部购买原料、燃

① 曹骞:《少数民族地区农业循环经济发展研究》,湖北民族学院硕士学位论文,2010年,第20页。

料、肥料,却能实现资源的综合高效利用,取得较高的经济效益和生态效益。[①]

玛雅农场模式严格按照生态学原理进行设计,它科学合理地利用了农场内的再生资源,通过延伸产业链的方式,实现了资源的循环再利用,是一种典型的循环农业模式。

(三)以色列——无土节水农业模式

以色列是建立在沙漠上的干旱缺水的国家,其土地资源和水资源都非常匮乏,因此,无土节水农业成为以色列农业发展的首要模式。以色列充分发挥自己的高科技优势,采取了三大措施来发展无土节水农业:一是大力发展节水灌溉农业,改明渠输水为管道送水,改传统的粗放灌溉模式为现代的自动监控灌溉,提高灌溉效率;二是以直接向植物提供无机营养液的方式替代由土壤和有机质间接向植物提供的方式,确保为农作物生长发育提供充足的营养;三是采取将太阳能以有氧吸收的方法直接转化为热量的栽培方式。目前,以色列发展的无土玫瑰年均产量已达每平方米 185 枝,无土甜椒年均产量达每亩 6600 千克,无土樱桃年均产量达每亩 3400 千克,无土番茄年均产量达每亩 1600 千克。[②]

以色列的无土节水农业模式以先进的科技为基础,以无土栽培、节水灌溉为主要特点,形成了农业、林业、畜牧业和渔业协调发展的良性循环体系,实现了农业的可持续发展。该农业发展模式适合在中东地区的干旱国家推广,而我国西北适宜地区也可以借鉴。

(四)美国——低投入可持续农业模式

低投入可持续农业是指在农业生产中尽可能减少化学合成的除草剂、杀虫剂、高残留农药以及化学肥料等的使用,科学合理地循环利用农业资源,改善农业生态环境,实现经济效益与生态效益的双赢。低投入可持续农业模式的突出特点主要包括:一是作物轮种制,即在适宜地区利用

[①] 曹骞:《少数民族地区农业循环经济发展研究》,湖北民族学院硕士学位论文,2010 年,第 21 页。

[②] 曹骞:《少数民族地区农业循环经济发展研究》,湖北民族学院硕士学位论文,2010 年,第 21 页。

农作物的合理轮作来保持土壤的肥力,改善农作物的养分供给,同时起到对杂草和病虫害的抑制作用,这是低投入可持续农业模式体系中的一项核心内容;二是农牧结合制,即从农作物种植制度安排到生产、销售等各个环节,实现种植业和养殖生态系统的配合发展,按畜禽养殖规模来调整农作物的种植结构,畜禽粪便用作农作物的肥料,农作物产品为畜禽养殖提供饲料。①

美国的低投入可持续农业模式以农业资源的低投入、高利用为核心,以作物轮种制、农牧结合制为主要内容,通过农业资源的循环利用,在种植业和养殖业之间形成了相互促进、相互协调的关系。

(五)日本——"环境保全型"可持续农业模式

20世纪90年代初,日本率先推出以合理利用农业资源、有效保护生态环境为基础的"环境保全型"可持续农业模式。该模式的突出特点是有机物还田与合理轮作相结合,通过农业有机物的还田来保持土壤的肥力,减少化学肥料、农药的使用量。同时,根据农作物的生长习性来合理安排轮作,起到抑制杂草生长和病虫害蔓延的作用。在日本,实施"环境保全型"农业模式的农户须先申请,并附农业生产实施的可行性方案,报农林水产县行政主管部门审查合格后,再报农林水产省审定,审查通过后才能确定为"环境保全型"农业,政府将在资金和政策上给予一定的支持。如:根据生产规模,政府可以为之担保获得银行一定金额的无息贷款,并且政府还对实施"环境保全型"农业的农户在税收上给予优惠。据农林水产省统计,截至2006年年底,日本从事"环境保全型"农业的农户已达到80万户,占农户总数的28.7%。②

日本的"环境保全型"可持续农业模式以生态环境保护为主要原则,以有机物的循环利用和农作物的合理轮作为主要手段,以政府的政策和资金扶持为支撑,实现了经济效益和生态效益的双丰收。

---

① 曹骞:《少数民族地区农业循环经济发展研究》,湖北民族学院硕士学位论文,2010年,第22页。

② 曹骞:《少数民族地区农业循环经济发展研究》,湖北民族学院硕士学位论文,2010年,第22页。

二、国内循环农业发展模式述评

(一)南方"猪—沼—果"生态模式

该模式主要是利用农田、山地、庭院等资源,采用"沼气池、猪舍、厕所"三结合方式,围绕主导产业因地制宜开展"三沼"(沼气、沼渣、沼液)综合利用,从而实现对农业资源的高效利用,提高农产品质量,促进农民增收。该模式中果园(或蔬菜、鱼池等)面积、生猪养殖规模、沼气池容积必须有效合理组合。比如:每户建1口沼气池,人均出栏2头猪,人均种好1亩果,俗称"121"工程。通过利用人、畜粪便等发酵产生的沼气作生活燃料和照明能源,沼液用作蔬菜、林果和鱼塘的肥料,部分沼渣用作畜禽养殖饲料,另一部分用作肥料,多层次循环利用自然资源。这不仅提高了经济效益,而且还改善了生态环境。

该模式应用的典型主要在江西等省。它是以农户为单位,以家庭庭院为基础,以小型家庭种植与养殖为载体,实现"三沼"综合循环利用的生态循环农业模式。

(二)北方"四位一体"生态模式

该模式主要是在自然调控与人工调控结合的条件下,利用可再生能源、保护地栽培、日光温室养猪及厕所四大因子的合理配置形成以太阳能、沼气为能源,沼液、沼渣为肥料,种植业(蔬菜)、养殖业(猪、鸡)相结合的资源循环系统,实现资源高效利用。具体来说,日光温室为沼气池、猪鸡、蔬菜等创造良好的温度、湿度条件,猪鸡能为温室提高温度。同时,猪鸡的呼吸和沼气燃烧为蔬菜等提供二氧化碳气肥,可使果菜类增产约20%,叶菜类增产约30%。另外,蔬菜生产又为猪鸡提供氧气。猪鸡粪尿入沼气池,产生沼肥,为蔬菜提供绿色高效无公害有机肥。在同一块土地上形成积肥、产气同步,种植、养殖并举,资源多层次循环利用的生态循环系统,实现农业生产过程清洁化和农产品无害化。

这种模式应用的典型主要在辽宁等省。它实现了区域内种植业(蔬菜)和养殖业(畜禽)的有机结合,达到了能流、物流良性循环,是一种综合效益显著、资源高效利用的生态农业模式。

（三）西北地区"五配套"生态农业模式

该模式主要以土地资源为基础，以沼气建设为纽带，形成"以农促牧、以牧促沼、以沼促果、以果促牧，农牧结合"的配套发展、良性循环的生态农业体系，达到"一净、二减、三增"（即净化环境，减少投资，减少病虫害，增产、增效、增收）的目的。具体来说，是指每户建1个沼气池、1个果园、1个猪圈、1个蓄水窖和1个厕所。实行人厕、猪圈、沼气三结合，通过厕所与猪圈连通，而圈下建沼气池，池上搞生态养殖，除养猪外，猪圈上层还可放笼养鸡，形成鸡粪喂猪、猪粪池产沼气的立体生态养殖循环系统。

这种模式主要应用在我国干旱缺水的西北地区。该模式有助于挖掘"农林—农牧—林牧"不同产业之间协调发展的潜力，高效利用自然资源和农牧业的产品，改善农业生态环境。

（四）平原地区"生产生活循环链条"模式

该模式主要以沼气生产为核心，通过物质能量的多重循环利用，各种物质（如沼气、沼液、沼渣）中的能量和营养成分都被更有效地利用，因而具有较强的增值能力和较高的生态经济效益。比如：被评为"生态第一村"的上海市崇明岛前卫村将各种资源构成循环链，互为利用。畜禽尿粪、有机生活垃圾、秸秆等，都被纳入资源化处理。经过沼化处理的沼渣经分离、配料、搅拌制成有机肥料或畜禽饲料，用于种花、种树、种粮以及喂鱼、喂猪等；经泵站提升，通过管道将沼液送至无公害果蔬大棚和花卉苗木大棚作为有机肥料。在前卫村，无论走到哪里，都是干干净净、水清地碧、鸟语花香。

这种模式的典型代表是上海、江苏一带的平原地区。前卫村的循环农业发展模式主要依托其地域优势和高新技术条件，它的成功经验对上海郊区乃至我国东部沿海地区推进生态农业建设都具有重要的借鉴指导作用。

（五）农业生态园区循环模式

该模式是按照循环经济理论和农业生态学原理设计的一种新型农业组织形态。它以减量化为主要原则，将生态园区内的一种产业生产的废弃物转化为另一产业的原材料,通过清洁生产、废弃物循环利用等手段来促进资源的高效利用,实现园区的清洁环保。这种模式较为典型的是亚洲现代农业园区。该园区以葡萄种植作为产业链的起点,由葡萄种植、葡萄酒酿造、副产品提纯、工业废水处理、水产养殖、有机肥提取、畜禽饲养加工等产业链构成,按照生态学原理对各系统和各环节进行优化衔接组合,促进系统资源和能源的最佳优化配置并有效循环利用,在园区内形成相对闭合的生态循环体系,实现生产废料、废气、废水的循环再利用,基本达到资源利用最大化和环境污染最小化目标。

这种模式的典型代表主要是中部省区。它以推进传统农业向现代生态农业转变为方向,以通过发展高新农业技术来增加农产品附加值和提高市场竞争力为目的,以集生态种植、生态养殖、旅游观光等多功能于一体为原则来进行系统模式的设计,园区的产业链功能结构比较完善。

三、国内外循环农业经济模式技术借鉴

通过对国内外典型地区的循环农业模式构建的成功经验进行探讨和总结,不难发现这些成功的循环农业模式背后都有一些共同的、重要的技术体系作为支撑,且这些技术体系都以“4R”为主要原则,形成了一个互相联系、互相促进、互相制约的有机体系,这些技术体系对民族自治地方循环农业模式的构建具有重要的借鉴指导作用。

(一)清洁化生产技术

清洁化生产技术是指农业生产经营中所采用的资源消耗少、废弃物排放小的耕作技术、动力与工具技术、加工—贮藏—保鲜技术等。在畜牧业生产与加工过程中主要是采用畜禽产品的清洁化生产技术、污水处理技术、粪便清洁处理技术以及牧场空气环境清洁技术;在农作物病虫害的综合防治上,发展生物多样化种植,开发天敌资源,选用高效、低毒、低残留的农药,尤其是生物性植物农药。结合物理防治措施,减少农作物对化学农药的依赖性,提高农产品质量;在农村新能源开发与节能技术上,充分利用太阳能、风能、地热能和生物质能等可再生能源的开发建设,不断改善农村能源结构,实现能源的清洁化、环保化、节约化、再生化。

（二）食物链加环技术

在农业生产中，可以通过食物链加环技术来达到物质和能量的多层次循环利用，提高物质、能量的利用效率。食物链加环技术是指利用食物链原理，在农业生态系统中加入新的营养级，起到抑制农业病虫害，保护农业生态环境的作用，从而提高资源利用率，增加农业生态系统的生态产品产出的方法。食物链加环技术包括三个层面：一是生产过程的加环，比如引入发展农作物病虫害的天敌，抑制病虫害的大量繁衍，减少病虫害威胁；二是产品消费加环，比如把生产过程中产生的副产品作为下一级产品生产的原料，转化为新的产品；三是增加农产品加工环，比如目前在低级农产品市场上出售的农产品大多是一些低价的粗加工产品，导致很大一部分资源被浪费，而发展精加工可以减少损失，有效提高产品附加值。

（三）废弃物资源化技术

发展循环农业的基本任务之一就是促进资源物质在系统中的循环使用。具体来讲，是指将生产中产生的副产品作为下一生产过程的原料投入，并以尽可能少的系统外部输入，增加尽可能多的系统产品的输出，不断提高资源利用效益。比如农业有机废料（指畜禽粪便、农作物秸秆等）的综合循环利用就是一条废弃物资源化的有效途径。通过将农作物秸秆、畜禽粪便、农业食品加工废料等农业有机废料进行加工、青贮、氨化、发酵以及气化等手段的处理，所产生的物质可以用作畜禽饲料、作物肥料、农户燃料和食用菌培养基料，使之变废为宝，大大提高了资源利用效益，促进了农业生态系统的良性循环。

（四）农业科学管理技术

对农业生产进行科学管理，可有效提高农业产业效率，推进农业产业化、生态化的进程。具体包括三方面：一是优化农业产业结构。根据当地农业资源状况和社会经济发展条件，以市场为导向，合理调整农、林、牧、副、渔各产业之间以及产业内部的结构，优化资源配置，使资源多层次循环利用，提高资源利用效率。二是立体生态种植技术和共生互利的养殖技术结合。通过在区域内选择适宜种植的林木、果树以及农作物品种同畜禽养殖、水生生物养殖等相配合，使之形成"种养加"结合的生态农业循环系统,提高单位空间的产量和效益。三是提高施肥效率。大力推广有机肥、生物肥以及复混肥,扩大秸秆等有机物还田面积,推广配方施肥、测土施肥等技术,实行间作、轮作、套种相结合等。①

第四节　恩施州循环农业发展定位

恩施州共辖 6 县 2 市,88 个乡镇、街道办事处,2476 个村,总人口387.90 万人。其中,以土家族、苗族为主的少数民族人口占总人口的52.6%;农村住户达到 92.52 万户,约 300.62 万人,占恩施州总人口的77.5%。据 2010 年统计年鉴资料显示,恩施州土地面积 2.4 万平方公里,实有耕地面积 262.11 千公顷,其中旱地 189.77 千公顷,水田 72.34千公顷。2010 年恩施州实现农业生产总值 89.42 亿元。扣除价格因素(下同),比上年增长 4.5%。

一、发展循环农业的战略优势

(一)有州、县市人民政府的大力支持

恩施州政府成立了以州长为组长,人大、政府分管领导为副组长,农业、水利、林业、财政、农行、扶贫开发等部门负责人为成员的循环农业建设工作领导小组,把循环农业建设提上了日程,加强了对循环农业建设的监督和指导。近几年来,恩施州政府在财力十分薄弱的情况下,对资金实行捆绑使用,投入了大量资金用于发展以沼气为纽带的循环农业,探索出了一批好的典型模式,激发了农民发展循环农业、建设绿色生态家园的热情。各地农民纷纷到当地农村能源部门提出申请,要求学习循环农业生产技术,建设家用沼气池,改善农村生活环境,提高生活质量,解决农村生活用能问题。

(二)有绿色生态型新农村建设的典型模式

恩施州已成功地探索出以"五改、三建、两提高"(改水、改路、改厨、

---

① 曹謇:《少数民族地区农业循环经济发展研究》,湖北民族学院硕士学位论文,2010 年,第 12、13、14 页。

改厕、改圈;建池、建园、建家;提高农村文明程度、提高村级组织战斗力)为核心,以生态家园建设为载体,具有鲜明恩施州地域特色的绿色生态型新农村建设模式,跳出了"就沼气抓沼气"的思维模式,把农村能源工作与社会经济的发展有机结合起来,促进了州域内环境、经济和社会的协调发展,使得恩施州农村生产力得到快速提高,广大农民得到较大实惠,农村面貌焕然一新。该模式得到了农业部的充分肯定,国家农业部将其命名为"恩施模式"。目前,"恩施模式"已在全国产生了较大影响,原中共中央政治局委员、湖北省委书记俞正声同志在恩施州调研后称其为"现阶段欠发达地区农村发展的新模式",中央电视台《焦点访谈》栏目和西部频道曾先后对该模式进行了专题报道。

(三)有发展农村沼气的充足原料和足够的技术力量

恩施州农村有传统的畜禽养殖习惯,这为沼气发酵提供了充足的原料来源。据统计,恩施州常年生猪出栏数约在330万头以上,农村户平均每年出栏3.5头。通过沼气建设将畜禽排泄物引入沼气池,经过厌氧发酵产生沼气,变废为宝,循环利用,不仅能够净化农村生态环境,而且有助于农村居民的身心健康和农业可持续发展战略的实施。另外,恩施州已储备了足够的农村户用沼气池建设所需要的技术力量,并且州、县(市)均有常设机构,即生态能源局。共储备有专业技术干部72人,有经培训的农业部职业技能鉴定中心颁证的沼气生产中级工2474人。按每个施工技术人员每年可完成50口(户)计算,恩施州农村户用沼气池建设有足够的技术力量。

(四)有发展农村沼气项目的成功经验

2008—2009年,恩施州先后承担了农业部农村户用沼气池综合利用项目和农村沼气国债项目。在项目实施过程中,通过狠抓项目建设质量,严格制度管理,项目任务得以圆满地完成并取得了十分显著的成效。在2008年3月国家发改委、农业部对恩施州"六小工程"国债项目稽查中,恩施州的农村沼气项目得到了国家发改委相关领导的充分肯定,认为"恩施州的项目是所有民族自治地方国债项目中实施得最好的"。同时,恩施州农村沼气项目建设和管理的成功经验也得到了湖北省农业厅的高度评价,并在全省进行广泛推广。

二、发展循环农业的战略劣势

由于长期以来受传统经济观念的影响,恩施州走"资源—产品—废弃物排放"单向线性流动的农业发展道路,采用粗放型生产工艺对农业资源进行掠夺式开发,导致农业资源的大量浪费,对恩施州农业可持续发展产生了重大影响。

(一)土地资源存量不断减少

第一,耕地资源急剧减少。2008年年末,恩施州实有耕地面积只有262.1千公顷,比"九五"期末的290.59千公顷减少28.49千公顷,下降了9.80%。第二,粮食作物种植面积锐减。2008年年底,恩施州粮食作物种植面积为406.50千公顷,比"九五"期末的440.8千公顷减少34.3千公顷,下降7.78%;粮食总产量为153.58万吨,比"九五"期末的159.6万吨减少6.02万吨,下降3.77%;油料作物总产量6.56万吨,比"九五"期末的8.75万吨减少2.19万吨,下降25.03%。第三,水土流失严重。恩施州现有水土流失面积9481.46km²,占国土总面积的39.6%。按侵蚀级别划分,轻度流失面积3176.28km²,占流失面积的33.5%;中度流失面积5368.55km²,占流失面积的56.6%;强度流失面积893.29km²,占流失面积的9.4%;极强度流失面积43.34km²,占流失面积的0.5%。平均土壤侵蚀模数为2613t/km²,属于全省水土流失最严重的地区之一。

(二)农业污染逐年加重

在恩施州广大农村的农业生产中,农药、化肥使用量逐年增大,虽然近年来推行使用高效低毒、低残留有机型农药,但还有部分群众使用已淘汰的剧毒农药,对大气、土壤等造成极大污染。同时大量使用无机化肥,致使土地板结,地下饮用水氨氮含量增高,直接影响到人民群众的身心健康。另外,地膜技术的广泛推广,其使用量呈现逐年迅速递增的趋势,因地膜回收难度大,对土地造成了长期的、潜在的严重污染。据调查,2009年、2010年恩施州化肥施用量分别为23.16万吨、25.32万吨,使用面积占耕地面积的80%以上;不合理使用农药而导致农产品中农药残留量超标的现象时有发生,部分地区农产品特别是蔬菜类中农药残留量超过国家允许标准的1—2倍,农产品污染现象较为严重,这不仅严重影响了恩施州农产品的市场竞争力,而且威胁到人类的健康安全。

(三)农业生态环境破坏加剧

在恩施州域内的广大农村地区,农民砍柴做饭、乱砍滥伐的现象比较普遍,导致大量的森林植被被破坏;牛羊过度放牧、破坏植被的情况仍未杜绝;植树种草保护力度不大,存活率低;各种地质灾害时有发生,生态环境脆弱,土壤肥力衰退。另外,由于农民环保意识不强,在日常生活中,80%以上村民使用廉价的含磷洗衣粉,并且生活污水绝大多数采用渗排,无序排放。再加上农村生活垃圾、建筑垃圾随意乱倒及城市垃圾向农村转移等,导致农业生态环境破坏加剧,农业生态系统失衡的趋势日益明显。

目前,恩施州的农业资源在急剧减少,农业生态环境也在加剧恶化,而解决这一系列问题的关键就是改变传统的农业发展模式,探索出既能提高经济效益,同时又能够保护资源、改善环境的农业可持续发展战略模式,而循环农业发展模式正是恩施州农业可持续发展的重要战略选择。

三、发展循环农业的必要性

(一)实施"生态立州"战略的需要

恩施州享有"鄂西林海"的美誉,是长江中上游和清江流域生态环境综合治理的重点区域,承担着1150千公顷天然林保护和147千公顷退耕还林工程的繁重任务。近年来,恩施州委州政府提出要实施"生态立州"战略,继续推进退耕还林和天然林保护工程建设,把恩施州建成"生态大州",但实现这一目标的前提和关键是解决好农村能源问题。通过在恩施州的广大农村地区大力发展沼气,建设以农户为单元,以沼气为纽带的多层次资源循环的生态循环农业系统,不仅可以解决农村用能问题,还可保护森林资源免遭砍伐从而保护生态环境,为"生态立州"战略的实施奠定良好的基础,促进恩施州农业可持续发展。

（二）发展生态农业、实现农业资源可持续利用的需要

选择循环农业发展模式是发展生态农业、实现农业资源可持续利用的必由之路。加强农业污染防治,实现农业清洁生产,在恩施州域内大力发展农村沼气,通过三沼(沼气、沼液、沼渣)综合利用,可以降低农业生产成本,提高农产品质量,增加农民经济收入,推动农业生产从高投入、高污染、低质量向低投入、低污染、高效益方向发展,实现农业资源可持续利用。另外,充分发挥以沼气为纽带的循环农业对恩施州生态养殖业和种植业的促进和带动作用,培育和建立以沼气为纽带的生态种植基地和养殖基地,进一步扩展循环农业中沼液、沼渣的综合利用功能,不断提升农产品品质,推进恩施州无公害农产品的规模生产,打造恩施州沼气生态农业品牌,把恩施州建成具有一定规模和影响力的生态茶叶基地、魔芋基地、中药材基地和高山干鲜果基地或是把恩施州打造成为全国著名的生态无公害农产品生产基地之一。

（三）充分利用农村废弃物资源的需要

恩施州畜牧业较为发达,常年出栏生猪约 330 万头,由此产生的废弃物数量巨大。这些废弃物既是宝贵的资源,又是严重的污染源。如果不进行有效处理,将成为农村中最严重的污染源,可能导致空气恶臭,蚊蝇滋生,还可能严重污染地表水、地下水、土壤和空气,甚至可能危及畜禽本身的安全和人类健康。在恩施州的广大农村地区大力推行循环农业,加强农村沼气池建设,不仅能有效地处理利用人畜粪便、农作物秸秆等农业废弃物,而且还能为农村居民提供优质的生活燃料和照明用能,变废为宝,化害为利,对改变农村环境卫生面貌,减少传染疾病的发生,提高农村居民健康水平具有重要作用。

（四）国家产业政策的需要

2006 年"中央一号文件"《中共中央国务院关于推进社会主义新农村建设的若干意见》提出了"加快发展循环农业"的战略建议,并明确了具体的要求:要大力开发节约资源和保护环境的农业技术,重点推广废弃物综合利用技术、相关产业链接技术和可再生能源开发利用技术。2007 年"中央一号文件"《国务院关于加快发展循环农业经济的若干意见》提出,

要加强农村环境保护,减少农业面源污染,并确定要鼓励发展循环农业、生态农业。有条件的地方可加快发展有机农业。同时,国家农业部按照《国务院关于加快发展循环农业经济的若干意见》的要求,决定在我国东、中、西部优势农产品主产区、重点生态保护区等不同功能区,选择具有一定代表性的市(州)率先实施循环农业示范工程。2007 年 9 月农业部确定了全国首批十个循环农业示范市(州),恩施州跻身其中并成为全省唯一入选地区,经过几年的发展,恩施州的循环农业示范工程项目初具雏形。同时,为了全面贯彻和落实国家的各项扶农政策,恩施州制定了各项配套措施并颁布了支持政策;构建了信息网络服务和产学研相结合的两大技术创新体系;实施了"星火富民"工程,加大了科学技术的普及力度,为循环农业的发展创造了良好的政策环境和融资渠道,提高了农民发展循环农业的积极性和主动性。因此,在恩施州大力推行循环农业,符合国家产业政策要求。

四、发展循环农业的重要意义

(一)有利于推动"三农"问题的有效解决

发展循环农业是恩施州解决"三农"问题的重要手段。恩施州属于典型的"老、少、边、山、穷"地区,"三农"问题一直是困扰恩施州农村经济发展的主要问题。通过正确处理人口、资源、环境与经济社会发展之间的关系,大力发展循环农业,延长农业及相关产业的产业链,建立合理的农业产业结构,使资源得到合理循环利用,促进农村经济的可持续发展,不断增加农民收入和提高农民生活质量,有利于从根本上缓解"三农"问题,推动"三农"问题的有效解决。

(二)有利于促进农村生态环境改善

通过发展循环农业,在恩施州广大农村地区推广使用沼气等二次能源、可再生能源,可以有效缓解生活用能与生态环境保护、污染减排之间的矛盾。农业副产品尤其是畜禽粪便、农作物秸秆、沼渣、沼液的循环利用,既可取得良好的经济效益,又能实现清洁生产,改善农村卫生状况,防止环境污染,使村容变得整洁。同时,可转变群众的思想观念,增强群众的节约意识、环境保护意识和文明意识,促进乡风文明建设,从而间接地为绿色农村、和谐农村建设作出贡献。

(三)有利于转变农业增长方式

发展循环农业是恩施州转变农业增长方式的迫切要求。长期以来,恩施州农业走的是一条传统的粗放型增长道路,资源消耗高、浪费大、污染重,对经济发展已构成严重制约。推行循环农业可以大幅度减少资源消耗,合理使用化学农药、化学肥料等投入品,减少废弃物排放,提高资源使用效率,以尽可能少的资源消耗和环境成本,实现经济社会可持续发展,使社会经济系统和自然生态系统相和谐,是建设资源节约型、环境友好型社会和实现可持续发展的重要途径。[①]

第五节 恩施州循环农业发展模式构建及实证分析

恩施州传统农业发展历史悠久,其循环农业的萌芽最早可以追溯到秦汉时期。当时,在恩施州域内就开始广泛推广"火耕水耨"的耕作方法,即用火烧开一片空地后播种,然后为了除去空地的杂草再引水入田的耕作方式。通过草木灰还田、水淹除草等方式实现了农业的低层次良性循环。恩施州传统农业经过不断的发展,为循环农业的发展奠定了坚实的基础。

一、传统循环农业发展历程

(一)改土归流前

1. 秦汉时期

恩施州农业生态系统长期停留在原始狩猎采集阶段,兼事粗耕农业。耕地方法为火耕水耨,山地主产粟、豆、麦,在低平之地种植水稻,但是生

---

① 曹骞:《少数民族地区农业循环经济发展研究》,湖北民族学院硕士学位论文,2010年,第19、20、21、22页。

产力低下,产量不高。《汉书·地理志》载:"(武陵郡土民)或火耕水耨,民食鱼稻,以渔猎山伐为业……"

2. 宋代时期

到了宋代,采集、渔猎生产在恩施州土家族先民生活中所占的比例开始下降,而农耕经济迅速发展。刀耕火种、经营畲田成为当时社会较为普遍的生产方式,但主要以粗耕农业为主,兼事渔业和经营农副业。宋神宗时期引入了牛耕技术,农作物产量有所提高,但是不稳定。

3. 土司时期

土司时期仍然以粗耕农业为主,兼事渔业和经营农副业。山地仍然伐木燃畲,已开始引种种植玉米、红薯。平坝地带已普遍使用牛耕,畜牧业已具有了较高的发展水平,开始广泛使用畜禽粪便还田,作为肥料。在水利方面,已开始在河旁溪边开沟引水,或以"筒车"提水,灌溉农田。

(二)改土归流后到解放初期

改土归流后,汉族农民和商人的大批迁入,带入各种先进技术,使农业生产大为改观。在农业方面:以耕作农业为主,兼事渔猎,但是改变了刀耕火种耕作制,大量的铁制农具(铁犁、铁耙)代替了木耙。在耕作方法上,恩施州府县官倡导改进生产技术,提出"求土之沃,莫先蓄粪","粪施得法,灌溉依时",并且大力推广牛耕,使该地区由锄耕农业过渡到了犁耕农业。经过不断发展,积累了大量的播种、施肥、除草、修耕经验和技术,农作物产量显著提高。在水利设施方面:修塘筑堰,开山,修渠。灌溉工具更加先进和多样,发明有水车、筒车、手摇车、"蜈蚣车",还有引水用的"冲筒"等。在种植结构方面:主要种植玉米、土豆、红薯。到了清朝同治、光绪年间,种植结构发生了较大变化,大片良田改种鸦片,粮食产量锐减,制约了经济发展。

(三)社会主义建设时期

在社会主义建设时期,恩施州的传统农业逐步向现代农业、生态农业方向转移。原来刀耕火种的粗耕农业模式被以精耕细作为主的精耕农业模式所替代,并且在平坝地区已开始大力推广机械化耕作。农田水利基础设施建设的投入力度进一步加大,喷灌、滴灌等节水农业灌溉技术得到大力推广。在政府的支持下,抗病虫害农作物新品种的引进和推广得到全面落实。同时,测土施肥技术得以推广。生物有机肥料大量还田,优化了肥料结构,减少了化肥、农药的使用量。

近年来,恩施州逐步形成了"基地+农户+公司+科技+信息"的农业发展模式,加快了绿色农业产业化进程,培育了以烟叶、茶叶、畜牧、林果、药材、蔬菜为主的六大特色支柱产业,形成了"一村一品、一乡一品、一县一品"的产业优势,强化了产业体系内部联系,促进了农业产业向产前、产后两头延伸,构建了农业产业体系链条。另外,通过深入推广生态农业模式,加速了生态家园文明新村建设,探索出了以"五改、三建、两提高"为主要内容的生态家园文明新村建设之路,形成了简单的"畜—沼—果(茶、烟、果)"良性农业循环模式,为循环农业的发展奠定了坚实的基础。

二、循环农业发展模式构建

(一)山地"种—养—加"复合循环型模式

恩施州农业属于典型的山区农业,农业发展要在"山"上做文章。该模式主要是按照生态学原理,充分利用恩施州山地资源优势,发展高山富硒玉米、小麦、蔬菜等农作物,以农业产业为依托,以沼气为纽带,应用秸秆气化、生物青贮氨化综合利用等技术,形成相互依存、相互推动的生态产业链,以最优的资源组合,最小的生态成本,实现最大的经济效益。

1. 模式构建要素

产业化种植:种植粮食作物(玉米、小麦)。农产品的加工与利用:主要用玉米、小麦籽粒酿酒,玉米籽粒部分用作生猪、肉牛养殖饲料。作物秸秆的综合利用:利用生物氨化技术处理小麦秸秆,进行生猪、肉牛规模养殖;利用秸秆气化技术处理小麦秸秆,生产可燃气体,以解决农村燃料问题;利用玉米秸秆青贮氨化综合利用技术,秸秆青贮氨化后成为畜禽的基础饲料。发展高效畜禽养殖业:包括规模养殖生猪、肉牛:以酿酒后的酒糟、经氨化处理的小麦秸秆、经青贮处理的玉米秸秆、玉米籽粒等饲料进行生猪、肉牛的规模养殖;养殖蚯蚓:利用猪牛粪温室养殖蚯蚓,作为家禽饲料;养鸡:以蚯蚓为饲料规模养鸡。畜禽粪便综合利用:利用畜禽粪便温室养殖蚯蚓;利用畜禽粪便温室栽植食用菌,主要包括香菇、双孢菇、平菇等;以畜禽粪便为原料生产沼气,作为农村生活能源。土壤改良利用:将生产沼气后的沼渣、沼液,栽植食用菌后的菇渣,以及养殖蚯蚓后的粪便全部用于还田改良土壤,提高土壤肥力,促进农作物的规模化种植。

2. 模式运行原理

通过农业资源的循环利用,由单一的种植业小循环转向"农作物产业化种植—农产品加工与利用—农作物秸秆综合处理—畜禽生态养殖—畜禽粪便综合利用—土壤改良利用"等多链条的生态物质能量循环流动系统,即山地"种—养—加"复合循环型农业模式系统。

(二)山地"生态庭院经济"模式

恩施州大部分地区属于广大的农村地区,在山区农业生产中,绝大多数农村家庭是一个相对独立的生产单位,规模小、投入少,其生产和生活方式较为粗放,主要依靠经验主导且随意性很强。山地"生态庭院经济"模式正是基于以上的实际情况进行设计的。该模式主要以农产品种植或畜禽养殖为主,以家庭为单位,以沼气为纽带构建起农村家庭物质能量循环系统,把"作物种植—畜禽养殖—沼气建设—环境改善—农户生活"融为一体,充分利用山区农户家庭的人畜禽粪便、农作物秸秆、有机废弃物,达到"减量化""资源化"和"再循环"的目的。

1. 模式构建要素

实行太阳能热水器、生活污水净化沼气池(或户用沼气池)和优质燃气(沼气、天然气、秸秆气等)三配套;加强"五改"建设:改路、改水、改厨、改厕、改圈;农产品种植:水稻、玉米、烟叶、茶业、林果、蔬菜;小规模畜禽养殖:猪、牛、鸡、鸭;畜禽粪便综合利用:以畜禽粪便为主要原料生产沼气,作为农村生活燃料和照明能源;改善农村人居环境,营造绿色生态家园;形成家庭生态良性小循环。使用沼气进行做饭、照明、取暖,将生活污水、垃圾、粪便用于制作沼气,形成家庭生态良性小循环,有效处理生活污水,增加清洁能源供给,提高农民的生活质量。

2. 模式运行原理

该模式主要以循环农业的"4R"原则为指导,利用沼气的纽带作用,将农户的农产品种植和畜禽的养殖与农户生活有机地联系起来,构建起"作物种植—畜禽养殖—沼气建设—环境改善—农户生活"融为一体的小规模山地生态庭院经济型物质能量循环流动模式系统。

(三)山地"生态农业观光园"模式

"生态农业观光园"模式是根据循环经济理论和农业生态学原理设计的一种新型农业组织形态,其突出的特点是以自然风光为基础,以民族文化为底蕴,以生态循环为纽带,将"生态养殖—生态种植—生态观光"进行有机结合,尽量减少废弃物排放,将园区内独有的某种民族特色农业或企业生产的副产品用作另一种农业或企业的投入或原材料,通过废弃物转换、循环利用、清洁生产等手段,最终实现生态观光园区的清洁无污染,成为集科考、观光、休闲、娱乐于一体的具有鲜明恩施州特色的生态农业观光园。

1. 模式构建要素

自然风光的改造:加强园区的生态环境保护、特色民居的改造和交通道路等基础设施的建设;民族文化的挖掘:挖掘当地的民族特色文化,增强园区的文化底蕴;生态养殖:猪、牛、鸡;生态种植:烟叶、林果、绿色蔬菜;生态循环利用:以畜禽粪便作为主要原料生产沼气,因地制宜开展"三沼(沼气、沼液、沼渣)"综合利用,沼液和沼渣主要用于果园、茶园施肥,沼气用作园区内的日常生活燃料和照明用能,达到农业废弃物资源化和环保化目标,提高生态农产品质量,增加农民经济收入;生态观光:遵循自然生态景观生成规律,以生态造景、资源循环利用来突出生态农业观光园生态、环保、清洁、自然的特点,充分体现人与自然的和谐,实现经济与环保的共赢。

2. 模式运行原理

该模式设计始终坚持多产业一体化方向。农业生产过程、农家生活和民族乡土文化是农业观光园的主体,而农业资源的清洁生产、循环利用是其核心,因此,不仅要充分挖掘园区文化内涵与积淀,突出园区资源优势和特色,而且还要以生态循环为纽带,采用"猪(牛、鸡)—沼—烟(药、菜)"等循环模式将园区内的"生态养殖—生态种植—生态观光"等系统单元进行有机结合,真正达到科普教育、科技引导、生态保护的目的。

三、循环农业发展模式实证案例分析

(一)山地"种—养—加"复合循环型模式案例分析

石牌村位于建始县三里乡南端,与红岩镇毗邻,距318国道仅两公里,宜万铁路、沪蓉高速公路擦村而过。石牌村以石牌湖为中心,山林、山地民居绕湖分布。全村地势起伏不大,土地肥沃,植被良好,林木茂盛,是建始县2008年度被农业部表彰的唯一一个生态家园示范村。

1. 基本情况

石牌村下辖7个村民小组,13个居民点。全村231户人家,1040口人。全村共有国土面积2727亩,其中山地927亩,山林1500亩,水面300亩。耕地多为山地,人均约一亩,粮食种植以玉米、小麦为主。年播种面积412亩,占总播种面积的44%,年产粮食21万公斤,年产秸秆30吨。主要经济作物为烟叶、茶叶、蔬菜等。全村养猪680头,养牛187头,共有规模养殖户5户。有2户从事粮食酿酒业,年产量20吨。建有日光温室10座。

2. 建设内容和规模

粮食作物(玉米、小麦)产业化种植:全村年种植粮食作物412亩。其中玉米232亩,小麦180亩。年产粮食21万公斤,其中玉米13万公斤,小麦8万公斤。发展粮食酿酒业:年加工粮食14万公斤,酿酒20吨。农作物秸秆的综合利用:一是农作物秸秆气化设施建设,建成秸秆气化站1处,安装秸秆气化设备1套,年处理秸秆约14吨;二是农作物秸秆氨化设施建设,建成秸秆氨化池20个,年氨化秸秆6吨;三是玉米秸秆青贮设施建设,建成秸秆青贮池18个,年青贮秸秆10吨。发展高效畜禽养殖业:一是生猪规模养殖,建成生猪规模养殖小区2个,养殖生猪约680头,年出栏约450头,以农民合作经济组织形式经营管理;二是温室养殖蚯蚓,利用猪、牛粪温室养殖蚯蚓8棚;三是规模养鸡,建成规模养鸡场1个,以蚯蚓为饲料年养殖蛋鸡约2000只。日光温室食用菌栽植示范:新建日光温室10座,以双孢菇、平菇等品种为主发展日光温室食用菌栽植

10 棚。沼气入户工程:新建沼气入户工程 190 户,作为农村生活能源,并且配套完成"五改三建"工作。土壤综合改良利用示范:以生产沼气后的沼渣、沼液,栽植食用菌后的菇渣,以及养殖蚯蚓后的粪便全部用于还田改良土壤,提高土壤肥力,用于粮食作物规模化种植。村民活动中心建设:新建村民活动中心 1 处,占地面积 400 平方米,建筑面积 150 平方米。配套农民工培训场地、农民工信息服务场地、农民健身场地、农家书屋等设施。

3. 经济效益

利用粮食加工转化发展酿酒业,年加工粮食 14 万公斤,酿酒 20 吨。与出售原料相比,新增产值 40 万元。利用秸秆气化技术处理小麦秸秆,年处理秸秆 30 吨,年产气 5 万立方,新增产值 15 万元,以解决农村燃料问题。利用酿酒后的酒糟、经氨化处理的小麦秸秆、经青贮处理的玉米秸秆、玉米籽粒等饲料养殖生猪约 680 头,年出栏约 450 头。利用猪牛粪温室养殖蚯蚓 10 棚。年产蚯蚓 1 万公斤,以蚯蚓为主搭配其他饲料年养殖蛋鸡 2000 只,新增产值 3 万元。以猪牛粪、秸秆为原料,利用日光温室栽植以双孢菇、平菇等品种为主的食用菌 10 棚,年产菇 8 万斤,新增产值 32 万元。以畜禽粪便为原料生产沼气,新建沼气入户工程 190 户,作为农村生活能源,年产气 5 万立方,新增产值 2.5 万元。以生产沼气后的沼渣、沼液,栽植食用菌后的菇渣,以及养殖蚯蚓后的粪便全部用于还田改良土壤,提高土壤肥力,用于粮食作物规模化种植。预计每亩增产粮食 30 公斤,年增产粮食 1.2 万公斤,新增产值 1.3 万元。

4. 社会效益

农民把"三废"(粪便、秸秆、垃圾)变成"三料"(燃料、饲料、肥料),达到了"三净"(家居净、庭院净、饮水净),实现了"五业"(种植业、养殖业、加工业、副业、能源利用业)增效和"三生"(生活、生产、生态)和谐。

该模式不仅有利于环保,而且还能为农民增收、为农业增效,极大地调动了农民投入到农业生产的积极性,促使众多的农村社会闲散劳力积极投入到恩施州的循环农业建设中,推动了恩施州农村特色产业的发展,提高了农民收入水平,改善了农民生活质量,加快了恩施州社会主义新农村建设的进程,促进了恩施州农村地区的和谐稳定。

5. 生态效益

采用该模式产生的生态效益主要体现在两个方面:一是广泛使用生态环保的可再生有机肥料(粪便、沼液、沼渣、秸秆),不仅有效地提高了土壤肥力,改善了土壤质量,而且还大量地减少了农田中化肥和农药的使用量,保护了农业生态环境,促进了土地的持续利用;二是人、畜、禽产的粪尿经过有效处理、循环利用,不仅成功切断了各种病毒、病菌滋生蔓延的途径,改善了农村卫生条件,净化了环境和空气,而且实现了资源的循环再利用,形成了"农村生产生活—废弃物—可再生资源"的良性小循环,促进了农村生态环境的保护。

(二)山地"生态庭院经济"模式案例分析

恩施市白杨坪乡九根树村位于该乡西北 7 公里处,全村辖 14 个村民小组,1650 户,6107 人,劳动力 2989 人,现有土地面积 24.5km²,耕地面积 6161 亩,其中水田 1658 亩,平均海拔 820m,地处中亚热带季风区域,土壤为山地红壤,年平均气温约 17℃,降雨量 1400—1500mm,无霜期 282d。

1. 基本情况

九根树村始终坚持以"五改、三建、两提高"为建设内容,按照山地"生态庭院经济"模式,共建花坛 1100m²,农户栽花草 900m²;硬化阶沿、场坝 2500m²;购垃圾桶 41 个,做垃圾池 2 口。截止到 2008 年,全村已累计建沼气池 1250 口,改厨 117 户,改厕 118 户,改栏圈 156 户,基本形成了山地"生态庭院经济"发展模式。现以该村农户刘大宝为例:户主刘大宝,一家五口,3 个劳动力。土地总面积 0.98hm²,其中农田 0.85hm²(水田 0.45hm²,旱地 0.4hm²),林地 0.13hm²,另有池塘 0.03hm²。农产品种植主要包括水稻、玉米、烟叶、茶业、林果、蔬菜等,家庭小规模畜禽养殖主要包括猪、牛、鸡、鸭等。

2. 经济效益

户主刘大宝 2004 年开始采用山地"生态庭院经济"发展模式。笔者深入实地对该农户 2003 年和 2008 年全年的农业投入和产出状况进行了详细的调查,并对各种物质折算成三种元素。通过对比该农户2003年投入和产出状况,发现该农户2008年投入的增长速度明显放缓,但是产出的增长速度显著加快,无论是经济效益还是生态效益都有明显的提高。

表11-1 2003年与2008年农户刘大宝家庭生产效益比较分析

(单位:元)

年度	项目	水稻	畜禽	林果	茶叶	烟叶	食用菌
2003	投入	495	420	130	350	780	0
	产出	773	5320	800	600	1250	0
	产出/投入	1.56	12.67	6.15	1.72	1.61	0
2008	投入	350	380	121	400	1000	2000
	产出	800	6750	1700	2100	7786	5800
	产出/投入	2.29	17.76	14.05	5.25	7.79	2.90

资料来源:实地调研数据。

从表11-1可以看出,农户刘大宝2008年农业投入与产出状况与2003年比较,发生了很大的变化,总体经济效益明显提高。从投入状况看,首先,农业投入增长幅度明显降低。通过分析,认为可能有两个方面的原因:一方面可能是由于沼气池建设后,大量的沼液、沼渣投入农田,使农田的肥力大幅度提高,从而减少了工业无机肥料的使用量,降低了农业的投入成本;另一方面可能是退耕还林等政策的影响下农村生态环境得到改善,鸟的数量增多,害虫的危害降低,农药使用量减少。其次,农户刘大宝开始把烟叶种植的投入作为投入重点,并且烟叶慢慢成为家庭的支柱产业。再次,畜禽在家庭经济中的地位得到了进一步巩固。最后,茶叶、林果等产业的投入有了适当的增加,而水稻、畜禽的投入有了适当的减少。从产出状况看,新增加了食用菌的产出,并且相对2003年的产出而言,生态庭院经济中的其他五大产业的产出都实现了正增长。从产投比看,农户刘大宝近五年来烟叶、林果、畜禽产业的产出增长速度最为迅猛。

3. 生态效益

农户刘大宝在完成以家庭小型沼气池为中心的山地"生态庭院经

济"模式建设后,其农田养分循环结构发生了相应的变化。2008年该农户还依托于便利的交通优势以及利用农村信用社贷款来增加农业投入,在增建家庭沼气池的同时,发展了食用菌生产。由此,生态循环系统内就增加了两条腐生食物链,而该生态循环系统在增加沼气池和食用菌两个循环链环节后,农田养分循环也发生了较大的变化。养分在该系统内循环的次数明显增加,促进了该系统内生物的小循环。农户的农作物秸秆通过沼气池和食用菌两个环节的循环转化和再利用,不仅促进了农作物种植结构的优化调整,而且使土地植被指数得到明显提高,农产品的养分输出量也随之增大。

表 11-2　2003 年与 2008 年农户刘大宝家庭农田养分循环比较分析

（单位:kg）

项目		N（氮元素）		P（磷元素）		K（钾元素）	
		2003 年	2008 年	2003 年	2008 年	2003 年	2008 年
输入	有机肥	100.23	288.75	41.67	144.42	109.78	317.56
	化肥	50.41	17.96	11.87	6.37	1.10	2.33
	种子	3.20	3.20	1.93	1.93	3.27	3.27
	降水	23.60	23.60	3.80	3.80	19.10	19.10
输入合计		177.44	333.51	59.27	156.52	133.25	342.26
输出合计		147.38	218.57	65.79	118.32	192.08	312.46
平衡盈亏		+30.06	+114.94	-6.52	+38.20	-58.83	+29.80

资料来源:实地调研数据。

通过分析表 11-2 中 2003 年的数据可以得出两点看法:首先是恩施州域内的普通农户农业生态循环系统投入和产出的物质相对较少,是一个封闭性较强的生态循环系统,且其内部子系统之间的养分交换主要局限于农田种植和家庭禽畜的养殖,生态循环系统不仅层次少,而且结构较为简单,因此,养分在系统内的再循环非常有限,表现为一种传统的自给自足式的经营方式。其次,该生态系统非生活性养分输出过高,大部分养分通过地表径流而损失掉了。人工输入的养分不能抵消输出的养分,系统养分得不到有效积累,难以遏制生态循环系统退化的总体趋势。

通过将 2008 年的数据与 2003 年的进行对比分析,发现自从 2004 年农户刘大宝开始实施山地"生态庭院经济"发展模式,通过建设家庭沼气池以及后来引入食用菌种植等措施,使得系统的腐生食物链有所增加,农田生态系统的封闭性状况得到较大的改善,系统内部的非生活性养分输出大幅度降低,养分通过地表有机肥料的输入量得到较大幅度的增长,化肥、农药的施用量显著地减少。该庭院生态循环系统内的养分通过地表径流而损失的数量也明显减少,而人工输入的养分抵消输出的养分后,生态循环系统内部的剩余养分得到有效积累,土壤肥力不断提高,使得生态循环系统退化的趋势得到有效的控制。

(三)山地"生态农业观光园"模式案例分析

董家村位于鹤峰县东北部,距鹤峰县城 45km,总面积 19539 亩,四面环山,平均海拔 1452m,属于亚热带湿润季风性气候,雨热同季,四季分明,无霜期达 200d,春秋凉爽,夏无酷暑,雨量充沛,年降雨量 1600—2000mm 不等。董家村具有由古海演变而成的喀斯特地貌,土壤主要为山地黄棕色土,质地比较黏重,有机质分解缓慢,养分积累丰富,土地肥沃,酸碱度中性微酸。

1. 基本情况

董家村辖 7 个村民小组,202 户,665 人,劳动力 355 人,耕地面积 2100 亩,占总面积的 11.3%,人均占有耕地面积 3 亩。董家村以发展生态种植业、生态文化旅游业、生态养殖业为基础,把烟叶产业作为支柱产业来抓,每年保证烟叶种植面积 1000 亩,把蔬菜、药材作为次主导产业来抓,把生态文化旅游产业作为生命工程来抓,积极引导和支持建设生态农家乐。目前,董家村已有 11 户农户开办农家乐,带动剩余劳动力 50 余人再就业,在县林业局的指导下,正在积极筹划建设现代生态农业观光园,进一步拓宽农民致富渠道。

2. 基础设施建设

董家村通过修入户路等硬件建设,带动了生态农业观光园的建设步伐,促进了村容村貌的改善。截止到 2008 年年底,全村共改造民居 64 户,硬化入户路 1800 米,累计建沼气池 168 口,配套"三改"到位 120 户。同时,还开展了"四清、四改、四通"(即清庭院,清路障,清渠道,清田园;改院,改厨,改厕,改圈;通路,通水,通电,通信息)等活动,彻底改变了原来"脏、乱、差"的状况。

3. 经济效益

2005 年农民人均纯收入只有 1759 元,而自从 2006 年开始加大力度实施"生态农业观光园"建设后,园区内的农民生活质量有了明显的改善,经济收入有了较大幅度的增长,2006 年农民人均纯收入达到 2300 元,2007 年农民人均纯收入达到 2800 元,2008 年达到 3180 元。

4. 社会效益

加快了观光园区内的农业产业结构调整步伐,促进了经济增长方式的转变,为该区域生态农业的持续发展奠定了基础。园区所属 7 个村民小组的 202 户农民家庭收入稳步提高,生活条件和生活环境得到明显改善,城乡差距也不断缩小。园区内农村大量废弃物资源得到循环利用,失地农民再就业的状况得到了明显的改善,有效地推动了园区内经济、社会和环境的协调发展,促进了农村社会的和谐稳定。生态农业观光园的建设,改善了园区内"脏、乱、差"的生产生活环境,有效地切断了园区内的病毒和传染病的传播途径,使园区内的村容村貌焕然一新,促进了农村生态文明建设。

5. 生态效益

园区内采用的"猪(牛、鸡)—沼—烟(药、菜)"等循环模式与"生态养殖—生态种植—生态观光"生态农业观光园模式有机结合,不仅提高了农产品的品质,而且减少了化肥农药的使用对土壤、水质造成的污染,促进了土壤的改良,提高了土壤的肥力,实现了土地的持续利用。同时,园区内沼气的广泛推广和应用,减少了园区内燃煤或柴火造成的大量废气和废渣的排放,改善了园区生态环境质量状况。另外,利用沼气池将人、畜、禽产的粪尿进行综合循环利用,有效切断了各种病毒、病菌滋生蔓延的途径,改善了园区的卫生条件,净化了环境和空气,实现了资源的循环再生,形成了农村生产和生态环境的良性循环。①

第六节 恩施州循环农业发展的对策建议

循环农业建设是一项综合性较强的系统工程,它涉及经济、社会和环境等多个方面,它不仅需要广大民众的积极参与,而且需要政府相关部门的支持和配合,另外还需要实施者从思想观念、运行机制、政策体制及技术支撑等层面不断进行开拓创新。目前,恩施州正处于传统农业经济模式向生态循环农业转型的关键阶段。因此,恩施州政府以及相关主管部门应该采取积极有效的综合配套政策措施,为发展循环农业创造良好的基础条件和政策环境。

一、加强宣传引导

发展循环农业是遏制恩施州农业生态环境不断恶化的趋势,提高农业的可持续生产能力,增加农民收入的需要。因此,恩施州政府以及相关部门应该切实把发展循环农业作为一件大事来抓,加强对民众进行循环农业知识的宣传引导,营造民众参与发展循环农业的良好氛围。

首先,加大宣传教育。通过恩施州内的广播、电视、报纸、杂志以及举办循环农业培训班等多种形式,不断加强对广大群众尤其是农民群众的循环农业知识的宣传教育,提高民众对循环农业的认识。农民是农业生产活动的主要参与者,只有让农民群众真正了解到发展循环农业的重要性和迫切性,才能积极有效地激发他们的热情,从而积极主动地走循环农业发展之路,也只有这样,循环农业才能真正得到推广和普及。

其次,倡导绿色消费。绿色消费大致有三层含义:一是倡导消费时选择未被污染、生态环保的绿色产品。二是转变消费观念,崇尚自然、追求健康,注重保护环境,节约资源,实现消费的可持续性。三是在消费过程

---

① 曹骞:《少数民族地区农业循环经济发展研究》,湖北民族学院硕士学位论文,2010 年,第 26、27、28 页。

中注重对垃圾的分类处置,减少环境污染。绿色消费符合循环农业的"4R"原则,有利于农业的可持续发展。因此,要把绿色消费作为推行循环农业的实践形式,对恩施州域内的消费者进行绿色消费观念教育,提高消费者对绿色生态食品的认知度,努力营造绿色消费氛围。

二、完善资金保障

发展循环农业,资金投入是关键,尤其是启动阶段对资金的要求比较高。恩施州由于经济发展水平落后,再加上支农银行信用担保体系不完善,导致缺少发展循环农业的资金支持。因此,恩施州政府应该积极采取各种有效措施,广开渠道,为循环农业的发展筹集必需的资金。

首先,要加强金融支持。恩施州作为贫困落后的民族自治地方要发展循环农业,实现农业可持续发展,强化金融支持是关键。恩施州委州政府在财政转移支付、项目的安排、金融信贷等方面,应向发展循环农业方面倾斜,为循环农业发展提供动力支撑。同时,健全和完善恩施州信用担保机制,减小信贷风险,为政策性金融和商业性金融参与循环农业创造条件。在坚持市场经济原则的基础上,加强恩施州域内农村信用合作社在农村消费信贷、联保贷款、小额信贷和必要的中长期信贷等方面,对农业提供资金支持。

其次,加大招商引资力度。恩施州要与时俱进,不断转变发展观念,加强招商引资力度,搭建循环农业发展的服务平台,创造良好农业投资环境,吸引更多外资流向恩施州,借助外部力量来推进恩施州循环农业发展更上一个新台阶。同时,通过广开渠道吸引投资。如:采取"政府搭台,企业唱戏"的方式,利用会展、网络宣传、农产品推介会、以商引商等形式进行招商引资,也可以鼓励民间资金和外资通过参股、联营、独营等方式支持恩施州循环农业发展。

三、提供技术支持

努力开发节能、环保、高效的农业高新技术是推进循环农业发展的基础,如果这些科技成果能够有效地转化为农业生产力,则会极大地推动恩施州循环农业的发展。

首先,加大农业科技创新和推广力度。目前,在循环农业技术的创新以及推广方面,恩施州还存在许多薄弱环节。因此,恩施州政府及相关主管部门必须加大科技创新和推广力度,加强州内外科研单位、大专院校和农业产业化龙头企业的交流合作,充分利用州内外的科研资源,积极争取项目、资金和技术方面的支持,整合优化农业资源配置,逐步建立和完善符合恩施州情的循环农业技术支撑体系,加快农业科技创新的步伐,提高农业科技对农业生产的贡献力。

其次,提供有效的政策措施保障。恩施州应采取积极有效的政策措施,为循环农业技术的研究及推广提供有力保障。如:可以通过建立循环农业技术服务中心,在恩施州域内的乡镇设立技术推广员,为从事循环农业的农户和企业提供技术上的指导;也可以通过建立恩施州循环农业发展的新技术及新品种的实验示范基地,多渠道推广和普及农业新技术;另外,恩施州政府要加快农业技术体制改革的步伐,努力为农业技术创新创造良好的条件和有利的环境,使得农业技术创新真正落到实处。

四、加强制度体系建设

循环农业是一种综合性的经济发展模式,它对相关的制度体系有较强的依赖性。因此,推进循环农业发展必须先从制度体系建设入手,建立健全一套较为完善的规章、制度和技术支撑体系,为其发展提供一个良好的制度环境。

首先,加强循环农业的保障体系和社会化服务体系建设。政策、法律、组织、环境等保障体系建设是发展循环农业的关键环节。因此,恩施州委州政府应大力推进制度创新,加强有利于循环农业发展的四大保障体系建设,建立循环农业发展的推进组织,强化恩施州农业基础设施建设和农业生态环境管理,为恩施州循环农业发展提供一个良好的制度体系环境。同时要加强农业咨询和市场调节社会服务体系建设,及时向州域内的广大农民传送最新农业科技和农产品市场信息以及农业技术咨询服务,为恩施州循环农业发展提供有力的后勤服务保障。

其次,加强农业标准化体系和环境监测体系建设。通过制定与实施恩施州农业产业标准化体系,对恩施州农业生产、农产品加工的全过程进行全面控制,促进农业科技成果和经验的推广应用,推动恩施州农产品流通和对外贸易。根据农业生产需要,以贴近农业、贴近生产单位、贴近农户为主要原则,建立恩施州域内的农产品检验检测机构。重点围绕"米袋子"和"菜篮子"工程,加强肥料、农药、种子等的检测力度,为农业生产的顺利进行提供可靠的保障。同时,还要逐步建立健全商品质量监督机构,对重要的农业生产资料市场进行跟踪监测,以确保农资商品质量安全。另外,还要不断完善恩施州农业生态环境监测体系,加强对农业土壤肥力、环境污染、病虫害、气象及灾情等方面的监测工作。

五、改善农业生产条件

发展循环农业,农业生产设施是基础,科学管理是关键。因此,在恩施州推行循环农业模式除了要具备一定的农业基础设施条件外,还必须加强农业生产的管理,努力减少农业生产过程中的物质消耗,这样才能真正实现农业的良性循环。

首先,加强农业基础设施建设。加强农业基础设施建设是发展循环农业的关键环节。恩施州要重点加强农田水利基础设施和农业环保基础设施建设,具体包括:一是要继续加大农田水利基础建设的投入力度,大力推广喷灌、滴灌等节水农业灌溉技术,避免漫灌等不科学的灌溉方式,积极发展节水农业。二是采取有效措施保护耕地,禁止利用基本农田保护区的耕地从事非农项目建设。三是加强沼气池建设,利用沼液、沼渣的还田来增加土壤的有机质含量,减少土壤中的化肥和农药使用量。四是健全农业灾害预防和监控体系,加强对农业灾害的预防和监控,通过对农业灾害的及时预警能够最大限度地减少农业生产的损失。

其次,加强农业物质投入的管理。恩施州在发展循环农业过程中应坚持减量化原则,减少农业生产过程中化肥、农药以及地膜的使用量,遏制农业污染逐步加重的趋势,促进农业的可持续发展。主要措施包括:一是要加强农业投入品的管理。通过政府主导,开展农业生产资料的综合整治工作,严禁假冒伪劣的农药和肥料进入市场,大力推广使用低毒、低残留、高效生物农药以及有机肥料。二是大力推广抗病虫害农作物新品种和测土施肥技术。在政府的支持下,加强对抗病虫害农作物新品种的引进和推广工作。同时,推广测土施肥技术,科学合理施肥。鼓励有机肥料还田,优化肥料结构,减少化肥、农药的使用量。三是严格执行国家无公害食品行业标准和省级无公害农产品生产技术规程,加强恩施州无公害农产品质量检测体系建设,促进无公害农产品生产基地的发展壮大。①

---

① 曹骞:《少数民族地区农业循环经济发展研究》,湖北民族学院硕士学位论文,2010年,第38、39页。

第十二章　产业结构优化升级与绿色
转型三部曲战略之二

——积极倡导低碳工业

　　恩施州与其他大城市相比不仅有地理位置和生态环境等诸多方面的优势，也有着像西部大开发、中部崛起等方面的政策优势，当然也有其不足之处。由于前期过快和盲目发展，恩施州的生态环境遭受资源浪费和破坏十分严重，所以走低碳工业的道路是恩施州的必然选择。当前恩施州积极倡导低碳工业的主要任务是明确恩施州工业发展的指导思想和发展原则，确立发展目标，搞好产业布局，全面落实各项措施，促进恩施州早日走上低碳工业之路。

第一节　恩施州发展低碳工业的基本原则

一、生态性原则

　　所谓生态性原则，即在低碳工业建设活动中，坚持生态规律优先、生态资本优先和生态效益优先三大基本原则，其核心是建立生态优先型经济即以生态资本保值增值为基础的绿色经济，追求包括生态、经济、社会三大效益在内的绿色效益最大化，也就是绿色繁荣。走低碳工业道路，必须追求生态效益、社会效益和经济效益三者的持续均衡，不可偏废。生态保护是伴随着工业化进程永远的主题，尊重、保护自然是资源开发利用的前提。合理地利用土地和其他自然资源，实现自然适度索取与最优回报间的平衡，人工环境与自然环境的和谐共存。

二、多样性原则

建设生态型工业、追求绿色繁荣,在客观上必须坚持多样性原则。从基本层面上看,坚持多样性原则包括维持生物的多样性、文化的多样性以及人—自然—社会这个复合生态系统存在形式的多样性。恩施州在推进新型低碳工业化过程中,应该充分挖掘民族文化中的传统生态知识,以更强地体现出文化与生态的互动。不仅要注重生物多样性保护,更要维护各民族传统文化的美以及地方性生态文化的发扬。

三、广泛性原则

随着经济的发展,社会主体越来越多样化,利益格局呈现出多元性。在社会经济活动中,政府、个人与社会团体等应将公共利益作为最高诉求,通过多元参与、良性互动,达成关于公共利益的共识。走低碳工业道路必须重视资源的节约和有效利用,使有限的资源实现效益的最大化。政府部门必须充分考虑资源的承受能力和涵养、接续能力,在合理增加资源的有效供给的同时,努力节约资源,保护环境,缓解资源硬约束。在追求公共利益过程中,通过合作、协商、伙伴关系、确立认同和共同的目标等方式实施对公共事务的管理;生态治理的良性互动机制建立在市场原则、公共利益和认同的基础之上,其权力向度是多元的、相互的,让民众和社群有权决定自己的生态命运和社会命运。

四、公开性原则

低碳工业追求一种更高意义上、更现代意义上的社会公正,其前提和基础是作为社会资本的公民社会。参与公共事务是每个公民不可或缺的意识与责任,多元治理、公民参与、对话协商是做好项目决策的基本形式。生态型工业的建设,必须与民主结合起来,呼唤一种新的知识语境与话语体系。它兼收并蓄了社会主义的公正与公平原则,在社会公正的基础上寻求社会效率,使公正与效率达到一种动态的和谐。恩施州作为民族自治地区,对未建项目可能产生的生态影响和在建项目所产生的负外部性要公开透明,让民众享有基本的知情权和价值判断的机会。此外,要始终尊重各族民众的主体地位,保障其生态权益不受侵犯,促进人的全面发展,做到发展为了人民、发展依靠人民、发展成果由人民共享。

五、整体性原则

政府是一个具体的行为机构,通过提供充分而必要的公共物品来维持社会生活的协调运转。高品质的政府行政需要较好的公共政策和较高的工作效率,在整体配合上表现为由自发性整体到自觉性整体的演进。对待生态环境问题的预防、应急处理等,国土、安监、环保等政府各相关职能部门要群策群力,整体联动。在建立健全环境保护基本制度、重大环境问题的统筹协调和监督管理、落实国家减排目标的责任、提出环境保护领域固定资产投资规模和方向等方面,政府负有不可推卸的责任和义务。

第二节　恩施州发展低碳工业的定位分析

发展低碳工业,从人类共同责任上考察,是节能降耗、保护人类生存发展环境的客观要求;从文明进程考察,是调整经济结构,提高能源利用效益,发展新兴低碳工业,建设生态文明的必然选择;从发展方式考察,是转变以往先污染后治理、先粗放后集约的发展方式,实现经济发展与资源环境保护双赢的基本途径。恩施州走低碳工业之路不仅是时代所趋,也是恩施州人民的共同愿望。

一、恩施州发展低碳工业的优势

恩施州确定并实施的生态立州、绿色繁荣战略,与发展低碳工业的要求完全吻合。生态立州、绿色繁荣战略的提出,从根本上抓住了恩施州经济发展阶段与现状的本质。恩施州发展低碳工业,有着大平原、大城市等其他许多地方没有的绝对优势,同样也有着劳动力之类的相对优势。

(一)丰富的森林资源

离了林业,就谈不上低碳。林业在发展低碳经济中有着其他产业所没有的优势,这种优势在于林业具有其他产业所不具备的一种重要资源——森林。研究表明,地球上每增加1%的森林覆盖率,可以从大气中吸收0.6亿至7.1亿吨碳。恩施州拥有得天独厚的森林资源,森林覆盖率达到68%,森林面积达到1702万亩,加上近年新增退耕还林等部分,实际森林面积可能在2000万亩以上。恩施州的林业经济可以说都属于低碳经济,主要表现在三个方面:首先,各类产业基地,如经济林果、木本药材等基地;其次,林业加工业,目前恩施州有很多木材初加工产业,少量精加工企业,如林副产品的加工业——宝石花漆筷、山野菜加工、利用植物提取蛋白等;再次,还有森林旅游业,恩施州的生态旅游都跟林业有着十分密切的关系,2009年其产值就有29亿元。在条件成熟后,可实行林业碳汇(林业碳汇就是利用森林的碳汇功能,把二氧化碳吸收并固定在森林和土壤里,同时按照一定规则进行交易的机制)。

(二)独特的原材料优势

恩施州独特的地理位置和特殊的气候,生产出了一大批恩施州所特有的农产品、特质木材、名贵药材等。特别是恩施州富集的硒资源为农产品加工业贴上了最特殊的标签。目前,恩施州在成功申报注册"恩施玉露茶"农产品地理标志证明商标的基础上,又有1件农产品地理标志集体商标"利川山药"和1件证明商标"宣恩贡茶"在国家商标局留下了其符号。"鹤峰茶""来凤生姜"正处于申报过程之中。恩施州已累计申请注册商标2216件,已获得注册商标证的有1540件,其中农产品注册商标1100件,这无疑是对恩施州农产品深加工的一次次肯定。根据恩施州自然地理条件、资源状况、发展基础和国内外市场需求,今后应重点发展魔芋、富硒茶、地道药材、特色蔬菜和特色干鲜果五大特色农产品,并进行深加工,打造自己的特色品牌。

历史上已形成了"鸡爪黄连""紫油厚朴""湖北贝母""板桥党参""窑归"等著名品牌,是传统出口创汇品种。目前,恩施州药材种植面积80多万亩,其中,草本20万亩,木本60万亩,并已培植了八峰药化、湖北施恩堂、利川香连药业、建始玉泉等药业企业。随着国家《中药现代化发展纲要》的实施,生物医药蓬勃发展,天然植物药物走俏全球,地道药材产业前景十分广阔。

(三)可再生能源丰富

清洁能源是不排放污染物的能源,包括核能和可再生能源。恩施州有丰富的可再生能源,如水力发电、风力发电、太阳能、生物能(沼气)等。水力发电是恩施州最大的可再生能源,其水能资源理论蕴藏量达 509 万千瓦,可开发量 350 万千瓦,是湖北省除宜昌地域外水能资源最富裕的地区。目前在建、续建电源总装机达 100 万千瓦。风力发电也是恩施州清洁能源的一个支撑点。由于特殊地形和气流循环,利川齐岳山形成了一个内陆地区较大的风带,风力资源理论蕴藏量 50 万千瓦,可开发量 38 万千瓦。沼气池建设是恩施州农村清洁能源建设的一个突出亮点。研究表明:户用沼气池的建设可减少化石燃料的使用和二氧化碳的排放,预计每个农户可实现温室气体减排 1.43—2.0t 二氧化碳当量,整个项目实现年减排温室气体 58444t 二氧化碳当量。据报道,由中国农业科学院农业环境与可持续发展研究所董红敏博士和李玉娥研究员主持开发的"湖北省恩施州生态家园户用沼气池"项目已于 2009 年年底获联合国批准,并成功注册为清洁发展机制(CDM)项目。这是联合国第一个根据我国专家提出的由该方法开发并获准注册的农村户用沼气 CDM 项目。按照《京都议定书》规定,该项目产生的减排量获准注册后将签发转让给发达国家,这笔碳交易达成,在帮助恩施州农民节能降耗、改善居住环境、提升生活方式、保护生态环境的同时,今后 10 年还可为 3.3 万农户带来 6000 万元的直接经济效益。此外,太阳能使用,也是恩施州清洁能源的重要方面。①

(四)强大的后发优势

恩施州由于交通、信息、科技、人才、基础条件等方面的不足,在中国工业化的过程中是滞后的,这一点是事实。但应该清醒地看到,滞后是基于传统工业化的滞后,从新型低碳工业化角度考量,落后并不太多。我们

---

① 谭志喜:《生态文明视角下恩施州低碳经济发展研究》,《科技创业月刊》2010 年第 7 期,第 5 页。

没有传统的高能耗、高污染的工业集群,因而也就不存在转轨所必需的资本、技术、再就业、再培训等种种矛盾与冲突;生态环境污染从总体上还在优良的等级上,不需要巨额的治理投入;生物资源极其丰富,并已形成了较厚实的绿色产业基础,如近500万亩绿色产业基地、一批龙头企业和专业合作组织、一定规模的标准化生产和品牌建设;绿色环保理念逐步强化,绝不能再走先污染后治理的老路已成为绝大多数干部群众的共识等。

二、恩施州发展低碳工业的劣势

(一)资金投入不足,低碳工业进程缓慢

近年来,尤其是实施西部大开发战略以来,从中央到地方各级政府,大都把主要精力和资金放在基础设施和生态环境建设方面,对特色低碳产业特别是低碳加工制造业的发展没有给予足够的重视与支持,国债资金和财政资金对低碳工业的扶持力度十分有限。加上恩施州招商引资没有获得实质上的重大进展与突破,资本市场发育滞后,缺乏对民间资本的引导,实际利用外资水平低下,其结果是特色低碳产业发展不足,低碳工业增长无力,低碳工业化进程缓慢,经济增长缺乏支撑。

(二)产业链条粗短,资源综合开发能力低

恩施州拥有较为丰富的农业、生物、能源、矿产等资源,但围绕这些优势资源所形成的一些特色产业,大都加工深度不够,产业链条较短,资源综合开发利用水平较低,不能有效带动一批相关产业的兴起和发展。这些资源型的特色产业中,往往又存在着初级产品、中低档产品比重过大,产品的质量档次和附加值不高,从而导致优势资源难以形成整体产业优势并发挥应有的经济效益。

(三)产业配套能力差,社会化服务体系不健全

现代企业的发展需要相适应的产业配套条件。恩施州目前无论是基础设施和生产布局配套,还是生活质量与创业环境配套,都难以适应特色产业快速发展的需要;无论是硬环境还是软环境,与沿海地区相比较,都还存在着巨大的差距。其中最主要的是,由于各类市场发育不完善,社会化服务水平较低,技术、信息服务、咨询、培训等中介机构不发达,地方政

府对中小型企业的服务支持体系不健全,严重制约了民营中小企业的发展。同时,中小企业担保资金、风险投资基金等发育滞后,民间资本投资无门与银行贷款高门槛、高成本现象并存,导致相当数量的中小型企业融资十分困难。

(四)企业管理水平低,外部环境尚需改善

从总体上看,恩施州工业企业管理水平不高,经营管理人才奇缺,管理制度不够完善,影响了劳动生产率的提高。尽管恩施州劳动力资源丰富,平均工资水平较低,但由于劳动生产率更低,实现的单位产出所花费的工资额即效率工资水平有可能反而高于沿海地区企业,由此影响了恩施州低工资成本优势的发挥。同时,投资创业的软环境、行政办事效率、务实的优惠政策、税费征收等方面还有待切实有效的改善。

(五)没有形成低碳产业集群

恩施州在低碳产业发展上还存在诸多问题:一是仍未摆脱依赖资源发展的产业格局。恩施州现有工业企业基本上属于资源密集型产业,这种单一的资源密集型主导产业和初级产品加工的方式造成产业分工层次低、产品附加值低、资本积累速度慢、产业竞争力严重不足。二是产业链缺损,没有形成产业自身内在的发展机制和辐射能力,同时也难以带动其他相关产业的发展。三是企业组织机构结构不合理,没有形成专业化分工与协作的地方性合作网络,尤其是大中型企业的低辐射性和地方小型企业的内向性形成贫困地区特有的"双重封闭的二元结构",使大中型企业与地方一般型企业之间无法建立起良好的分工协作关系。四是尚未建立起适应产业集群形成的制度环境。由于市场发育不完善,依然存在一定程度的行政干预和地方保护主义现象,生产要素在产业间和地区间的正常流动还受到各种壁垒的牵制,由此制约了生产要素在产业间和地区间的聚积和相关产业群的形成。

第三节 恩施州发展低碳工业的战略布局

恩施州推进低碳工业必须坚持走中国特色新型工业化道路,按照建设资源节约型、环境友好型社会的要求,以设计开发生态化、生产过程清洁化、资源利用高效化、环境影响最小化为目标,坚持节约、清洁、低碳、安全发展,健全激励和约束机制,大力增强工业的可持续发展能力。重点做好四个方面的工作。

一、加快构建资源节约型、环境友好型工业体系

按照淘汰落后生产能力、改造升级传统产业、加快发展战略性新兴产业的思路,充分利用现有工业基础,坚持调整优化存量与积极有效发展增量相结合,应对当前发展与培育未来产业竞争力相结合,加快构建产业结构优化、产业链完备、科技含量高、资源消耗低、污染排放少、可持续发展的工业体系,从主要依靠规模扩张、过度消耗能源资源的粗放发展向注重效率、注重发展质量和效益的可持续发展转变。针对节能降耗、环境保护等薄弱环节,继续加大企业技术改造力度。在钢铁、化工、有色、建材等重点行业组织开展"两型"企业和工业园区建设试点工作,探索重点行业资源节约型、环境友好型发展模式。

二、积极推进低碳工业结构优化升级

恩施州必须进一步提高重化工业在能耗、环保、资源综合利用等方面的准入门槛,严格实施低碳工业投资项目节能评估和审查制度,加强对产能过剩行业建设项目的管理;严格控制恩施州钢铁、水泥、平板玻璃等产能过剩行业的新增能力,遏制传统煤化工等高耗能、高污染行业的盲目发展。抓紧建立完善淘汰落后产能退出机制,采取经济、法律、技术和必要的行政等一系列综合措施,加快淘汰落后生产能力。积极开展恩施州跨地区兼并重组,加快用先进生产能力取代落后生产能力,调整优化产品结构和产业结构。积极培育一批技术先进、资源利用水平高、产品竞争力强的示范企业,带动行业绿色发展。[①]

---

① 苏波:《促进绿色低碳发展推动工业转型升级》,《中国科技投资》2012 年第 1 期,第 8 页。

三、努力形成节约、清洁、循环、低碳的生产方式

更加注重从资源投入和使用、产品设计开发、生产制造、后端治理等环节,全过程、全方位建立节约、清洁、循环、低碳的新型生产方式。以节能降耗、清洁生产、循环经济、低碳技术为核心,推进企业生产方式的低碳转变。推动企业节能、节水、节约原材料,健全企业能源资源管理制度,强化主要行业单位产品能耗对标管理。推进生态设计开发,开展清洁生产重大技术示范和重点企业清洁生产审核。推动资源再生和机电产品再制造产业发展,加强企业废物综合利用,建设全社会资源循环利用体系。积极发展低碳技术和低碳产业,加快低碳技术研究开发,抓好传统工业低碳技术示范和推广应用。①

四、大力培育战略性新兴低碳产业

充分利用国家精准扶贫的战略机遇,抓住发达城市结对帮扶落后地区的契机,积极学习发达地区科技创新的最新成果,调整优化原材料工业,提高信息产业核心竞争力。结合恩施州的地理位置与资源禀赋优势,培育具有恩施州特色的战略性新兴低碳产业。比如:富硒产业。切实把节能减排约束性指标转化成对节能环保低碳产业的市场需求拉动力量,全面推进节能环保低碳技术、装备、产品、服务发展,促进节能环保低碳产业发展。力争在恩施州建立硒产业科技园,硒产品创新平台以及硒产业相关的上市公司,完成富硒产品的研发和提升,并确保高科技含量,具有世界竞争力的富硒产品能够顺利进入市场。通过大力培育战略性新兴低碳产业,将高消耗、高污染的产业逐步淘汰,建立全面的战略性新兴低碳产业。将恩施州打造成为新兴低碳产业聚集地,加快世界"硒产品"生产基地建设,提高恩施州的知名度和影响力。

---

① 苏波:《促进绿色低碳发展推动工业转型升级》,《中国科技投资》2012 年第 1 期,第8 页。

第四节　恩施州发展低碳工业的战略保障

一、推动企业技术创新的激励政策和保障制度

依靠科技进步实现经济增长是新型工业化道路的本质属性,应该制定和实施切实有效的技术创新扶持政策,改善技术创新环境,鼓励和支持企业进行技术创新,加速企业技术进步。通过运用财政补贴、财政贴息、委托研究开发、财政基金资助、税收优惠、提供信息咨询服务等方面的政策手段,支持企业技术创新和高新技术产业化,从人事、资金、薪酬、股权等方面建立企业有效吸引、培养和使用高水平研发人才、增加研究开发经费投入、淘汰落后生产工艺和产品、采用新技术、开发新产品的激励机制。同时还要加大知识产权保护力度,打击不正当竞争,以保证企业和科技开发人员能够从技术创新中获得切实的利益。

二、发展高科技产业和改造传统产业的政策

只有大力发展高新技术才能占领全球竞争的制高点,但高新技术开发和产业化具有高投入、高风险的特点,恩施州企业的规模较小,经济实力有限,多数企业难以承受这种"双高"压力。如果完全依靠市场自发的力量,将影响恩施州高新技术产业的发展速度,因此政府需要采取一定的措施和方式对高新技术产业实行必要的扶持。可以借鉴国外发展高科技产业的成功经验,采取政府无偿资助、财政专项补助资金、设立高科技研发基金、风险投资基金、加速折旧、税前扣除试验研究费、政府优先采购等产业政策支持高新技术产业的发展。同时,政府公共财政也应加大对战略性、关键性技术先期开发的资金投入,增加对科技成果转化的支持力度。

三、促进资源节约与合理利用的政策和制度

恩施州的自然资源禀赋较为理想,水、森林、铁矿等重要资源的人均

拥有量在世界上处于较高水平,这是实现工业化的一个非常有利的影响因素。要改变长期以来靠大量消耗资源来维系经济增长的粗放型发展方式,需要制定一系列相关政策和制度,改变粗放的资源供应和消费模式,建立起节约资源机制,以保障在工业化过程中合理使用、节约和保护资源,提高资源综合利用水平。

四、改革党政领导干部考核选拔制度

当前出现的只重视发展经济、忽视社会发展和环境资源保护的倾向,与这些地方和部门盛行"以 GDP 增长论英雄"的领导干部政绩考核制度有直接关系。所以,要实现向生态性、文化性的"两个根本转变""走新型低碳工业化道路",应根据"树立全面、协调、可持续的发展观,促进经济社会和人的全面发展"的要求,改革现行制度,建立新的党政领导干部考核选拔制度。新制度应在明确领导干部职责的基础上,设计考核体系。考核结果应与领导干部的奖惩和提拔降免真正挂起钩来,才能引导各级领导干部转变"发展观"和"政绩观",将工作重心转到促进地区经济、社会和人的全面发展上来。①

---

① 李同宁、柳兴国:《构筑新型工业化的保障体系》,《山东经济》2014 年第 5 期,第 16 页。

第十三章 产业结构优化升级与绿色转型三部曲战略之三

—— 稳步推进生态文化旅游业

2008年11月,湖北省委省政府作出了打造"鄂西生态文化旅游圈"的重大战略决策,给恩施州生态文化旅游业快速发展带来了前所未有的机遇,更大程度上是给恩施州经济社会全面发展、实现绿色繁荣带来了千载难逢的机遇。恩施州位于湖北省西南部,云贵高原东延,武陵山余脉与大巴山之间,东西两头分别是武汉和重庆,并与长江三峡、张家界形成旅游金三角,属中亚热带季风性山地湿润气候,具有多样化、多层次、冬少严寒、夏无酷热等特点。恩施州有着美丽的自然风光和良好的生态环境,还是巴文化的发源地,巴楚文化和巴渝文化在这里交融,是土家族苗族文化的摇篮,积淀了绚丽多彩的民族文化。

第一节 恩施州生态文化旅游发展定位

一、指导思想

以生态文明建设为统领,贯彻落实湖北省委省政府建设"鄂西生态文化旅游圈"的重大战略决策,实施"三州"战略,推进绿色繁荣,不断增强恩施生态功能,铸造恩施生态文化旅游品牌,发展恩施生态文化旅游产业,实现"绿色恩施、生态恩施、文化恩施",力争把恩施州建设成为国家级生态文明示范区和国内一流、国际知名的生态文化旅游目的地。

二、建设目标

（一）总体目标

以建设"生态文明示范区"和"生态文化旅游目的地"为目标,以发展"生态文化旅游"为切入点,不断增强恩施州的生态功能,促进恩施州传统经济向生态型旅游经济、循环型绿色经济和规模型特色经济转型,铸造生态文化品牌,发展生态文化产业,提高生态文化效益,营造清洁、优美、健康、安全、和谐的生态文化环境。

（二）阶段目标

1.近期目标

——大力倡导和推进绿色化生产,遏制并逆转资源开发利用中对生态环境造成较大破坏的趋势,有效控制人为因素产生新的环境问题,促进人与自然和谐发展。

——深入挖掘具有土苗民族特色的生态文化旅游资源,提升生态文化旅游的品质品位,促进生态文化旅游业的上档升级,力争打造三个5A级的生态文化品牌景区。

——进一步统筹恩施州城乡及区域自然生态环境向净化、绿化、活化、美化的生态景观演变,逐步实现城乡居民传统生产、生活方式及价值观念的生态化转型。

2.远期目标

——不断地恢复和保护恩施州现有的自然生态资源,力争将恩施州打造成为"武汉城市圈后花园"、华中地区生态文化旅游环境绿色屏障。

——努力建成2—3个国内外知名的生态旅游目的地,整合自身优势特色资源,积极融入"鄂西圈",力争将恩施州打造成为"鄂西圈"域内的生态文化旅游经济增长极。

——不断健全与完善恩施州生态资源有偿使用与生态补偿的绿色管理机制与体制,实现传统经济向绿色经济的全面转型,力争将恩施州打造成为国家级生态文明示范区。①

第二节　恩施州生态文化旅游功能分区

一、生态文化旅游功能区划目标

生态文化旅游功能分区是根据区域生态文化旅游系统类型与系统服务功能类型特点,划分出不同的地域单元,其目的:一是有效地研究各生态文化旅游功能区环境现状及其发展趋势,以便在统筹规划的前提下,因地制宜地为不同生态文化旅游功能区的生态文化旅游环境改善提供对策建议;二是针对不同生态文化旅游功能区的特征,分析生态文化旅游与环境保护对立统一的矛盾,探索实现生态效益、文化效益、经济效益三者统一的发展模式和有效途径。

二、恩施州生态文化旅游功能分区体系

从生态文化旅游的视角,将恩施州划分为四个复合生态文化旅游功能区,即两江一峡复合生态区、高山—草原—溶洞复合生态区、自然森林景观复合生态区、土苗文化—红色旅游复合生态区;在一级复合生态区划分的基础上,根据本区内生态资产、生态服务功能以及生态文化旅游的特点,进一步划分为 11 个二级复合生态文化旅游亚区(详见表 13-1)。

表 13-1　恩施州生态文化旅游功能分区

生态文化旅游功能区	生态文化旅游功能亚区
两江一峡复合生态文化旅游区	长江支流神农溪流域复合生态亚区
	清江流域复合生态亚区
	高山峡谷复合生态亚区

---

① 张新平、曹骞:《恩施州生态文化旅游圈功能区划构想》,《宏观经济研究》2009 年第 10 期,第 75 页。

生态文化旅游功能区	生态文化旅游功能亚区
高山—草原—溶洞复合生态文化旅游区	齐岳山生态草原复合生态亚区
	福宝山生态水域复合生态亚区
	腾龙洞生态溶洞复合生态亚区
自然森林景观复合生态文化旅游区	坪坝营国家森林公园复合生态亚区
土苗文化—红色旅游复合生态文化旅游区	满山红红色旅游复合生态亚区
	容美土司文化复合生态亚区
	舍米湖土家摆手文化复合生态亚区
	小茅坡营苗寨民俗村复合生态亚区

三、恩施州生态文化旅游功能区建设基础

(一)两江一峡复合生态文化旅游区

本区两县一市(巴东县、建始县、恩施市),人口共计 165.64 万人,土地总面积 9845 平方公里。

1. 生态区位

本区是恩施州内沿清江河流、长江神农溪支流的滨江地域空间,也是州内"江—峡"过渡生态文化景观区。其生态文化旅游服务功能以水生态文化旅游服务为主导,水生态文化旅游资产丰富,空间分布范围广,江域、峡谷在生态结构和功能上的结合形成了本区的比较生态文化旅游优势。

2. 外部生态支持系统

通过水生态资产的内外联通,本区同域外在生态文化旅游服务供需上形成很强的关联性。长江下游的三峡大坝复合生态文化旅游区、清江源头—宜都复合生态文化旅游区、北部神农架复合生态文化旅游区等是本区发展直接而重要的生态文化旅游支持系统。

(二)高山—草原—溶洞复合生态文化旅游区

本区所辖主要是利川市。利川是州内海拔最高、人口最多的地区,人

口共计 72.47 万人,土地总面积 4612 平方公里。

1. 生态区位

本区是恩施州内清江流域源头,雄踞湖北"西大门",东连恩施、咸丰,西接万州、黔江,省际边界长达 350 余公里,覆盖高山生态草原型、高山生态水域型、高山生态溶洞型三个各具特色的生态文化旅游资产类型。生态文化旅游资产多样性和丰富度是本区比较生态优势,也是城镇发展所需生态服务多样性的基础。

2. 外部生态支持系统

本区在生态供给和功能上与外部紧密吻合,是自然与人文和谐的交汇地。重庆的万州复合生态文化旅游区、黔江复合生态文化旅游区等是本区发展直接而重要的生态支持系统。

(三)自然森林景观复合生态文化旅游区

本区所辖主要是咸丰县。该区域是自然生态文化景观变异较大的地区,人口共计 36.48 万人,土地总面积 2550 平方公里。

1. 生态区位

本区具有多样的地貌景观资源,以古、奇、秀、幽、野等景致构成的浓郁原始气息为显著特色,原始森林资源及土(家)苗文化资源也较丰富。生态文化资产的多样性和丰富度是该区独特的生态区位优势,是增加生态文化产业多样性、提高人居环境质量的基础。

2. 外部生态支持系统

本区的外部生态支持系统构成包括:南部的黔江小南海复合生态文化旅游区、西北部的星斗山自然保护区、东北部的恩施主城复合生态文化旅游区。

(四)土苗文化—红色旅游复合生态文化旅游区

本区所辖鹤峰、来凤、宣恩三个文化富集县,区域内人口共计 86.29 万人,土地总面积 6971 平方公里。

1. 生态区位

本区具有丰富的生态文化旅游资源。宣恩县、来凤县以土苗文化为代表,民族文化底蕴丰厚;鹤峰县是国家审定的一类革命老区县,革命遗址及革命建筑物共有 50 多处。

2. 外部生态支持系统

本区域周边具有十分丰富的生态文化旅游资源和较为便捷的交通体系支持,处于长江三峡、凤凰古城、张家界国家森林公园的黄金三角生态文化旅游的结合部。①

第三节　恩施州生态文化旅游产业发展措施

一、两江一峡复合生态文化旅游区建设

充分发挥"两江"岸线水路交通优势,加快港口生态文化旅游建设与保护。整合沿线港口生态文化旅游资源,合力将"长江巴东港"建成区域性重要生态文化旅游港口,形成"一港多区"的生态文化旅游路线网络。

运用生态环保城市的理念,调整和优化以恩施市为中心的城市空间布局。以建设生态文化旅游城市为目标,将恩施市打造为湖北民族地区第一生态文化旅游城市示范区。

实施"一体两翼"(恩施为主体,巴东、建始为两翼)主城区向沿江地区发展的战略,建设沿江新兴生态城镇群。实现沿江城镇与主城区交通便捷、产业融合、互联互动,加强沿江城镇与主城区的生态文化关联性、景观互补性和布局协调性,提升区域整体功能。

建立两江一峡生态文化旅游资源保护带,在科学保护和管理"江域—峡谷"生态文化旅游服务功能的前提下,整合长江水域及清江沿岸带的自然景观资源,形成独特的长江—清江沿江"江域—峡谷"生态文化景观画廊,发展以生态、科普、研修、度假、观光等为主体的两江一峡生态文化旅游业。

---

① 张新平、曹骞:《恩施州生态文化旅游圈功能区划构想》,《宏观经济研究》2009 年第 10 期,第 76 页。

二、高山—草原—溶洞复合生态文化旅游区建设

以利川为中心,以清江、腾龙洞生态文化旅游带为主轴,利万线、利奉线为辅轴,重点建设清江源头保护区、腾龙洞生态文化旅游区、齐岳山休闲度假避暑区,使其自然生态景观得到保护和恢复。

建设生态人文商旅区。保护以鱼木寨、大水井为主体的传统土家族古建筑风貌,弘扬古城特色。在相邻地带可视范围新建生态文化景观带以及与之协调的生态人文商旅区。

保护生物多样性。在生态文化旅游的发展中,保持生物物种的多样性,在苏马荡、甘溪山、福宝山等生态文化旅游区景观绿化中避免品种单一,防止外来物种入侵。

将古城保护、新城开发、城市生态文化景观建设与城市基础设施的建设统筹规划,在利川市区修复古城建筑,恢复其生态文化功能,整治清江河道和街巷尽量采用可渗透性绿色生态文化河岸和路面,增建绿地。

三、自然森林景观复合生态文化旅游区建设

加强对本区森林生态文化资源的保护与利用,在景区周边宜林地发展多种经济林、绿化林、防护林、特种林等,以增强本区水土保持、水源涵养、景观美学等生态文化服务功能。

建立以森林生态农业为主体的生态产业体系,以生态农产品、生态食品深加工和乡村人居环境绿色化为核心,发展现代化的特色农业、休闲农业、观光农业及生态文化园区。

开展全面系统的自然森林生态文化景观生态规划,在保留原貌的基础上,采用先进的生态工程技术,有效地对原生态文化景观进行适当调整和改造。

保持景区原始自然生态、人文生态,保留接待服务设施中的土苗民族文化特色,健全完善独具土苗风情的生态文化休闲度假设施。

四、土苗文化—红色旅游复合生态文化旅游区建设

保护和传承"湖北第一苗寨"——小茅坡营苗寨民俗村的苗语文化、表演艺术文化、苗寨礼仪节庆风俗文化等非物质文化遗产,恢复和发展苗寨自然生态文化景观,提升苗寨生态文化观光旅游的品质、品位。

打造来凤原生态摆手舞品牌,丰富生态文化旅游经济内涵,实现生态旅游与文化的有机融合,和谐发展,进而增强来凤全面发展的生态文化软实力。

整合鹤峰土苗文化—红色旅游资源,继续加大对屏山容美土司爵府遗址以及周边生态景观的保护与利用,不断挖掘屏山的红色文化旅游资源,促进生态文化旅游上档升级。

充分利用走马茶叶之乡的美誉,弘扬少数民族地区生态茶文化,建设生态文化茶叶企业,发展以生态文化茶叶为中心的生态茶叶循环经济,提升茶叶生态文化旅游的品质品位。①

第四节 恩施州生态文化旅游产业发展保障

一、政策法规保障

(一)健全地方有关政策法规

在遵循国家法律法规的前提下,保证恩施州生态文化旅游圈的特色建设,加快恩施州生态文化旅游的立法进程,结合阶段目标,分阶段制定地方性法规和政策规章,努力将恩施州生态文化旅游圈建设纳入法制轨道,以确保恩施州生态文化旅游圈建设的权威性、严肃性和延续性。

(二)规范行政执法行为

按照统一、精简、效能原则,设立各县市的生态文化环境管理执法部

---

① 张新平、曹骞:《恩施州生态文化旅游圈功能区划构想》,《宏观经济研究》2009 年第 10 期,第 78 页。

门,健全满足规划实施不同阶段需要的行政制度,加强执法队伍建设,强化执法人员的法制意识、服务意识和生态文化保护意识,规范行政执法行为,依法行政。

(三)纳入经济与社会发展规划体系

纳入的内容主要包括:规划指标、资金平衡和建设项目等。规划指标的纳入是根据各时期发展目标和重点的不同,有选择地将重点生态建设指标纳入国民经济和社会发展规划中。指标的纳入要考虑不同级指标之间的协调一致。资金平衡和建设项目的纳入是指将生态环境建设资金纳入到国民经济和社会发展计划中的资金和物资综合平衡。

二、组织机构与管理保障

(一)健全规划实施的行政管理体系

恩施州州委州政府是生态文化旅游实施的主要领导者、组织者和责任承担者;各种企事业单位是规划的具体执行者;人民代表大会及其下设的工作委员会对规划行使决策与监督管理,恩施州生态文化旅游建设规划必须先通过恩施州人大审议,然后颁布实施。同时,恩施州人大还负责组织和拟定有关议案和法规,审议规划、法规、经费预算,调查重大环境问题和环境案件并提出相关意见和建议,监督政府的规划和计划的执行情况等。

(二)实行生态环境保护一票否决制

在项目审批阶段,对不符合《恩施州生态文化旅游保护与发展》要求的开发行为予以否决;在县乡镇村等行政区域的评优创建活动中,对不重视生态文化环境建设、出现严重生态文化环境破坏事故的予以否决;在企业评优、资格认证等活动中,对环境行为不符合生态环境保护要求的予以否决。

三、资金筹措与投资保障

(一)加大财政投入力度

各级政府要按照建立公共财政的要求,把生态文化旅游建设资金纳入本级年度财政预算,保证逐年有所增长。对于生态文化旅游保护和建设、重要生态功能区、自然保护区和生物多样性保护与建设、生态环境监督能力建设等社会公益型项目,要以政府投资为主体,实施多元化投资。重大的生态文化旅游建设项目应优先纳入国民经济社会发展计划。

(二)设立生态文化旅游建设引导资金

采取财政贴息、投资补助和安排项目前期经费等手段,支持生态文化旅游重点项目建设,以使社会资本对生态文化旅游业建设投入能取得合理回报,推动生态文化旅游建设和环境保护项目的社会化运作。

(三)建立多元化融资渠道

发挥市场机制配置资源的基础性作用,支持生态文化旅游项目进行设备融资、发行企业债券和上市融资,允许经营生态文化旅游建设项目的企业以特许经营权、林地、矿山使用权等作抵押进行贷款。实施财政贴息贷款、延长项目经营权期限、减免税收和土地使用费等优惠政策,调动全社会资金投入的积极性。

四、公众参与和社会监督

(一)加强宣传教育

各级教育、劳动部门要重视生态文化知识、生态经济技能教育和培训,面向社会、面向基层、面向青少年,抓好生态文化基础教育、专业教育、社会教育和岗位培训,让可持续发展战略深入人心,把发展生态文化、经济、保护自然生态环境变成全体公民的自觉行动。

(二)鼓励公众参与和加强社会监督

积极发动、组织引导人民群众参与生态文化旅游建设工作,形成生态文化旅游建设的广泛群众基础,建立和完善公众参与制度,涉及群众利益的规划、决策和项目,应充分听取群众的意见,及时公布生态文化旅游建设重点内容,扩大公民知情权、参与权和监督权。充分发挥工会、共青团、妇联等社会团体作用,积极组织和引导公民从不同角度、以多种方式,积极参与生态建设。

第五节 恩施州生态文化旅游竞合力实证分析

在经济全球化背景下,随着物质生活水平的日益提高,人们对精神文化、娱乐休闲、生态旅游的需求不断增加。为了满足日益增长的旅游消费需求,全球旅游产品不断创新,生态文化旅游应运而生。恩施州生态文化旅游资源丰富,生态文化旅游产业成为推动恩施州地方经济发展的主导产业之一。在市场经济条件下,恩施州域生态文化旅游产业发展过程中自发产生竞争与合作,但是这种"竞争与合作"的程度还很低,伴随着诸多问题,并在很大程度上影响到了生态文化旅游产业的发展。本书遵循系统性、科学性原则,选取恩施州六县二市作为研究对象,运用定量与定性方法对恩施州各县市生态文化旅游产业竞争与合作状况进行分析,全面剖析恩施州生态文化旅游产业发展的竞争与合作现实,通过各县市生态文化产业竞争力水平分析总结竞争与合作中存在的问题。

一、恩施州生态文化旅游产业发展的基本情况

(一)发展历程

从 20 世纪 60 年代初开始,旅游产业在世界范围内逐渐开始发展。在这样的大背景下,20 世纪 80 年代,恩施州旅游产业逐步开始发展。通过调研和查阅相关文献资料可以归纳出,恩施州生态文化旅游产业主要经历了起步、成长、发展三个阶段。

起步阶段(1980—2005 年)。在这一阶段,恩施州旅游产业发展很缓慢。1991 年,巴东县申报了第一个国家 A 级景区——神农溪景区,标志着恩施州旅游产业发展初见成效。2000 年,恩施州成立了 6 家旅行社,其中巴东县成立巴东纤夫国际旅行社、巴东楚天旅行社、巴东神农风情国际旅行社和巴东三峡国际旅行社,恩施市成立了恩施教育旅行社和恩施州江山旅行社。恩施州举办了"湖北·恩施清江国际闯滩节",开发了中国第二大石林——梭布垭自然生态风景区。2002 年,恩施市修建了具有土家族特色、土司文化标志性的仿古土司庄园建筑群——土司城景区。

2004 年,咸丰县开发了以古、奇、秀、幽、野等景为特色的坪坝营原始生态旅游区,与此同时,利川市开发了中国目前最大的溶洞——腾龙洞风景旅游区。2005 年,恩施市开发了具有峡谷特色的大峡谷旅游风景区。在这一时期,恩施州旅游主要以自然观光为主,即以"游"为主,不具备"吃、住、行、购、娱"等要素。

成长阶段(2006—2010 年)。为了能够更好地发展恩施州经济,州委、州政府在 2007 年提出实施"生态立州、产业兴州、开放活州"战略,尤其是在"产业立州"中将旅游产业作为六大支柱产业之一加以发展,极大地推进了恩施州生态文化旅游产业未来道路的发展。另外,恩施州抢抓西部大开发战略、"两路"开通和构建鄂西生态文化旅游圈等机遇,大力开发腾龙洞、大峡谷、野三峡等为代表的观光旅游目的地。2006 年至2010 年,恩施州接待国内外游客数量由 275.42 万人次增加到 1062.5 万人次,旅游综合收入从 10.8 亿元增加到 50.62 亿元。

发展阶段(2011—2015 年)。恩施州委、州政府在《鄂西生态文化旅游圈恩施州发展总体规划》《恩施州旅游发展规划(2011—2020)》《恩施州旅游业发展"十二五"规划》中,对未来恩施州旅游产业发展进行了详细的规划,要把恩施州建成自然观光、休闲度假、民族特色等为一体的生态文化旅游目的地。2011 年至 2015 年,恩施州接待国内外游客由 1658万人次增加到 3700 万人次,旅游综合收入从 86 亿元增加到 250 亿元,生态文化旅游业旅游人次和旅游综合收入分别从湖北省第五位和第六位跃进到湖北省第一位。

(二)基本情况

近年来,恩施州旅游基础设施和旅游配套服务得到很大提高,恩施州生态文化旅游产业一直保持着强劲的发展态势。到 2014 年年末,在 A 级景区方面,恩施州共有 A 级景区 31 家,其中 5A 级景区 2 家,4A 级以上16 家,A 级景区排名处于湖北省前列;在星级酒店方面,恩施州拥有三星以上酒店 46 家;在旅行社方面,恩施州共有 3A 以上旅行社 13 家,其中4A 旅行社 2 家;在星级饭店方面,恩施州共有星级饭店 75 家;持有导游资格证的导游 1558 人,旅游业直接带动就业人数 10 万人以上,间接带动就业人数 40 万人。2005 年至 2014 年,恩施州旅游产业在旅游接待人次、旅游综合收入、旅游外汇收入、国内外游客接待人数、旅行社、星级酒店、A 级景区、星级酒店客房等方面呈现不断递增的趋势。其中旅游接待人次从 216.33 万人次增加到 3100.41 万人次,增长 14.33 倍;旅游综合收入从 1.59 亿元增加到 200.01 亿元,增长 125.79 倍;旅行社增加 45 家,A级景区增加 29 家(见表 13-2)。

表 13-2 2005—2014 年恩施州生态文化旅游产业发展情况

年份	旅游外汇收入(万美元)	旅游综合收入(亿元)	国内游客接待人数(万人次)	入境游客接待人数(万人次)	累计接待人数(万人次)	旅行社数(家)	星级酒店数(个)	A级景区数(家)	星级酒店客房(间)
2005	209	1.59	204.48	11.85	216.33	25	13	2	900
2006	274.31	10.8	259.77	15.65	275.42	28	23	4	1654
2007	429.05	17.53	400.84	24.61	425.45	35	33	14	1979
2008	457.11	24.03	444.88	21.96	466.84	37	47	14	1984
2009	625.43	29	638.45	25.13	663.58	40	47	19	2389
2010	3309	50.62	1031.85	30.64	1062.5	52	38	21	2964
2011	3857.8	86.45	1626.99	31.27	1658.3	70	50	26	3246
2012	4646.71	119.55	2162.85	35.73	2198.58	73	52	26	3408
2013	4192.86	147.54	2616.39	34.26	2650.64	72	79	26	4278
2014	7402.78	200.01	3064.9	35.51	3100.41	70	75	31	8047

资料来源:根据 2005—2014 年《恩施州统计年鉴》的数据资料整理。

二、恩施州生态文化旅游产业竞争现状

(一)旅客接待量竞争

"十二五"时期,为了加快地区经济的发展,恩施州各县市坚持以旅游产业作为支柱产业重点培育,各县市生态文化旅游产业发展迅速。各县市在旅游产业发展中,旅客接待量的竞争是必不可少的。从 2005 年到 2014 年,旅游人次除了巴东县和鹤峰县增长幅度较小外,其他 6 个县市增长率很高,增长率在 11%—27% 之间。恩施市、利川市和巴东县接待游客数量连续 4 年超过 340 万人次。2014 年,恩施州累计接待游客 31004146 人次,其中恩施市接待游客 10694446 人次,约占恩施州接待总

人数的 34.49%。而建始县、宣恩县、咸丰县、来凤县和鹤峰县接待游客数分别为 1680501 人次、877629 人次、3632040 人次、988847 人次和 963940 人次（见表 13-3）。

表 13-3　2005—2014 年恩施州各县市旅游人次接待量 （单位：人次）

年份	恩施市	利川市	建始县	巴东县	宣恩县	咸丰县	来凤县	鹤峰县
2005	697322	480711	147653	502394	29184	53491	206991	45568
2006	599186	568476	206101	762481	52119	107007	344108	114713
2007	1140578	721704	179666	1409000	35060	161478	327240	279683
2008	1063981	1127430	191987	1379053	91286	176898	357780	280000
2009	1628899	1251266	237167	1581330	99033	1159728	410501	267931
2010	2808906	2428595	305600	2818754	148301	1326845	486938	301041
2011	4663511	4301691	646890	3400127	583391	1758903	540728	687419
2012	6967488	5351908	1156369	4082456	619169	2409372	641221	757819
2013	9002970	6022186	1364987	4480045	720737	3250268	782030	883212
2014	10694446	7325123	1680501	4841620	877629	3632040	988847	963940
增长率	0.1879	0.2164	0.2311	0.0807	0.2177	0.1175	0.2645	0.0914

资料来源：根据 2005—2014 年《恩施州统计年鉴》的数据资料整理。

（二）旅游景区竞争

一个地区的旅游产业发展状况主要由旅游企业开发的旅游景区决定。因此，需通过不断推出独具特色的旅游景区来提高旅游产业竞争力，恩施州各县市旅游景区详见表 13-4。

表 13-4　恩施州各县市旅游景区

地区	景区级别	景区名称
恩施市	国家 5A 级景区（1 家）	恩施大峡谷景区
	国家 4A 级景区（3 家）	土司城景区、梭布垭景区、土家女儿城旅游区
	国家 3A 级景区（3 家）	龙麟宫、枫香坡侗族风情寨、清江源
	国家 2A 级景区（1 家）	铜盆水森林公园
	省级旅游名镇（1 个）	沐抚办事处
	省级旅游名村（2 个）	芭蕉的高拱桥村、沐抚的营上村
	其他景区（2 家）	清江旅游区、清江闯滩景区

续表

地区	景区级别	景区名称
利川市	国家4A级景区(4家)	大水井、佛宝山大峡谷漂流、龙船水乡、腾龙洞景区
	国家3A级景区(1家)	朝阳洞景区
	国家2A级景区(3家)	福宝水库、苏马荡景区、玉龙洞景区
建始县	国家4A级景区(1家)	野三河景区
	国家3A级景区(1家)	朝阳观旅游区
	其他景区(1家)	云雾观景区
巴东县	国家5A级景区(1家)	神农溪旅游区
	国家4A级景区(1家)	巴人河旅游景区
	国家3A级景区(4家)	链子溪、无源洞、寇准公园、邓玉麟将军故居
	其他景区(1家)	清江风景区
	旅游名村(2个)	高岩村、三友坪村
宣恩县	国家2A级景区(1家)	伍家台旅游区
	其他景区(4家)	七姊妹山、狮子关旅游区、洗草坝、彭家寨
咸丰县	国家4A级景区(2家)	坪坝营景区、唐崖河景区
来凤县	国家3A级景区(1家)	卯洞景区
	国家2A级景区(1家)	龙嘴峡景区
	其他景区(1家)	仙佛寺景区
鹤峰县	国家2A级景区(1家)	湘鄂边苏区鹤峰革命烈士陵园
	其他景区(2家)	屏山景区、董家河景区

资料来源:根据2005—2014年《恩施州统计年鉴》的数据资料整理。

　　从表13-4可见,恩施州旅游景区竞争主要有以下几类:第一类是以洞穴为主的景区,其中主要有利川的腾龙洞景区、来凤的卯洞景区与仙人洞景区、咸丰的黄金洞景区和巴东的无源洞;第二类是以山为主的景区和景点,主要有宣恩的七姊妹山、利川的齐岳山和咸丰的星斗山;第三类是以河流为主的景区,主要包括鹤峰的董家河、巴东的巴人河和建始的野三河等;第四类是以栈道出名的景区,主要是恩施的大峡谷景区和建始的黄鹤桥景区。从以上四类旅游景区来看,恩施州每类景区内的旅游项目都很相似,这就使得景区之间存在着竞争。

三、恩施州生态文化旅游产业合作现状

恩施州各县市在政府部门的主导下,本着资源互补、共同发展的原则,在创新旅游项目、开发旅游新路线和对外宣传等方面,建立了长期合作关系。

(一)旅游合作内容

精品旅游合作线路。到目前为止,恩施州各县市旅游部门积极合作,协同推出了多条旅游线路,并共同开发了一系列旅游线路,以促进恩施州生态文化旅游全方位发展及生态文化旅游产业的发展。现有精品旅游线路见表13-5。

表13-5 恩施州精品旅游线路

A	神农溪—野三峡—大峡谷—腾龙洞—佛宝山—坪坝营
B	神农溪—野三峡—梭布垭—大峡谷—腾龙洞—坪坝营
C	腾龙洞—大峡谷—土司城—梭布垭—野三峡—水布垭
D	土司城—大峡谷—腾龙洞—大水井—神农溪
E	腾龙洞—佛宝山—大峡谷—土司城—龙麟宫
F	坪坝营—唐崖河—腾龙洞—大水井
G	腾龙洞—大水井—大峡谷—土司城—梭布垭
H	腾龙洞—佛宝山—大峡谷
I	土司城—大峡谷—大水井—唐崖河—坪坝营
J	土司城—大峡谷—龙船水乡—大水井—神农溪
K	龙船水乡—大水井—大峡谷—土司城—梭布垭
L	土司城—龙麟宫—野三峡
M	坪坝营—大峡谷—土司城
N	野三峡—土司城—龙麟宫
O	神农溪—巴人河—土司城—大峡谷

合作事项。2014年4月23日,恩施州旅游委组织各县市旅游局、旅游景区、旅行社等相关代表,前往重庆、成都等地推介旅游产品,谋求市场

合作,促使恩施州生态文化旅游产业更加快速发展。2015 年 2 月 28 日,"恩施八宝"及恩施州"十大新派土家菜""十大特色小吃""十大名厨"宣传推介会在恩施召开,要求恩施州星级酒店、星级农家乐推广"十大新派土家菜"。同时要求恩施州各县市开设"恩施八宝"及恩施州"十大新派土家菜""十大特色小吃"展示窗口,在各旅游景区建设"恩施八宝"直营店。2015 年 3 月 25 日,在恩施州旅游工作暨旅游产业链建设推进会上,原恩施州委书记王海涛强调,恩施州委、州政府应该把旅游产业作为重要产业来打造,旅游产业要联合和融合发展。2016 年 3 月,在恩施州硒产业发展联席工作会议上,恩施州专门成立创建"世界地质公园"工作领导小组,将利川的腾龙洞、恩施的大峡谷与渔塘坝硒矿床捆绑申报"世界地质公园",以提升恩施旅游影响力,推动恩施州生态文化旅游产业发展。

成功的合作典范。在国务院和湖北省委省政府的关怀和支持下,州委、州政府统一谋划,多方协调,恩施州各县市之间旅游合作已经作出了有益探索,并积累了一定的经验。如恩施市、利川市、宣恩县、巴东县围绕清江河,共同开发,成功打造了八百里画廊;恩施市、利川市和咸丰县为了科学保护和开发利用自然资源,积极申报了星斗山国家级自然保护区,并有限度地开发为旅游景区。

（二）合作基础条件

首先,具有互补性的旅游资源相互组合。恩施州地处武陵山区,地形以山区为主,是土家族集聚地。既拥有奇特秀丽的自然景观（动植物种类繁多,山川河流遍布）,又拥有历史悠久的民族文化。虽然具有山通脉、水同源、人同宗的特性,生态文化旅游资源在整体上具有同质性,但是在空间分布上还是有很大的差异性和互补性。以佛教文化为主的文化旅游是来凤县独特的旅游资源,以土司遗址为主的文化旅游是咸丰县特有的资源,以红色文化为主的文化资源是鹤峰县所特有的。因此,这些县市具备一定的合作基础,将这些生态文化旅游资源进行组合、促进旅游资源互补,从而形成新的旅游资源优势。

其次,区域旅游合作交通条件不断改善。目前,恩施州交通主要以公路和铁路为主,其次是水路和航空。高速公路和铁路的开通为恩施州各县市构建了便利的交通网络,为恩施州各县市生态文化旅游合作提供了有利条件。在铁路方面,宜万铁路是连接湖北省与重庆市的重要通道,其全长 377 公里,在湖北省境内 324 公里,主要路线是"宜昌市—巴东县—建始县—恩施市—利川市—万州区"。另外,恩施市与建始县之间每天有 22 对客车来往,全程最短时间仅 23 分钟;恩施市与利川市每天有 28 对火车往返,全程历时 32 分钟左右。在公路方面,恩来高速公路全长 86.135 公里,是连接恩施、宣恩和来凤三县市的干线公路;恩黔高速公路约 109.12 公里,是连接恩施、宣恩和咸丰的重要通道;恩建高速公路约 70 公里,是连接恩施和建始的主要公路;沪渝高速公路(G50)在恩施州境内里程长约 244 公里,主要经过巴东县、建始县、恩施市和利川市四个县市。在水路方面,恩施州有 24 条河流可以运输,运输总里程达 590 公里,其中长江主航道 38.5 公里除外。这些航道主要包括:清江水布垭库区主航道 110 公里、七条主要支流航道 125 公里、三峡库区巴东境内五条支流航道 54.8 公里。其中长江巴东港和清江港是恩施州乃至湖北省最重要的两个港口。在航空方面,从恩施州到武汉市航空线为 470 公里,从恩施州到宜昌市航空线为 179 公里。这些便利的交通条件缩短了各县市之间的空间距离,为游客们节约了行程时间,更是为恩施州各县市旅游产品组合提供了有利条件。

最后,具有共同客源市场。恩施州生态文化旅游客源市场主要有宜昌、湖南、重庆、四川、武汉等 10 多个客源地,这些游客来恩施旅游动机高度相似——以生态文化观光、康体、度假休闲为目的。相近的客源、相似的旅游动机为恩施州各县市旅游合作提供了精神层面的可能性。

四、竞争与合作理论分析框架建构

生态文化旅游产业竞争力评价的目的及意义在于,通过对区域内生态文化旅游产业竞争力水平进行评价,探讨恩施州各县市之间生态文化旅游产业竞争与合作的基础、存在的主要问题,为下文的分析研究提供数理依据。

在竞争与合作理论中竞争与合作是相对的概念,竞争与合作在产业发展中是一种典型现象。没有脱离竞争的合作,也没有脱离合作的竞争,竞争中有合作,合作中有竞争,也就是说,竞争的分析结论也可以为合作的分析服务,同样合作的分析结论也可以为竞争的分析服务。因此,在构建竞争与合作理论分析框架时,可以只选择某一方面来加以具体说明。基于此,本书选择以竞争力为主体构建竞争与合作理论分析框架,通过建立生态文化旅游产业竞争力评价模型,借用对生态文化旅游产业竞争力的定量分析,判断和分析区域生态文化旅游产业的竞争与合作的现实状况及其存在的主要问题。

(一)评价指标体系构建原则

在进行区域内生态文化旅游产业竞争力评价时,评价指标构建是非常重要的,它直接关系到研究结论的科学性、准确性和可靠性。为了科学、全面地反映区域内生态文化旅游产业竞争力水平,在构建评价指标体系时,应该遵循以下基本原则。

1. 系统性原则

生态文化旅游产业是一个关联性、综合性很强的产业。在选取竞争力评价指标时,需要从影响旅游产业竞争力的直接因素和间接因素等多方面综合考虑,更要考虑到一级指标、二级指标与目标层的关系,确保评价指标体系的系统完整性。

2. 科学性原则

建立评价指标体系选取评价指标时,应选取能够客观、全面、真实地反映生态文化旅游产业竞争力的指标,避免因为指标的不全面而缺乏说服力,从而能够科学地反映生态文化旅游产业竞争力。

3. 可操作性原则

生态文化旅游产业竞争力的评价是通过对同一时间点上不同区域的相关指标进行比较,选取指标一定要容易获得和计算,指标数据必须来源于可信度高的资料。

(二)评价模型构建框架

生态文化旅游产业是一个涉及多个行业、关联度很高的产业,它的发展将受到经济发展、旅游资源、生态环境等众多因素的影响。根据竞争与合作理论分析框架,区域内生态文化旅游产业的竞争与合作可以通过生态文化旅游产业竞争力评价来分析,而生态文化旅游产业的竞争力主要通过对其影响因素进行分析。

本书将生态文化旅游产业竞争力影响因素分为核心因素、经济环境因素和基础设施因素三个方面,基于此,生态文化旅游产业竞争力评价模型包括:核心竞争力、经济环境竞争力和基础设施竞争力三个部分,具体如图 13-1 所示。

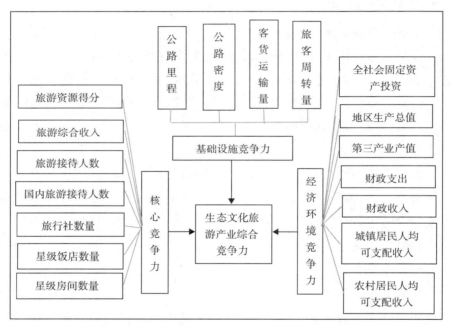

图 13-1　生态文化旅游产业竞争力模型

(三)评价指标体系的选择

影响生态文化旅游产业竞争力的因素很多,为了能够更好地对恩施州生态文化旅游产业竞争与合作状况进行分析,我们需建立科学有效的生态文化旅游产业竞争力评价指标体系。

1. 评价指标体系结构

生态文化旅游产业竞争力评价指标体系应该在遵循系统性、科学性、可比性等原则的基础上,综合考虑生态文化旅游产业影响因素,构建生态文化旅游产业竞争力评价体系,如表13-6所示。该评价指标体系由3个一级指标和18个二级指标构成,即生态文化旅游产业竞争力评价指标体系结构具体为:

核心竞争力 $A_1 = (B_1、B_2、B_3、B_4、B_5、B_6、B_7)$

经济环境竞争力 $A_2 = (B_8、B_9、B_{10}、B_{11}、B_{12}、B_{13}、B_{14})$

基础设施竞争力 $A_3 = (B_{15}、B_{16}、B_{17}、B_{18})$

表 13-6　生态文化旅游产业竞争力评价指标体系

目标层	一级指标	二级指标
综合竞争力(A)	核心竞争力(A_1)	旅游综合收入(B_1) 旅游接待人数(B_2) 国内旅游接待人数(B_3) 旅行社数量(B_4) 星级饭店数量(B_5) 星级房间数量(B_6) 旅游资源得分(B_7)
	经济环境竞争力(A_2)	地区生产总值(B_8) 第三产业产值(B_9) 全社会固定资产投资(B_{10}) 财政支出(B_{11}) 财政收入(B_{12}) 城镇居民人均可支配收入(B_{13}) 农村居民人均可支配收入(B_{14})
	基础设施竞争力(A_3)	公路里程(B_{15}) 公路密度(B_{16}) 客货运输量(B_{17}) 旅客周转量(B_{18})

2. 评价指标说明

旅游综合收入(B_1):该指标指的是在该地区为游客提供旅游服务的一切综合性收入,反映的是该地区生态文化旅游产业经济效益。

旅游接待人数(B_2):该指标指的是前往该地区旅游的所有游客数量,包括国外游客和国内游客,反映了该地区生态文化旅游产业市场规模。

国内旅游接待人数(B_3):该指标反映的是前往该地区旅游的国内游客数量。

旅行社数量(B_4):该指标指的是该地区拥有接待能力的旅行社数量,反映生态文化旅游产业发展的规模和接待能力。

星级饭店数量(B_5):该指标指的是该地区星级酒店的数量,反映生态文化旅游产业发展的规模和接待能力。

星级房间数量(B_6):该指标指的是该地区星级房间的数量,反映生态文化旅游产业发展的规模和接待能力。

旅游资源得分(B_7):该指标反映的是该地区生态文化旅游资源禀赋。

地区生产总值(B_8):该指标反映的是该地经济发展水平。

第三产业产值(B_9):该指标反映的是该地人均生活水平。

全社会固定资产投资(B_{10}):该指标反映的是对本地区固定资产投资情况。

财政支出(B_{11}):该指标反映的是该地区可供政府集中支配财力的来源和规模。

财政收入(B_{12}):该指标反映的是该地区政府经济能力。

城镇居民人均可支配收入(B_{13}):该指标反映的是该地区城镇居民收入可用于生活支出的部分。

农村居民人均可支配收入(B_{14}):该指标反映的是该地区农村居民收入可用于生活支出的部分。

公路里程(B_{15}):该指标反映的是该地区公路通达情况。

公路密度(B_{16}):该指标反映的是该地区交通的运输能力和便利程度。

客货运输量(B_{17}):该指标反映的是该地区客货运输能力。

旅客周转量(B_{18}):该指标反映的是该地区客运服务质量和客运设备的接待能力。

五、恩施州生态文化旅游产业竞争与合作实证分析

对于任何一个产业来说,都既存在外部竞争和内部竞争,又存在外部

合作和内部合作。基于资料的可获性,本书选择恩施州区域内各县市生态文化旅游产业为研究对象,从而对恩施州生态文化旅游产业竞争与合作进行分析。

(一)数据来源与数据处理

1. 数据来源

为了确保所收集数据的真实性和科学性,本书所用数据主要来源于《恩施州统计年鉴》(2014)、《2014 年恩施州国民经济发展统计公报》,以及恩施州各县市旅游局的官方网址。选用 2014 年恩施州各县市生态文化旅游产业发展的相关数据作为评价指标的原始数据,具体数据见表13-7。

表 13-7　恩施州各县市生态文化旅游产业指标原始数据

指标	恩施市	利川市	来凤县	巴东县	咸丰县	建始县	鹤峰县	宣恩县
旅游综合收入(万元)	761313	385693	49041	313800	304336	105108	43253	37582
旅游接待人数(人次)	10694446	7325123	988847	4841620	3632040	1680501	963940	877629
国内旅游接待人数(人次)	10679253	7323661	988847	4503269	3632040	1680390	963940	877629
旅行社数量(家)	43	8	3	0	3	5	0	0
星级饭店数量(家)	31	17	1	14	4	4	2	2
星级房间数量(间)	3147	2161	86	1028	405	933	167	120
旅游资源得分	30	25	6	24	8	8	4	6
地区生产总值(万元)	1565030	904681	528189	814511	603784	709908	435522	500584
第三产业产值(万元)	679461	353565	257149	307495	269990	293219	157604	216255
全社会固定资产投资(万元)	1366674	919882	513494	785547	527737	727928	438534	375078

续表

指标	恩施市	利川市	来凤县	巴东县	咸丰县	建始县	鹤峰县	宣恩县
财政支出（万元）	289606	386868	195769	299573	144889	269872	186726	201808
财政收入（万元）	234974	151769	68596	77165	57656	84755	35720	36896
城镇居民人均可支配收入（元）	22142	20092	19398	19123	18919	19018	19231	18870
农村居民人均可支配收入（元）	7453	7091	7050	7140	7077	7145	7546	7048
公路里程（公里）	2311.5	3865.51	1112.53	3455.89	1861.5	2275.65	2041.32	1855.01
公路密度（公里/万人）	30.24	87.71	45.5	81.56	61.29	54.87	101.46	61.55
客货运输量（万人）	943	581	494	414	197	241	227	184
旅客周转量（万人公里）	58153	35820	30458	25519	12156	14889	14022	11371

资料来源：根据 2005—2014 年《恩施州统计年鉴》的数据资料整理。

2. 数据的标准化处理

为了使不同种类的原始数据具有可比性，能够更好反映总体项目中各项指标的相对位置，通过标准化处理来消除原始指标量纲的影响，最后进行分析（见表 13-8）。标准化计算公式为：

$$X_i = \frac{x_i - \overline{x_i}}{\sqrt{\dfrac{1}{18}\sum_{}^{n}(x_i - \overline{x_i})^2}}(i = 1, 2, \cdots, 18)$$

其中，X_i 为标准化后的竞争力数据，x_i 为原始竞争力数据，$\overline{x_i}$ 为平均竞争力数据。

表 13-8 恩施州各县市生态文化旅游产业竞争力指标标准化结果

指标	恩施市	利川市	来凤县	巴东县	咸丰县	建始县	鹤峰县	宣恩县
旅游综合收入（万元）	1.89	0.68	-1.01	0.32	0.27	-0.73	-1.04	-1.07
旅游接待人数（人次）	1.29	1.32	-1.1	0.37	-0.09	-0.84	-1.11	-1.14
国内旅游接待人数（人次）	1.3	1.35	-1.1	0.26	-0.08	-0.83	-1.11	-1.14
旅行社数量（家）	2.59	0.02	-0.35	-0.57	-0.35	-0.2	-0.57	-0.57
星级饭店数量（家）	1.75	0.95	-1.05	0.58	-0.67	-0.67	-0.92	-0.92
星级房间数量（间）	1.25	1.46	-1.16	0.03	-0.76	-0.09	-1.06	-1.12
旅游资源得分	0.61	1.35	-0.96	1.23	-0.71	-0.71	-1.2	-0.96
地区生产总值（万元）	2.22	0.49	-0.77	0.19	-0.52	-0.16	-1.08	-0.86
第三产业产值（万元）	2.38	0.27	-0.44	-0.07	-0.34	-0.17	-1.17	-0.74
全社会固定资产投资（万元）	1.78	0.85	-0.77	0.31	-0.71	0.08	-1.07	-1.32
财政支出（万元）	-1.22	1.75	-0.64	0.66	-1.28	0.29	-0.75	-0.56
财政收入（万元）	1.7	1.19	-0.51	-0.33	-0.73	-0.18	-1.18	-1.16
城镇居民人均可支配收入（元）	2.33	0.56	-0.23	-0.54	-0.77	-0.66	-0.42	-0.83
农村居民人均可支配收入（元）	1.79	-0.51	-0.71	-0.27	-0.58	-0.24	1.74	-0.72
公路里程（公里）	-1.55	1.51	-1.23	1.11	-0.48	-0.07	-0.31	-0.49
公路密度（公里/万人）	-2.12	0.82	-0.74	0.59	-0.16	-0.39	1.32	-0.15

续表

指标	恩施市	利川市	来凤县	巴东县	咸丰县	建始县	鹤峰县	宣恩县
客货运输量（万人）	1.79	0.85	0.42	0.02	−1.06	−0.84	−0.91	−1.12
旅客周转量（万人公里）	1.8	0.85	0.41	0.02	−1.06	−0.84	−0.91	−1.12

（二）实证分析

本书运用 SPASS17.0 统计分析软件,将恩施州各县市生态文化旅游产业竞争力评价指标标准化处理的数据进行因子分析,得出恩施州各县市生态文化旅游产业竞争力水平,并从竞争与合作视阈分析恩施州各县市生态文化旅游产业竞争力差异产生的原因。

1.核心竞争力分析

本书利用 SPASS17.0 统计分析软件,将影响恩施州生态文化旅游产业核心竞争力的旅游综合收入、旅游接待人数、国内旅游接待人数、旅行社数量、星级饭店数量、星级房间数量、旅游资源得分 7 个指标进行 KMO 统计量和 Bartlett 球形检验,判断相关系数和偏相关系数来确定这些指标是否适合做因子分析。其中,KMO 的值在 0 到 1 之间。如果 KMO 大于 0.5 而小于 1,则表示这 7 个指标可以进行因子分析,KMO 的值越接近 1 表示越适合做因子分析。如果 KMO<0.5,则这 7 个指标不能进行因子分析。从表 13-9 可以看出,KMO 的值为 0.547,大于 0.5,且 Sig.值为 0(小于显著水平 0.05),表明核心竞争力指标数据适合做因子分析。

表 13-9　KMO 和 Bartlett 的检验

取样足够度的 Kaiser-Meyer-Olkin 度量		0.547
Bartlett 的球形度检验	近似卡方	90.762
	df	21
	Sig.	0.000

利用 SPASS 17.0 统计分析软件,对恩施州生态文化旅游产业核心竞

争力相关系数矩阵进行因子分析,通过计算得到特征值、方差贡献率和累计方差贡献率。为了保证方法的科学性和可靠性,遵循特征值大于1的原则,从这7个指标中选取了1个主成分,该主成分公共因子的特征值为6.030,且方差贡献率和累计方差贡献率都为86.139%,该主成分能够很好地反映恩施州各县市生态文化旅游产业核心竞争力水平。根据成分矩阵,可以得到各个指标在主成分中的载荷情况,从而根据各个指标的载荷情况,计算出该主成分的大小。该主成分主要是由旅游综合收入、旅游接待人数、国内旅游接待人数、旅行社数量、星级饭店数量、星级房间数量、旅游资源得分7个指标变量所共同决定,其中这7个指标在该主成分上的载荷分别是0.958、0.984、0.983、0.739、0.984、0.948和0.875。用D_1表示该主成分,由成分系数矩阵可以得到该主成分的计算公式:

$$D_1 = 0.159B_1 + 0.163B_2 + 0.163B_3 + 0.123B_4 + 0.163B_5 + 0.157B_6 + 0.145B_7$$

其中,B_1、B_2、B_3、B_4、B_5、B_6、B_7是原始数据经过标准化以后的变量。

恩施州各县市生态文化旅游产业核心竞争力通过主成分D_1来表示,将恩施州各县市生态文化旅游产业核心竞争力指标经过标准化以后的值代入以上公共因子得分方程式,可以得出恩施州各县市生态文化旅游产业核心竞争力得分A_1及核心竞争力大小排名情况,结果如表13-10所示。

表 13-10 恩施州各县市生态文化旅游产业核心竞争力得分及排名

地区	得分 A_1	排名
恩施市	1.61	1
利川市	1.13	2
建始县	−0.64	5
巴东县	0.36	3
宣恩县	−1.08	7
咸丰县	−0.36	4
来凤县	−1.05	6
鹤峰县	−1.09	8

生态文化旅游产业核心竞争力得分可以反映出核心竞争力大小,其中生态文化旅游产业核心竞争力分值越高,说明该地区生态文化旅游产业竞争力越强;反之,竞争力分值越低,竞争力越弱。从表13-10可以看出,恩施州各县市生态文化旅游产业核心竞争力从强到弱依次排名为恩施市、利川市、巴东县、咸丰县、建始县、来凤县、宣恩县、鹤峰县,其中恩施市得分最高,核心竞争力得分是1.61,远高于其他县市。具体来看,2014年,恩施市旅游综合收入为761313万元,旅游接待人数10694446人次,旅行社数量43家,星级饭店数量31家;而核心竞争力最弱的鹤峰县,旅游综合收入仅为43253万元,旅游接待人数仅有963940人次,而且星级饭店仅有2家。以上数据对比结果与上述定量分析结果可以反映出鹤峰县生态文化旅游竞争力弱,尤其旅行社数量匮乏,星级饭店更是稀少。

从竞争的角度来看,某一地区生态文化旅游产业核心竞争力的强弱受制于旅游人次、旅行社数量,以及旅游资源得分等因素。恩施市、利川市和巴东县与其他五个县相比,这些因素相对较强,这就使得这三个县市能够在竞争中处于优势。

从合作的角度来看,恩施市、利川市和巴东县生态文化旅游产业核心竞争力较强,主要是由于这3个县市在旅游产业发展中进行了广泛的合作,开通了"神农溪—巴人河—土司城—大峡谷""腾龙洞—大水井—大峡谷—土司城—梭布垭"等横跨3县市的精品合作旅游线路,而宣恩县、咸丰县、来凤县和鹤峰县生态文化旅游产业核心竞争力较弱,旅游合作力度也不够。

2. 经济环境竞争力分析

将恩施州各县市生态文化旅游产业经济环境竞争力指标标准化以后的值代入上述各计算公式,显然可以得到恩施州各县市生态文化旅游产业经济环境竞争力两个主成分得分与排名情况。D_2、D_3两个主成分反映了恩施州各县市生态文化旅游产业竞争力中经济环境竞争力的大小,通过旋转的各个主成分,对方差的贡献率占两个主成分累计方差贡献率的比重,作为各主成分的权重进而加权求和,可以求得生态文化旅游产业经济环境竞争力大小A_2。恩施州各县市生态文化旅游产业经济环境竞争力各主成分得分及排名情况如表 13-11 所示。

$$A_2 = (68.921\%/90.642\%)D_2 + (21.722\%/90.642\%)D_3$$

表 13-11　恩施州各县市生态文化旅游产业经济环境竞争力得分及排名情况

地区	D_2	排名	D_3	排名	得分 A_2	排名
恩施市	1.67	1	0.26	4	1.34	1
利川市	0.91	2	-1.25	8	0.40	2
建始县	-0.13	4	-0.17	7	-0.14	4
巴东县	0.10	3	-0.14	6	0.04	3
宣恩县	-1.01	8	0.46	2	-0.66	8
咸丰县	-0.83	6	0.32	3	-0.56	7
来凤县	-0.66	5	0.11	5	-0.48	6
鹤峰县	-0.96	7	1.66	1	-0.33	5

从表 13-11 可以看出,生态文化旅游产业经济环境竞争力单项主成分 D_2 因子得分从高到低依次是:恩施市>利川市>巴东县>建始县>来凤县>咸丰县>鹤峰县>宣恩县。其中,恩施市得分最高,其分值为 1.67;而宣恩县得分最低,其分值为 -1.01。从地方财政综合情况来看,恩施市是恩施州地区经济环境竞争力最强的。另外,从生态文化旅游产业经济环境竞争力单项主成分 D_2 因子得分来看,恩施市、利川市、巴东县在 D_2 公共因子上的得分最高,说明财政支出很大。

根据各县市在两个因子上的综合得分 A_2,就可以看出各县市经济环境竞争力大小,其顺序依次是:恩施市>利川市>巴东县>建始县>鹤峰县>来凤县>咸丰县>宣恩县,其中恩施市生态文化旅游产业经济环境竞争力最强,其得分为 1.34,宣恩县生态文化旅游产业经济环境竞争力最弱,其得分为 -0.66,两个地区相差甚远。

从竞争的角度来看,恩施市和利川市在行政规划上属于地级市,其生态文化旅游产业发展享有政策优势、资金优势、信息技术优势。再者,恩施州在国家功能区划分中属于生态功能保护区,其中恩施市又属于湖北省省级重点经济开发区。从合作的角度来看,恩施州区域内的政策是一致的,有利于恩施州各县市合作政策的实施。

3. 基础设施竞争力分析

将恩施州各县市生态文化旅游产业基础设施竞争力指标标准化以后的值代入上述各计算公式,计算得出恩施州各县市生态文化旅游产业基础设施竞争力各主成分得分与排名情况。D_4、D_5主成分反映了恩施州各县市生态文化旅游产业竞争力中基础设施竞争力的大小,以经过旋转的各主成分对方差的贡献率占两个主成分累计方差贡献率的比重作为各主成分的权重进而加权求和,可以计算出,恩施州各县市生态文化旅游产业基础设施竞争力大小A_3,如表13-12所示。

$$A_3 = (53.523\%/95.887\%)D_4 + (42.365\%/95.887\%)D_5$$

表13-12　恩施州各县市生态文化旅游产业基础设施竞争力得分及排名情况

地区	D_4	排名	D_5	排名	得分 A_3	排名
恩施市	1.60	1	-1.68	8	0.15	3
利川市	1.05	2	1.50	1	1.25	1
建始县	-0.80	5	-0.38	4	-0.61	6
巴东县	0.19	4	0.99	2	0.54	2
宣恩县	-1.17	8	-0.58	6	-0.91	8
咸丰县	-1.11	7	-0.57	5	-0.87	7
来凤县	0.22	3	-1.06	7	-0.35	4
鹤峰县	-1.03	6	0.28	3	-0.45	5

根据各县市在两个公共因子上的得分和综合得分,就可以对恩施州各县市生态文化旅游产业基础设施竞争力进行比较。在公共因子D_4上得分排前四位是恩施市、利川市、来凤县和巴东县,其得分分别为1.60、1.05、0.22和0.19;在公共因子D_4上得分排后四位是建始县、鹤峰县、咸丰县和宣恩县,其得分分别为-0.80、-1.03、-1.11和-1.17。D_4得分越高,说明各县市运输能力强;得分越低,说明各县市在运输能力弱。在公共因子D_5上得分排前四位是利川市、巴东县、鹤峰县和建始县,其得分分别为1.50、0.99、0.28和-0.38。在公共因子D_5上得分排后四位是咸丰

县、宣恩县、来凤县、恩施市,其得分分别为 – 0.57、– 0.58、– 1.06 和 –
1.68。D_5 得分越高,说明该县市基础设施建设越完善;得分越低,则说明
该县市基础设施建设有待提高。

根据表 13-12 可以看出,恩施州生态文化旅游产业基础设施竞争力
大小依次是利川市>巴东县>恩施市>来凤县>鹤峰县>建始县>咸丰县>
宣恩县,生态文化旅游产业基础设施竞争力强的县市分别是利川市、巴东
县和恩施市,其基础设施竞争力大小分别为 1.25、0.54 和 0.15。

从竞争的角度来看,利川市、巴东县和恩施市竞争力较强的原因是这
三个县市公路里程长、公路密度大。

从合作的角度来看,利川市、巴东县和恩施市都开通了高速公路和铁
路,县市之间的生态文化旅游合作具有优势。

4. 综合竞争力分析

首先,根据前面对恩施州各县市生态文化旅游产业核心竞争力、经济
环境竞争力、基础设施竞争力的计算结果,通过计算各项的方差和总方
差,确定各项方差占总方差的比重作为各项指标的权重,计算出恩施州生
态文化旅游产业核心竞争力、经济环境竞争力、基础设施竞争力的权重依
次分别为 84.292%、13.4% 和 2.308%。

其次,通过对恩施州各县市生态文化旅游产业核心竞争力、经济环境
竞争力和基础设施竞争力的得分加权后,最终得到恩施州生态文化旅游
产业竞争力大小 $A(A = 0.84292A_1 + 0.134A_2 + 0.02308A_3)$。

最后,根据恩施州各县市生态文化旅游产业综合竞争力分值,对恩施
州各县市进行排名,具体详见表 13-13。

表 13-13　恩施州各县市生态文化旅游产业综合竞争力得分及排名

地区	核心竞争力	经济环境 竞争力	基础设施 竞争力	综合竞争力	排名
恩施市	1.61	1.34	0.15	1.54	1
利川市	1.13	0.4	1.25	1.03	2
巴东县	0.36	0.04	0.54	0.32	3

地区	核心竞争力	经济环境竞争力	基础设施竞争力	综合竞争力	排名
咸丰县	−0.36	−0.56	−0.87	−0.40	4
建始县	−0.64	−0.14	−0.61	−0.57	5
来凤县	−1.05	−0.48	−0.35	−0.96	6
鹤峰县	−1.09	−0.33	−0.45	−0.97	7
宣恩县	−1.08	−0.66	−0.91	−1.02	8

由表13-13可以看出,恩施州各县市生态文化旅游产业竞争力相差很大。其中恩施市、利川市、巴东县3个县市生态文化旅游产业综合竞争力得分为正,说明竞争力较强,具有竞争优势,而咸丰县、建始县、来凤县、鹤峰县、宣恩县5个县生态文化旅游产业综合竞争力得分为负,说明这5个县生态文化旅游产业综合竞争力较弱。由此可以得出结论,虽然恩施州各县市都处于同一区域内,但是各县市生态文化旅游产业发展很不平衡,其竞争力大小依次排名为:恩施市>利川市>巴东县>咸丰县>建始县>来凤县>鹤峰县>宣恩县。恩施市、利川市和巴东县3个县市的生态文化旅游产业核心竞争力、经济环境竞争力、基础设施竞争力都较很强;而建始县、咸丰县、宣恩县、来凤县和鹤峰县5个县的生态文化旅游产业核心竞争力、经济环境竞争力、基础设施竞争力都较弱。

从恩施州生态文化旅游产业综合竞争力得分的计算公式可以看出,核心竞争力、经济环境竞争力和基础设施竞争力对生态文化旅游产业竞争力的贡献相差很大。其中,对生态文化旅游产业竞争力贡献最大的是核心竞争力,其次是经济环境竞争力,最后是基础设施竞争力。恩施州生态文化旅游产业核心竞争力增加1个单位时,恩施州生态文化旅游产业综合竞争力将增加0.84292个单位;恩施州生态文化旅游产业经济环境竞争力增加1个单位时,恩施州生态文化旅游产业综合竞争力增加0.134个单位;恩施州生态文化旅游产业基础设施竞争力增加1个单位时,恩施州生态文化旅游产业综合竞争力增加0.02308个单位。

（三）问题分析

1. 产业竞争力水平差距悬殊

根据恩施州各县市生态文化旅游产业综合竞争力分析结果,恩施市、利川市、巴东县、咸丰县、建始县、来凤县、鹤峰县和宣恩县生态文化旅游产业综合竞争力水平依次分别为 1.54、1.03、0.32、−0.40、−0.57、−0.96、−0.97 和−1.02。从数据上可以直观地发现,恩施州各县市生态文化旅游产业竞争力水平差距悬殊,两极分化明显,"各选手"不在同一个级别上,没有竞争的可能性;好的太好,差的太差,实力悬殊削弱了各县市之间合作基础,导致恩施州各县市生态文化旅游产业不能够有效合作。

2. 行政条块区隔,合作程度低

目前,恩施州区域内各县市都把旅游产业作为重点产业加以培育,大力开发各县市的旅游资源,推出具有自身特色的旅游产品。但是各县市旅游产品宣传以自我为中心,制定的旅游线路也是以县或者市为单位的,把县域内的景区和景点联系起来,很少跨行政区域进行合作开发。即使在恩施州旅游委的带动下,各县市协同推出了一系列的旅游线路,但从目前恩施州生态文化旅游产品来看,各地区的旅游产品没有能够得到有效组合。现有的精品旅游线路大多是围绕恩施市、利川市、巴东县、咸丰县和建始县的旅游景区设计的线路,宣恩县、鹤峰县和来凤县的旅游景区并没有列在这些线路中。即使咸丰、巴东等县市的一些景区列在精品旅游线路中,但是合作力度不够。还有许多景区也没有列入这些线路中,比如咸丰的黄金洞景区、巴东的无源洞景区和恩施市的女儿城等都没有列入。当前,恩施州各县市生态文化旅游产业发展竞争优于合作,各县市合作程度低。

3. 资源整合度低,同质竞争明显

从恩施州各县市旅游资源比较可以看出,恩施州各县市旅游资源主要以自然资源和文化资源为主,且自然环境、地形风貌和民风民俗都存在很多相似之处。政府部门加强旅游产业发展引导主要是筹集资金进行旅游规划,但并没有充分整合各景区景点的比较优势,进行共同运营、共同

宣传。在旅游资源开发方面没有形成统一的规划和合理布局,使得旅游资源开发力度不够和景区重复建设;在旅游产品方面则是推出重复的、多而不精的产品,这使得恩施州生态文化旅游产业整体竞争力较弱,甚至相邻县市间出现不正当竞争关系。

恩施州各县市生态文化旅游产业的合作使各地政府成为最主要的利益相关者,而各个政府部门为了使其他地区享受到该区域的旅游资源而盲目开发。如果不将生态文化旅游产业可持续发展作为长期发展理念,仅仅考虑当前的利益,将会使得各个利益主体出现无序竞争。各县市竞争局面不断激化,直接导致出现恶性竞争,使得旅游产品不能发挥其价值;各县市生态文化旅游产业同质竞争直接导致利益低下,使得各地区的合作积极性降低。

4. 交通设施不完善,合作基础薄弱

通过对恩施州各县市基础设施竞争力的分析可以看出,恩施州各县市基础设施竞争力存在很大差距。各县市生态文化旅游产业竞争力大小与基础设施建设有很大联系,也就是说一个地方旅游产业发展的好坏与该地区的基础设施建设有很大关系。恩施州地处山区,受自然条件的限制,道路修建难度大、成本很高,以至于很多地方还没有修建公路。即使县域之间修建了主干公路,可是公路质量不是很高,道路狭窄,导致各县市间不能进行有效合作。

据不完全统计,恩施市、利川市、来凤县、巴东县、咸丰县、建始县、鹤峰县和宣恩县的公路里程分别为 2311.5 公里、3865.51 公里、1112.53 公里、3455.89 公里、1861.5 公里、2275.65 公里、2041.32 公里和 1855.01 公里。与相邻县市相比,恩施州各县市公路里程较短,交通设施相对落后。同时,连接景区与景区之间道路更有待提高,例如,巴东县巴人河景区的公路十分崎岖而且道路狭窄,大型巴士都很难通过,通往利川市齐岳山的公路还没有硬化,这些都给旅游者出行带来很大不便。

目前,仅有恩施市、利川市、建始县和巴东县有铁路经过,其他县市都没有铁路。在恩施市内有机场,可航空路线较少,且航班少。这些交通设施还不能满足游客的需求,在很大程度上限制了外地游客的进入,这就是有的县市基础竞争力弱的主要原因之一。合作景区之间道路交通不便，也将阻碍合作的进程。

5.旅游产品开发创新不足,合作广度不够

经过二十多年发展,恩施州生态文化旅游产业已经初具规模,但是旅游产品开发力度不够。恩施州拥有 31 个国家 A 级景区,但旅游收入来源主要以景区门票为主,观光型旅游产品的质量内涵不是很高,同时文化资源与生态资源没有很好地结合,这就使得高档次、高品位的生态文化旅游产品比较少。休闲类旅游产品主要以避暑度假为主,但是结构较为单一;特色主题旅游产品尚未开发。总体来说,恩施州旅游产品总量少,类型不多。

恩施州各县市旅游资源具有很强的发展优势,如果旅游资源优势没有得到很好地发挥,没有开发出能够满足旅游者需要的、具有地方民族特色的旅游产品,或者旅游产品对游客的吸引力不强,就不能给游客们留下深刻的印象,使其在旅游市场上缺乏竞争力。如今人们追求的是多样化的旅游需求,比如文化旅游、休闲旅游、生态旅游和探险旅游等等。从已有的旅游产品来看,恩施州主要以观光旅游为主,但具有区域旅游特色的旅游产品相对较少。恩施州旅游产品在全国的知名度不高,主要是生态文化旅游产品没有突出特色,真正上档次的旅游产品不多,大多数旅游产品没有进行深层次开发,没有挖掘其文化内涵。更主要的是某一类旅游产品深受旅游者的喜爱,各县市都会去开发这类旅游产品,出现重复开发的现象,导致旅游产品对外界的吸引力降低。

（四）对策建议

竞争与合作良性互动是恩施州生态文化旅游健康发展的动力与保障。为了有效克服恩施州各县市之间生态文化旅游产业竞争与合作过程中存在的问题,真正实现在合作中竞争与在竞争中合作的协同发展,可以从以下几个方面着手。

1.正确处理竞争与合作的关系,促进区域旅游产业竞争合作

旅游产业的竞争与合作涉及多个方面,但总的来看,一个区域内旅游发展主体之间的竞争与合作的可能性和深度主要由主体间竞争力的差异

性决定。主体间竞争力差异性太大,弱的一方没有贡献价值,强的一方要么看不上,要么就是"掠夺",不仅难以合作,甚至竞争都谈不上。只有各个主体不断培育自己的竞争力,才能竞争,才能在竞争中寻求共赢的解决方案——区域旅游产业竞争合作。

缩小县市间旅游产业竞争力水平差异,夯实合作基础。协同发展的基础是协作双方有对方所倚重的价值。从当前恩施州各县市竞争力水平来看,为了能够使恩施州各县市生态文化旅游产业合作发展,生态文化旅游产业竞争力水平弱的县市应该根据自身的具体情况来提高竞争力水平,缩小各县市生态文化旅游产业竞争力水平差异,实现各县市生态文化旅游产业平衡发展。通过前面的分析可知,生态文化旅游产业竞争力水平受很多因素影响,核心竞争力与经济环境竞争力对旅游产业综合竞争力影响较大。因此,要想各县市旅游产业竞争力水平提高,应主要从核心竞争力和经济环境竞争力着手,充分挖掘自身独有的优势,如自然资源差的县市可以通过深度挖掘文化资源壮大旅游产业竞争力,为各县市生态文化旅游产业的合作奠定基础。

推进不同竞争力水平级县市合作,提高竞争力水平。在面对各县市竞争时,不能只看见竞争的存在而忽视合作的优势条件,为了能够在旅游市场中占有一定的地位,出现盲目竞争、恶性竞争等问题。与此同时,在合作中,也应该保持竞争态势,使各县市生态文化旅游产业在合作中竞争,竞争中合作。我们必须高度重视旅游产业合作与竞争的关系,合作能够使恶性竞争的局面消失,也能够使区域内的优势和劣势进行互补。恩施市、利川市和巴东县3个县市生态文化旅游产业竞争力水平处于一级,咸丰县、建始县、来凤县、鹤峰县和宣恩县5个县生态文化旅游产业竞争力水平又处于一级。由于处在不同水平级的县市合作基础不一样,合作的可能性或者程度就不一样。因此,可以让恩施市、利川市和巴东县进行合作,让咸丰县、建始县、来凤县、鹤峰县和宣恩县进行合作,通过同一水平级内部合作来提高竞争力水平,此外,还要加强不同竞争力水平级的县市之间的合作。

2. 增强合作意识,共同开拓生态文化旅游市场

从合作角度来看,目前恩施州各县市之间缺乏合作的意识,恩施州生态文化旅游产业合作仍然停留在表面,没有真正地从思想上和行动上有所改变。恩施州各县市都想通过合作来实现旅游产业的快速发展,但是由于对合作发展旅游的认识不够,各个县市的相对独立以及一味地谋求自身的独立发展,所以难以达成共识、形成合力。通过对恩施州各县市生态文化旅游产业核心竞争力大小的分析可以看出,恩施州各县市的综合旅游收入和接待旅游人数与恩施州各县市生态文化旅游产业竞争力大小有着紧密的联系。因此,恩施州各县市应该共同制定恩施州生态文化旅游形象传播计划,共同宣传促销,以"仙居恩施"为口号,通过网络、电视、报刊等多种工具进行宣传,扩大旅游地的知名度,共同开拓客源市场,从而增加恩施州的旅游收入和旅游人数。

在旅游市场方面,西南地区是恩施州旅游的核心市场,以度假旅游、休闲旅游、探险旅游等复合型旅游产品为主导,吸引更多中远程游客前来观光度假。恩施州应该以各县市参加合作的企业或合作项目整体为单位,开展促销宣传,占领现有旅游市场更多份额和开拓新客源市场。通过合作来开拓共同旅游市场,以此增加客源。恩施州在大力吸引我国内陆地区的旅游者、加大国内旅游市场空间拓展力度的同时,也应该进一步加快国外旅游市场的开发力度,积极引进国外旅游市场开发的先进理念、先进方法和先进技术,并与国内其他地区共同对国际旅游市场进行开发。

3. 整合生态文化旅游资源,共同打造生态文化旅游的整体形象

从恩施州各县市生态文化旅游产业竞争力中核心竞争力、经济环境竞争力和基础设施竞争力中所占权重来看,在综合竞争力所占权重较大的是核心竞争力,也就是说,恩施州生态文化旅游产业竞争力主要是由核心竞争力所决定的。从地域和历史文化来看,恩施州各县市都是一个整体,但是目前恩施州地区旅游的整体形象不明显,竞争力不强。

应该从整个恩施州的利益考虑,将恩施州所有的旅游资源看成一个整体,并且站在旅游者的角度考虑如何通过创新和改造现有的旅游产品,提高恩施州生态文化旅游产业的竞争力水平。恩施州应该将各县市具有

互补性的旅游资源重新优化整合,形成各具特色、和谐统一的旅游形象。恩施州要结合民族文化和生态自然环境,积极打造以观光、休闲、度假、探险等旅游为核心,实现恩施州生态文化旅游产业整体协调统一发展,打造整体性的旅游品牌产品,真正实现产品品牌形象的共享。例如,地跨恩施市、利川市和咸丰县3县市的生态旅游品牌的培育,贯穿恩施、利川、鹤峰等八县市的文化旅游资源,要通过相关县市携手合作进行整合开发,将良好的旅游形象展示给外来旅游者,通过游客的体验感受来提高知名度。

根据有关专家对恩施州生态文化旅游产业的定位,在抓好自身旅游产品开发和组合以发挥产品优势的同时,更要积极加强与相邻县市间旅游产品的联合,从整体上提升恩施州生态文化旅游产业竞争力水平。通过提升各县市生态文化旅游产业经济竞争力来提高恩施州生态文化旅游竞争力,从而使得恩施州和周边县市竞争时更具有竞争优势。

4.加强旅游基础设施建设,打破旅游合作的硬件障碍

旅游者出行首先要考虑的问题就是旅游目的地和旅游路线的设计,而这个问题首先就是以交通便利为前提,道路交通设施建设情况直接影响着一个地区的旅游产业发展。虽然恩施州内拥有铁路网和公路网,但是鹤峰、宣恩等地区生态文化旅游产业起步较晚,同时道路交通设施建设很不完善。不论从恩施州总体来看还是从各县市之间来看,恩施州各景区景点的道路交通都十分不便,更不能通过建立便捷的交通网来促进各景区的联系,这样的道路交通甚至严重阻碍了恩施州各县市生态文化旅游产业的合作发展。

要想恩施州生态文化旅游产业发展越来越强,必须加强道路交通设施建设,从而促进各县市之间的联合。便利的交通条件是连接地区之间的保障,为游客们提供一个便捷舒适的旅游环境,就更能够吸引游客来恩施州旅游,使恩施州生态文化旅游产业进一步壮大。因此,加强交通基础设施建设是恩施州生态文化旅游产业竞争与合作的第一要务。一方面是要加强县城与各景区景点之间的交通联系,对现有的道路进行改建优化,保证各县市区域内旅游道路交通通畅;另一方面是要加强不同县市之间各个旅游景区景点的道路网联系,促进恩施州地区旅游产业联合发展,增

加各个景区之间旅游专线车辆数量,提高交通运输能力,对景区之间的道路路线进行优化设计,精心设计出一条贯穿整个恩施州的精品旅游线路,节约旅游者出行的交通时间,为旅游者提供更优质的旅游服务。

5.加快旅游产品开发力度,增强合作效益

从恩施州生态文化旅游资源可以看出,各县市旅游资源具有互补性,如果将旅游景区景点进行统一的规划,合作开发,各县市之间达成一系列的合作协议,就可以有效促进生态文化旅游产业合作发展,从而提高恩施州生态文化旅游产业竞争力。

在旅游产品开发和创新方面有待加大力度,大力挖掘具有民族特色的文化内涵,突出地方特色与差异性的旅游产品。一方面,对生态文化旅游产品进行优化提升,恩施州地形主要以山川、河流为主,应该充分利用其生态旅游资源优势进一步打造生态旅游产品。如恩施大峡谷景区提升建设、巴人河旅游景区的开发和完善、无源洞和狮子关等旅游产品的开发。在乡村,应大力发展休闲旅游产品,诸如避暑山庄、特色乡村、乡村旅游等等。另一方面,恩施州是土家族、苗族等少数民族聚集之地,应该利用独特的民族文化资源优势,创造独具特色的文化旅游产品。通过将文化旅游产品所包含的文化内涵进行深度挖掘,以及利用高新技术对文化旅游产品进行优化升级后,才能够将更多文化融入旅游产品之中去,在更好地满足人们旅游需求的同时,提高合作经济效益和社会效益。①

---

① 熊腾:《竞争与合作视阈下的恩施州生态文化旅游产业发展研究》,湖北民族学院硕士学位论文,2016年,第30—49页。

第十四章　产业结构优化升级与
绿色转型的创新探索

——建立恩施生态文明特区

恩施州地处渝、鄂、湘、黔交叉结合地带,是全国典型的老、少、边、穷、山地区。在21世纪生态文明时代到来之际,面对生态安全与环境恶化的严峻挑战,恩施州如何破解产业结构优化升级与绿色转型同经济发展的"现代困境",在区域经济一体化浪潮冲击之下,面临周边四大国家级"经济特区"的迅速崛起与四面合围,恩施州如何走出"顺向塌陷"的经济"锅底",避免落入"黑色文明发展陷阱",这既是恩施州当前产业结构优化升级与绿色转型的紧迫任务,又是国家区域统筹协调发展战略层面的重大课题。立足人类文明转型的时代背景,根据国家新时期发展战略,结合恩施地区的发展目标,在深入分析恩施州生态—经济—社会复合系统的基础之上,我们提出:创建"恩施生态文明特区"、开拓建设生态文明发展新路,在欠发达地区尤其是民族自治地方率先迈进生态文明社会的战略构想。

第一节　建立恩施生态文明特区的理论基础

一、"恩施生态文明特区"的内涵

所谓"恩施生态文明特区",是指以马克思主义的生态文明理论为指导,以统筹协调发展为目标,遵循可持续发展理论,根据"经济—社会—生态"和谐发展的原则,运用生态工程技术对恩施地区的生态—经济—

社会复合系统进行重建并制定和实施特殊政策。"恩施生态文明特区"模式以促进经济增长方式转变为重点,以改善环境质量为前提,抓住产业结构调整这一关键环节,发展生态产业,培育生态文化,其主导战略措施包括对外争取可持续的生态补偿,对内实行生态资本运营机制,变分散投资为集中投资,部分治理为综合规划,改变区域发展方向和衡量指标,实施生态战略,走特区发展模式,寓环境建设于经济建设和社会发展之中,最终实现州域内社会经济持续健康发展。

二、理论基础

(一)可持续发展理论

可持续发展理论认为:可持续发展系指满足当前需要,又不削弱子孙后代满足其需要的能力的发展。可持续发展意味着维护、合理使用并且提高自然资源基础,这种基础支撑着生态抗压力及经济增长。可持续发展观念主要体现在三个方面:其一是系统观。可持续发展把人类赖以生存和发展的地球和区域环境看作是一个自然—生态—经济—社会—文化等多因素组成的复合系统。其二是效益观。可持续发展要求要处理好对自然资源的开发与保护的关系,既要合理地开发利用自然资源,又不能超出自然资源的再生产能力和永续利用能力。其三是资源观。资源是人类生存和发展的基础。保护资源不仅是为了当代人的生存和发展,也是为了子孙后代的生存和发展。

(二)生态资本理论

生态资本又称自然资本,是 20 世纪 80 年代末正式提出的一个全新的资本概念,1987 年布伦特兰委员会提出把环境当成资本来看待,认为环境和生物圈是一种最基本的资本。卡斯特(1989)认为"自然资本"是在一个时间点上存在的物资或信息的存量,每一种资本存量形式自主地或与其他资本存量形式一起产生一种服务流,这种服务流可以增进人类的福利,自然资本的价格可以通过生态系统的服务来衡量。生态资本的价值体现在生态环境的功能上,表现为生态功能、环境功能与资源价值,生态环境一旦成为人们获取利益的条件,它就成为可以带来更大价值的价值从而被资本化。

(三)循环经济理论

循环经济是一种以资源的高效和循环利用为核心,以"减量化、再利用、再循环"为原则,以低消耗、低排放、高效率为基本特征,符合可持续发展理念的经济增长模式。循环经济的基本原则概括为3R原则,即减量化原则、再利用原则、再循环原则。减量化原则要求在产品的生产和服务过程中,尽可能减少进入生产和消费流程中的物质流和能量流,减少对自然资源的消耗,从而在经济活动的源头上节约资源和减少污染物的排放;再利用原则要求在产品设计和生产时就考虑到延长产品和服务的使用时间,尽量延长产品使用周期,尽可能多次或多种方式使用产品,避免物品过早成为垃圾;再循环原则要求生产出来的产品在完成其使用功能后的废弃物最大限度地转化为新的可再利用资源,变废为宝、化害为利,同时在生产中要尽可能利用可再生资源代替不可再生资源。

(四)生态补偿理论

20世纪60年代以来,随着全球性的资源短缺,环境恶化,人类的生存和发展面临巨大的压力。环境保护运动随之兴起,然而,生态环境的保护必然会以牺牲部分地区或群体的利益为代价,只要某地区的生态环境得到了保护,就必然出现其他地区或群体同时享受到由此带来的生态效益,而为生态环境保护作出贡献的地区或群体并没有得到相应的回报,其他受益地区或群体也未付出相应的成本,从而导致从事生态环境保护的经营者的生态效益权利得不到实现,为了维持生态环境的可持续发展,生态补偿手段越来越受到人们的关注。生态补偿是通过一定的政策、法律手段实现生态保护外部性的内部化,让生态产品的消费者支付相应费用,生态产品的生产和提供者获得相应报酬;通过制度设计解决好生态产品消费中的"搭便车"现象,激励公共产品的足额提供;通过制度创新解决好生态投资者的合理回报,激励人们从事生态环境保护的投资并使生态资本增值。

第二节　建立恩施生态文明特区的背景及意义

一、背景分析

（一）生态文明理论的提出

党的十八大报告指出：建设生态文明，是关系人民福祉、关乎民族未来的长远大计。面对资源约束趋紧、环境污染严重、生态系统退化的严峻形势，必须树立尊重自然、顺应自然、保护自然的生态文明理念，把生态文明建设放在突出地位，融入经济建设、政治建设、文化建设、社会建设各方面和全过程，努力建设美丽中国，实现中华民族永续发展。要求坚持节约资源和保护环境的基本国策，坚持节约优先、保护优先、自然恢复为主的方针，着力推进绿色发展、循环发展、低碳发展，形成节约资源和保护环境的空间格局、产业结构、生产方式、生活方式，从源头上扭转生态环境恶化趋势，为人民创造良好的生产生活环境，为全球生态安全作出贡献。党的十八大生态文明观念的确立作为一个划时代的转折标志，旗帜鲜明地表明中国经济社会发展已经迈入生态化发展的历史新阶段，中国生态文明时代已经到来。

（二）避免陷入"恩施塌陷"的经济锅底

恩施州地处渝、鄂、湘、黔交叉结合地带，2008年国家先后批准设立了武汉城市圈"两型社会"综合配套改革试验区、湖南省长株潭城市群"两型社会"综合配套改革试验区、成（都）渝（重庆）城乡协调发展综合配套改革试验区，至此，恩施州周边四大国家级"经济特区"迅速崛起，正在朝着建设发达的工业文明发展道路前进，东有武汉城市圈，南有长株潭城市群，西北有成渝试验区，西南有贵阳市循环经济试验区，前后夹击、四面合围，相对于四大国家级"经济特区"的飞速发展，恩施州工业文明发展水平与周边地区的差距急速拉大，客观上形成了恩施"顺向塌陷"的态势，由原本的武陵山区自然地理高地急速蜕变为中西部结合地带的经济"锅底"，而作为我国中西部过渡地带的核心地区，如何体现承东启西功能？又怎样衔接中西部协调发展？突破"顺向塌陷"的困境,快速走出经济"锅底",避免工业文明发展陷阱,已经成为当前恩施州经济社会发展的当务之急和头等大事。

二、实践意义

（一）生态文明建设道路模式的实践探索

党的十八大明确提出了"建设生态文明"的任务目标,这标志着我国正处于文明史上的一场重大变革,即由工业文明向生态文明转变。生态文明作为一种更为高级的人类文明形态,其建设实践既无成功的经验可以借鉴,也无成熟的模式提供参考。因此,创建"恩施生态文明特区",也就是"摸着石头过河",通过实践对生态文明建设道路和模式进行探索的一种有益举措。

（二）欠发达地区生态文明建设的典型示范

从国内来看,与生态文明建设相关的实践形态主要有"两型社会"试验区、生态省以及经济特区向生态特区转型三种。对于前两种,即"两型社会"试验区和生态省建设,起主导作用的仍然是工业文明观,在本质上只不过是一种新型工业文明发展模式,其目的在于克服工业文明的弊端和缺陷,实现高度发达的工业文明发展目标,不是建设生态文明社会,本质上不属于建设生态文明社会的路径模式。对于第三种形态,如珠海重新谋划了发展蓝图,提出了建设"生态文明新特区"的目标,在发达地区率先探索生态文明的发展道路,把走新型工业化道路综合成为走生态文明发展道路的内在环节,把新型工业文明提升纳入到生态文明之中,对我国发达地区建设生态文明具有引领和示范作用。然而,对于欠发达地区,即工业文明程度不高的地区,如何超越工业文明形态,直接建设生态文明,使生态文明生成与发展,以上三种实践形态并不具有典型意义。因此,创建"恩施生态文明特区",有利于对我国欠发达地区,特别是西部民族地区建设生态文明起到典型示范作用。

（三）欠发达地区避免"工业文明发展陷阱"的有益实践

所谓"工业文明发展陷阱"是指工业文明欠发达地区,在发展道路上仍走同工业文明发达地区相同的传统发展道路,即走建设高度发达的新型工业文明道路,这种道路的核心内涵就是无限制地追求包括经济高速度增长在内的工业文明发展水平的极大提高,最大限度地追求建设高度发达的新型工业文明社会,沿着这种道路前进就必然会走上物质生产力发展是以牺牲生态生产力(即生态环境)为代价以及以牺牲社会生产力(即人的生命与健康等)为代价的发展道路,从而使得那些具有生态优势而工业文明落后的欠发达地区落入"工业文明发展陷阱",使其工业文明发展水平总是处于相对落后的状态。所以创建"恩施生态文明特区",正是探索欠发达地区如何避免"工业文明发展陷阱",为破解不能实现"生态与经济双赢发展目标"难题而进行的一种有益实践。

第三节　建立恩施生态文明特区的发展目标

一、发展目标

以马克思主义生态文明理论为指导,以科学发展、和谐发展、绿色发展为目标,贯彻落实科学发展观,依据可持续发展理论和生态经济学原理,实施生态主导型的发展战略,根据生态—经济—社会协调发展的基本原则,坚定不移地贯彻"生态立州、产业兴州、开放活州"的发展方针,走"特色开发、绿色繁荣"的发展道路,从本质上讲就是探索民族自治地方建设生态文明社会的发展道路,经过 10—20 年的努力,把恩施州建设成为湖北省中部崛起宏图中新的一极、武陵山民族自治地方的绿色经济高地、中西部民族地区建设生态文明的先行示范区,为探索中国特色的生态文明发展道路提供经验与范式。

二、基本原则

(一)生态—经济—社会有机整体协调统一原则

生态—经济—社会有机整体协调发展就是以生态—经济—社会有机结合与协调统一为根本特征,它是生态经济协调发展理论向可持续发展领域的渗透与融合,其基本要求是使人们经济活动与发展行为在不危害生态环境的前提下寻求当代经济发展与生态环境相协调的发展途径,主要解决自然资源和环境质量能够保障当代经济发展的要求,长期地保持自然生态的生存权和发展权的统一,使生态资本存量在长期发展过程中不至于下降或大量损失,保证后一代人至少能获得与前一代人同样的生态资本与经济福利。经济政策适应科学技术生态化、生产力生态化、产业经济体系生态化的新格局。

(二)生态目标—经济目标—社会目标协调统一原则

当今人类社会正进入生态时代,生态经济成为社会经济发展的最高目标和必由之路,生态经济不仅应追求赢利最大化的经济目标,还应追求社会公平与可持续发展的社会目标,更要追求生态安全与资源可持续利用的生态目标,必须把保护与改善生态环境放在三大目标的首位,高度自觉地履行应尽的生态环境责任与义务,实现生态目标、经济目标、社会目标协调统一。

(三)生态效益—经济效益—社会效益协调统一原则

所谓生态效益是指以一定的人为主体的生态系统中满足人们生态需要的一定数量的自然生态成果,它是为整个社会和全体社会成员提供生态消费资料的,因而具有全民性和公用性。所以,生态效益的实质,就是保持整个社会和全体人民的共同的、长远的利益。从本质上说,发展经济,社会的共同利益,人民的长远利益是它所关心的根本问题。这就决定了政府直至每个企业都应理所当然地把国家的整体利益、人民的长远利益放在首要地位。积极地防治污染,保护环境,改善生态,建设自然,克服物质生产所带来的对生态环境破坏的消极作用,实现生态效益、经济效益和社会效益的有机结合与协调统一。

(四)生态创新—制度创新—科技创新协调统一原则

生态创新、制度创新、科技创新相统一原则要求,在生态经济、生态社会、生态技术发展进程中,引入新的要素,实现要素的重新组合,从而促进生态生产力、制度生产力、科技生产力的大幅度提升。生态创新是制度创新和科技创新的基础和前提,制度创新是生态创新和科技创新的制度保障,科技创新是生态创新和制度创新的主要推动力,三大创新的有机结合是创新型国家和社会发展的必由之路(见图 14-1)。

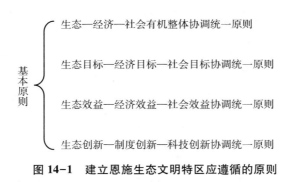

基本原则
- 生态—经济—社会有机整体协调统一原则
- 生态目标—经济目标—社会目标协调统一原则
- 生态效益—经济效益—社会效益协调统一原则
- 生态创新—制度创新—科技创新协调统一原则

图 14-1　建立恩施生态文明特区应遵循的原则

第四节　建立恩施生态文明特区的制度设计

一、制度构建

生态文明特区建设的根本目的就是从根源上解决、消除区域生态环境问题,故应根据生态文明特区建设的目标和本质要求,从生态环境资源外部性内部化措施着手,进行生态特区建设的制度创新和安排,构建生态特区绿色经济制度体系,实现区域生态环境资源的高效配置和生态环境建设与经济发展决策一体化,保障区域生态经济的和谐、持续发展。

二、恩施生态文明特区建设与运营机制设计

恩施生态文明特区建设与运营的核心是以人为主体的社会力量对区域复合生态系统的生态关系和生态过程进行生态调控和管理。因此,社会体系中的政府、企业、市场、科技、民众等也就成为影响生态特区顺利建设与高效运营的关键因素,各种因素相互制约、相互促进,形成生态文明特区建设与运营的基本动力机制(见图 14-2)。

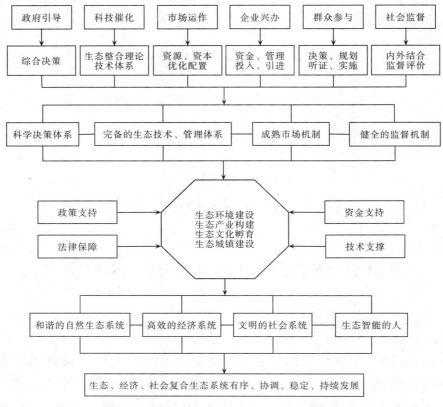

图 14-2 "恩施生态文明特区"建设与运营机制

第五节 建立恩施生态文明特区的评估体系

一、综合价值评估指标体系的框架

设计"恩施生态文明特区"综合价值评估指标体系的框架,应该着眼于生态文明特区促进民族地区生态、经济、社会、文化复合生态系统协调健康发展的主要动力和功能,与此同时,还要考虑生态文明特区的本质属性、基本特征及其遵循的原则。因此,构建"恩施生态文明特区"价值评估指标体系时,必须考虑到生态特区经济发展、环境保护、文化开发与利用以及社会活动四个方面(见图14-3)。

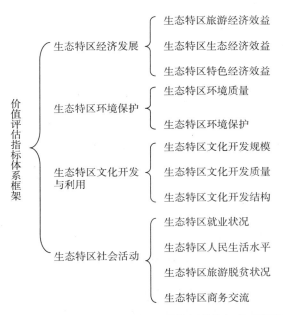

图14-3　"恩施生态文明特区"价值评估指标体系框架

二、综合价值评估指标体系的设计

(一)生态特区经济发展

生态特区经济发展主要取决于特区内旅游、生态、特色经济效益的充分发挥,而要实现特区经济健康协调可持续发展,必然要考虑到:特区生态旅游经济收入增长比率、占国民收入的比重及生态旅游产业经济效益综合指数情况;特区自然生态资本存量、产生的经济价值与社会价值状况;特区特色经济发展规模、类别、收入增长比率以及特色经济产业经济效益综合指数情况。根据以上阐述,设计出"恩施生态文明特区"经济发展领域子评估指标体系(见图14-4)。

(二)生态特区环境保护

当前,生态环境问题已经在很大程度上制约着民族地区经济持续快速健康发展,直接影响着人们生活质量的提高,这主要表现在:水资源供

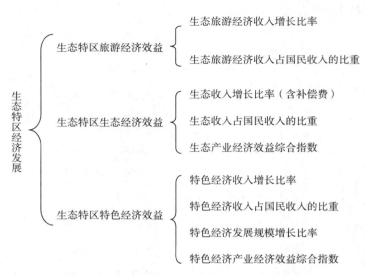

图 14-4 "恩施生态文明特区"经济发展子评估指标体系

应出现危机,土地质量急剧下降,生态破坏严重;环境污染日益严重;自然灾害频繁,损失巨大;生态资源开发与环境保护问题日益突出等等,因此,构建"恩施生态文明特区"必须协调好生态资源开发与环境保护的关系问题。所以在构建生态文明特区价值评估指标体系时,必须将生态环境保护作为一项重要的指标来加以衡量,关于"恩施生态文明特区"环境保护子评估指标体系见图 14-5。

(三)生态特区文化开发与利用

随着人们文化素质的普遍提高,人们对旅游文化品位与内涵的要求也在与日俱增,亦即人们在进行旅游消费更加注重旅游内容的文化内涵。因此,在评价特区内各区域生态文化旅游的价值时,应注重文化价值对旅游经济的带动作用,关注旅游文化产品的开发与利用情况。根据生态文化旅游的特征及旅游文化产品的开发状况,设计"恩施生态文明特区"文化开发与利用子评估指标体系(见图 14-6)。

(四)生态特区社会活动

生态特区社会活动与生态旅游是相互联系、衔接配套的。生态特区社会活动主要以生态旅游为中心,生态旅游有利于带动生态特区的就业,有利于提升特区人民的生活水平,让特区摆脱了贫困落后的面貌,促进社会经济的发展进步。根据特区生态旅游的特点,结合特区社会活动的实践,提出"恩施生态文明特区"社会活动子评估指标体系(见图14-7)。

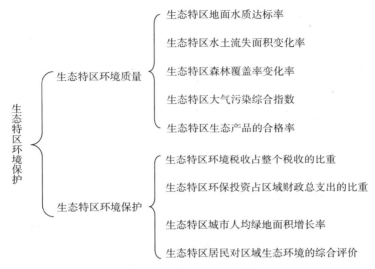

图14-5　"恩施生态文明特区"环境保护子评估指标体系

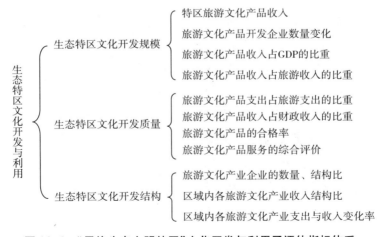

图14-6　"恩施生态文明特区"文化开发与利用子评估指标体系

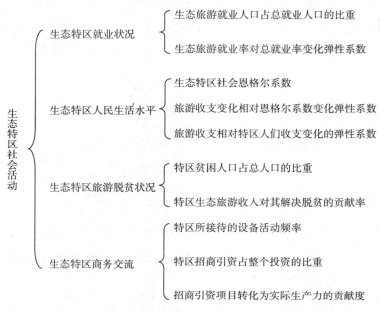

图 14-7　"恩施生态文明特区"社会活动子评估指标体系

三、小结

　　客观上讲,恩施州属于一个战略重要性、生态脆弱性(恶化)及贫困集中性的区域。分散的生态工程及传统发展模式难以改变恩施州生态与发展的两难问题:需要从国家层面来解决生态与经济发展的困局,即构建"恩施生态文明特区",走生态化发展道路。确立并实施"恩施生态文明特区"发展模式,不仅对中西部"四位一体"地区经济社会发展具有引领和示范作用,而且能够为维护国家生态安全和民族团结进步奠定生态基础、经济基础与社会基础,进而为新时期少数民族地区全面建设"两型社会"和率先探索生态文明社会建设提供试验基地和创新平台。①

---

　　①　张新平、曹骞:《恩施州建立生态文明特区可行性分析》,《湖北民族学院学报》(哲学社会科学版)2009 年第 3 期,第 109—115 页。

第十五章　结　束　语

第一节　总　结

　　民族自治地方产业结构优化升级必须结合民族地区实际情况,不能走沿海过去工业化老路子。一方面,必须从民族自治地方产业结构实际状况着手,通过对产业结构实际状况的全面调查和监测,找到存在的问题,针对问题对症下药,通过解决运行过程中的问题来实现产业结构的合理化与高度化目标。另一方面,民族自治地方必须利用好自己的生态资源,通过对生态资源的合理开发、利用以及保护来最终实现民族自治地方人与自然和谐的绿色化标准。本书立足民族自治地方产业结构优化升级与绿色转型问题的分析探讨,因为产业结构是否优化与民族地区经济社会的整体发展及绿色转型是密不可分的,并在其中占据着重要地位。与全国其他民族自治地方相比,选取恩施州作为研究对象,对民族自治地方产业结构优化升级与绿色转型进行研究具有一定典型性。

一、生态优先、发展驱动

　　生态优先是根本,发展驱动是手段。科学发展观的第一要义是发展,发展是解决包括生态环境问题在内的一切问题的关键。必须摒弃简单生硬僵化的"非黑即白"的发展思维和认识误区,解决环境和生态问题不能用停止发展的办法,只能用加快发展的办法。必须把产业结构优化升级与绿色转型放在优先战略地位,正确处理产业结构优化升级与生态环境保护的关系,经济发展是发展,绿色转型也是发展,规划强调有机和谐的发展、积极有利的保护,坚持在发展中保护,在保护中发展,着力转变发展方式,调整优化产业结构,使经济发展从高消耗、高污染、低效益切实转入低消耗、低污染、高效益的轨道,引导恩施州产业结构优化升级,实现绿色转型;构筑以生态文化旅游产业为核心,低碳型工业、循环型农业有机结合的生态产业体系,实现产业结构优化升级与绿色转型。

二、循序渐进、重点突破

循序渐进谋发展,重点突破抓主线。始终围绕绿色转型、生态文明、低碳发展三大主线,坚持实施具有恩施特色的"三部曲战略",具体是:"大力发展循环农业,积极倡导低碳工业,稳步推进生态文化旅游业",通过总体、阶段、部门不同层面的目标组合,与宏观、中观、微观不同层次的策略集成,与面—线—点不同尺度的项目支撑,体现宏观上的指导性、中观上的协调性、微观上的操作性。通过有机链接、有序推进,使恩施州产业结构优化升级与绿色转型"三部曲战略"成为宏观上的战略规划、微观上的协调战略规划与具体项目的支撑战略。逐步实现恩施州产业结构的全面优化升级,多层次推进恩施州经济、社会、文化等方面的绿色转型。

三、软硬兼施、机制长效

软硬兼施共构建,机制长效求永恒。恩施州产业结构优化升级与绿色转型既需要各项产业协调可持续发展为支撑,也需要包括产业结构政策法规、生态技术、生态文化建设等软件的保障,它们共同构成人类的生态文明成果。生态文明建设是恩施州产业结构优化升级与绿色转型的灵魂、核心和最终取向,并最终体现为安全的生态产业格局、完善的生态产业系统、健全的生态产业体系、自觉的生态价值文化取向与行为模式,从管理者到每一个居民,让健康、文明、和谐、融合东方天人合一思想的产业结构优化升级与绿色转型理念成为人们自觉的思想意识与行为方式,通过生态文明价值、人的全面发展,使生态文明建设成为人们自觉的思想意识与行为方式,真正实现全面可持续的生态化。

四、创新探索、建立特区

恩施州属于一个战略重要性、生态脆弱性及贫困集中性的战略性区域。分散的产业优化升级调整工程及传统经济发展模式难以改变恩施州生态保护与经济发展的两难问题,无法真正实现恩施州的产业结构优化升级与绿色转型问题:需要从国家层面来解决绿色转型与经济发展的困局,即构建"恩施生态文明特区",走生态化发展道路。确立并实施"恩施生态文明特区"发展模式,不仅对中西部"四位一体"地区经济社会发展具有引领和示范作用,而且能够为维护国家生态安全和民族团结进步奠定生态基础、经济基础与社会基础,进而为新时期民族自治地方全面建设"两型社会"和率先探索生态文明社会建设提供试验基地和创新平台。

第二节 展 望

经济全球化背景下,国际间产业结构转移趋势不可逆转,国际分工越来越明显。一方面,产业在国际间的转移可以让我们有机会接触到国际上的先进生产技术,通过学习为我所用。另一方面,发达国家实行产业转移的真正目的并不是为了帮助发展中国家实现更快、更好地发展。恰恰相反,他们产业转移的目的是利用发展中国家丰富的资源和廉价的劳动力来为实现更大的利益。作为发展中国家的中国,在国际产业结构大调整和产业结构转移中暂时处于劣势地位。在国际大分工趋势下,如何才能摆脱发达国家与发展中国家利益分配的"剪刀差"问题,这是当前理论界研究的焦点。面对这一趋势,我们必须清醒地看到,实现我国产业结构的全面优化升级是当前迫在眉睫的大事。中国是一个多民族的国家,中国的产业结构优化升级的重点和难点之一在于民族自治地方产业结构优化升级,没有民族自治地方的产业结构优化升级就谈不上中国整体的产业结构优化升级。

回顾"十一五"时期,民族自治地方在党的正确领导下,以科学发展观为指导,积极调整地方产业结构,社会生产力加速发展,地区综合实力大幅提升,人们生活水平明显改善,地区政治、经济、社会取得了巨大成就。展望未来,民族自治地方必将以"十一五"为起点,顺应国际潮流,继往开来,在党的领导下,以民族自治地方人民的根本利益为出发点,严格遵循产业结构调整规律,注重民族自治地方特色,打好产业结构调整的攻坚战。可以预见,伴随民族自治地方产业结构调整与升级的不断深入,少数民族人民的生活水平必将迈上一个新台阶,生态环境必将变得更加美好。但限于笔者研究水平、资料选取以及研究视角等方面的局限性,笔者对恩施州产业结构优化升级与绿色转型问题研究存在不够深入的地方,但对于恩施州以及我国其他民族自治地方产业结构优化升级与绿色转型而言,这是一次有益的尝试;希望更多有识之士不断探索与钻研,对我国民族自治地方产业结构的优化升级与绿色转型进行更深入的实践思考和理论探索,并提出更有效的对策建议。

参考文献

[1]陈胜:《民族自治地方产业结构优化升级评价指标体系研究》,湖北民族学院硕士学位论文,2013 年。

[2]曹骞:《少数民族地区农业循环经济发展研究》,湖北民族学院硕士学位论文,2010 年。

[3]曹骞、苏鹏飞:《湖北民族地区产业结构的灰色关联度分析——以恩施州为例》,《湖北经济学院学报》(人文社会科学版)2009 年第 1 期。

[4]曹骞、苏鹏飞:《武陵地区农业产业化问题研究——以恩施州为例》,《农村经济与科技》2009 年第 1 期。

[5]梁慧刚、汪华方:《全球绿色经济发展现状和启示》,《新材料产业》2010 年第 12 期。

[6]李同宁、柳兴国:《构筑新型工业化的保障体系》,《山东经济》2004 年第 5 期。

[7]刘纯彬、张晨:《资源型城市绿色转型初探——山西省太原市的启发》,《城市发展研究》2009 年第 9 期。

[8]苏波:《促进绿色低碳发展 推动工业转型升级》,《中国科技投资》2012 年第 1 期。

[9]谭志喜:《生态文明视角下恩施州低碳经济发展研究》,《科技创业月刊》2010 年第 7 期。

[10]熊腾:《竞争与合作视阈下的恩施州生态文化旅游产业发展研究》,湖北民族学院硕士学位论文,2016 年。

[11]杨晓东等:《绿色转型推进中国新时期经济发展》,《中国市场》2012 年第 7 期。

[12]姚兰、艾训儒、白灵:《恩施州区域生态环境综合评价研究》,《湖北民族学院学报》(自然科学版)2009 年第 1 期。

[13]张新平:《生态文明视角下新型城镇化建设的思考》,《管理学刊》2015 年第 3 期。

［14］张新平、胡西武:《扩大内陆开放形势下民族地区发展开放型经济的路径选择——以湖北省恩施州为例》,《湖北民族学院学报》(哲学社会科学版)2014 年第 6 期。

［15］张新平、张茜:《恩施州三产业循环经济发展研究》,《中国外资》2014 年第 4 期。

［16］张新平、刘伟:《转型时期产业结构优化升级的新情况和新问题探析——以恩施州为例》,《财经界》(学术版)2014 年第 4 期。

［17］张新平、杨秋浪:《恩施州产业结构的演进与思考》,《管理观察》2013 年第 34 期。

［18］张新平、曹骞:《恩施州建立生态文明特区的可行性分析》,《湖北民族学院学报》(哲学社会科学版)2009 年第 3 期。

［19］张新平、曹骞:《恩施州生态文化旅游圈功能区划构想》,《宏观经济研究》2009 年第 10 期。

［20］张熙夭:《优化少数民族地区产业结构的对策研究》,《经济纵横》2009 年第 6 期。

［21］周兴茂:《土家族区域可持续发展研究》,中央民族大学出版社 2002 年版。

后　　记

　　本书是由我和我的项目团队历时近五年时间完成的,属于我的国家社科基金一般项目的系列成果之一,凝聚了项目团队所有成员的辛勤努力和智慧。与其说是我的个人项目成果,不如说是我的项目团队所有成员集体智慧的结晶。

　　我的项目团队成员主要有曹骞、吴祖梅、陈胜、熊腾等。其中曹骞、陈胜、熊腾曾经是我所指导的中国少数民族经济专业硕士研究生,为了让他们也能深入了解民族自治地方产业结构优化升级与绿色转型的理论与实践,在研究生培养的早期阶段,我就让他们参与到课题的实地调查与理论研究中来。另外,他们的硕士论文选题也与民族自治地方产业结构优化升级与绿色转型的主题相结合,经过我的精心指导与帮助,他们都以优异的成绩顺利完成了硕士学位论文,其研究成果也成为我的国家社科基金一般项目系列成果的一部分,但是后面很多内容进行了重新的整理和大量的修改完善。

　　本书的撰写主要由本人来全面组织和安排,大部分内容由本人亲自操刀,比如导论部分经过本人多次修改与完善,对全书起到了统揽全局、提纲挈领的作用。另外,本书的前面八章(从导论到第七章)主要是由团队吴祖梅老师来组织撰写与修改整理,本书的后面八章(从第八章到第十五章)主要是由湖北民族学院经济与管理学院的曹骞老师(我曾经的研究生)来负责组织撰写与修改整理,另外,恩施州州委党校的陈胜博士也参与了整个课题的调研、调查问卷及数据资料的整理、全书的统稿修改以及绘图设计等重要工作,为本书的完成立下了汗马功劳。

　　本书的完成除了要感谢我的项目团队所有成员外,还要感谢我的一些学生和同事们,比如:谭志喜老师、高华峰老师、吴严老师、刘伟同学等,感谢你们的大力支持,感谢你们无私的付出,感谢你们辛勤的劳动。

张新平

2017 年 5 月 8 日感言于恩施

策划编辑:郑海燕
责任编辑:陈　登
封面设计:林芝玉
责任校对:周　昕

图书在版编目(CIP)数据

民族自治地方产业结构优化升级与绿色转型实证研究——基于恩施州产业
　结构现状/张新平,曹骞,吴祖梅 著. —北京:人民出版社,2017.11
ISBN 978－7－01－017967－4

Ⅰ.①民…　Ⅱ.①张…②曹…③吴…　Ⅲ.①民族自治地方-产业结构优化-
研究-中国　Ⅳ.①F121.3

中国版本图书馆 CIP 数据核字(2017)第 180916 号

民族自治地方产业结构优化升级与绿色转型实证研究
MINZU ZIZHI DIFANG CHANYE JIEGOU YOUHUA SHENGJI YU
LÜSE ZHUANXING SHIZHENG YANJIU
——基于恩施州产业结构现状

张新平　曹　骞　吴祖梅　著

人 民 出 版 社 出版发行
(100706　北京市东城区隆福寺街 99 号)

北京龙之冉印务有限公司印刷　新华书店经销

2017 年 11 月第 1 版　2017 年 11 月北京第 1 次印刷
开本:710 毫米×1000 毫米 1/16　印张:18
字数:300 千字

ISBN 978－7－01－017967－4　定价:60.00 元

邮购地址 100706　北京市东城区隆福寺街 99 号
人民东方图书销售中心　电话 (010)65250042　65289539